全国基层
文化队伍培训用书

公共数字文化创新服务案例选编

文化和旅游部全国公共文化发展中心 组编

Training Books for
National Grassroots Cultural Teams

北京师范大学出版集团
BEIJING NORMAL UNIVERSITY PUBLISHING GROUP
北京师范大学出版社

“全国基层文化队伍培训用书”编委会

总　序

公共文化服务体系建设是满足公民基本文化需求、维护公民基本文化权益的保障，是解决好文化发展不平衡不充分问题的重要方式。近年来，中共中央、国务院高度重视公共文化服务体系建设，随着《中华人民共和国公共文化服务保障法》和《中华人民共和国公共图书馆法》等一系列政策法规的出台、实施，我国公共文化服务体系布局日趋合理，资源建设日渐丰富，服务能力不断提高，人民群众的幸福感日益提升。

加快构建现代公共文化服务体系，队伍是基础，人才是关键。为提高基层文化队伍理论素养和业务能力，文化和旅游部自2010年启动全国基层文化队伍培训，并组织编写“全国基层文化队伍培训用书”。首批18种图书出版后，受到全国文化系统学员的普遍欢迎。为适应新时代公共文化服务发展的新要求，第二批“全国基层文化队伍培训用书”选取当前实践中的热点问题，重点涵盖公共文化服务理论政策、实践案例及工作实务三方面内容，突出科学性和实用性，为相关从业人员提供规范、有用的指导参考。

“全国基层文化队伍培训用书”由文化和旅游部公共服务司指导，中央文化和旅游管理干部学院组织编写，来自国家公共文化服务体系建设专家委员会和全国文化馆、图书馆的优秀专家担任主编。在编写过程中，编者查阅了大量资料，付出了宝贵的心血，在此一并致谢。从书交付出版正值国务院机构改革之际，原文化部与原国家旅游局合并组建为文化和旅游部，因时间仓促，书中所涉部分仍以文化部为称，特此说明。受编者水平所限，书中内容难免有所疏漏，恳请各位读者批评指正。

序

党的十九大指出，要“完善公共文化服务体系，深入实施文化惠民工程，丰富群众性文化活动”。加快构建现代公共文化服务体系，对于协调推进“四个全面”战略布局、建设社会主义文化强国、实现“两个一百年”奋斗目标和中华民族伟大复兴中国梦具有重大而深远的意义。

公共数字文化建设作为现代公共文化服务体系建设的重要组成部分，是互联网环境下公共文化服务的新阵地、新平台、新空间，是利用现代信息技术提升和拓展公共文化服务能力与传播范围的重要途径，是适应时代发展的必然要求和战略选择。《中华人民共和国公共文化服务保障法》第三十三条明确要求：国家统筹规划公共数字文化建设，构建标准统一、互联互通的公共数字文化服务网络，建设公共文化信息资源库，实现基层网络服务共建共享；地方各级人民政府应当加强基层公共文化设施的数字化和网络建设，提高数字化和网络服务能力。从而于法律层面明确了各级政府对公共数字文化建设与服务的保障要求。

文化和旅游部全国公共文化发展中心（以下简称“发展中心”）作为文化和旅游部直属单位，主要承担“全国文化信息资源共享工程”和“公共电子阅览室建设计划”两大国家重点文化惠民工程的建设和实施，开展公共文化服务相关政策理论研究、群众文化活动指导与组织、人才队伍培训等工作，从行业体系上行使全国文化馆的“龙头”职能。近年来，根据文化和旅游部的总体部署，发展中心紧紧围绕更名后的主要职能任务，按照“三个转变”发展思路，以人民为中心，以社会主义核心价值观为引领，以保障欠发达地区和弱势群体基本文化权益为重点，积极推动文化惠民工程数字文化服务体系的提档升级。主要做法是：推进“互联网＋文化”，利用云计算、大数据等新技术，搭建国家公共文化数字支撑平台，开展国家公共文化云试点工作，聚拢资源，畅通线路；改版推出国家数字文化网，形成公共数字文化服务门户；针对特定人群，开发建设心声·音频馆、大众美育馆、社区文化生活馆、戏曲动漫、红色历史动漫、地域文化精品等产品化、专题化数字文化资源；创新服务模式，开启线上线下结合的“文化共享直播”，面向基层群众打造不同级次、类型、功能的“文化超市”，努力实现“政府端菜”与“群众点菜”相结合的精准服务；实施边疆万里数字文化长廊、数字文化精准扶贫、汉藏文化交流、文化睦邻工程等品牌项目，推进边疆地区、贫困地区、少数民族地区等公共文化服务“短板”区域的补强提升；以数字文化馆建设为抓手，推动文化馆行业融入公共数字文化服务体系。文化和旅游部部长雒树刚同志充分肯定了发展中心的工作，并强调指出公共数字文化要进一步丰富内容，聚拢资源，畅通线路，方便使用，把公共数字文化服务做大做强。

近年来，全国各地涌现出大量公共数字文化建设实践案例，大致可以归结为四个领域：一是基层数字文化服务实践领域。主要是资源整合、渠道拓展，为基层服务转型发展、提档升级提供支撑，为农村文化建设、精准扶贫提供支持。二是数字服务平台与新媒体渠道应用领域。主要是“一站式”综合性公共数字文化服务平台建设，以新媒体、新渠道推动公共文化服务创新，日渐融入百姓日常生活。三是实体空间数字文化拓展领域。主要是公共电子阅览室升级改造，推进公共文化设施实体空间再造，以数字技术提升服务体验，推进传统公共文化阵地、设施的现代化转型。四是数字文化资源建设和推广领域。主要是创新资源建设、利用、推广模式，为特殊地区和群体提供个性化定制服务。

本书以案例汇编形式，精心挑选了49个全国各地公共数字文化建设的突出案例，从上述四个领域进行系统编排。一是聚焦文化惠民，关注特殊人群，探索基层数字服务新方式。二是聚焦平台建设，关注服务需求精准对接，拓展推广范围。三是聚焦实体空间再造，阵地服务与流动服务相结合，重在吸引公众参与。四是聚焦特色资源建设，创新资源建设和推广利用的方式。在每篇案例的最后部分，我们还邀请了业内知名专家学者进行点评。希望通过他们的点睛之笔，揭示案例精彩之处，指明学习精要之意，使本书能够为全国各地公共数字文化建设，提供经验、带来启示，为现代公共文化服务体系建设添砖加瓦、激发活力。

各地公共数字文化建设成果与创新实践，离不开各级文化部门的直接领导，离不开广大专家的悉心咨询，离不开全国各地公共文化领域全体同仁的倾力探索和实践，在此致以诚挚的谢意！

编　者

2018年12月

目　录

第一篇　基层数字文化服务实践 /1

第二篇　数字服务平台与新媒体渠道应用 /63

第一篇　基层数字文化服务实践

公共文化服务建设，满足人民群众基本文化需求，保障人民群众基本文化权益。基层是公共文化服务的“最后一公里”，往往也是最薄弱的环节。加强基层公共文化服务建设，推动公共文化资源下沉、公共文化服务下移，把文化设施、产品、活动、服务送到人民群众身边，是当前公共文化服务工作的重点和难点。

随着时代发展、社会进步，信息革命所带来的数字技术的突飞猛进被越来越多地引入到公共文化服务领域。公共文化服务中的数字服务，凭借其传播迅速、处理高效、反馈通畅、用户友好等特点，成为突破公共文化服务“最后一公里”障碍，改善服务方式，提升服务质量的重要手段。

公共数字文化建设不仅为传统公共文化服务开辟了新的服务空间、打造了新的服务平台，而且作为基层公共文化服务的新阵地，数字文化服务为人民群众提供了形式更加多样、内容更加丰富、获取更加简单、享受更加便捷的公共文化资源和服务，越来越成为群众文化享受的新选择。

21 世纪以来，文化部相继组织实施了全国文化信息资源共享工程、数字图书馆推广工程、公共电子阅览室建设计划等重点公共数字文化工程，为我国公共数字文化建设奠定了坚实的基础——覆盖全国的公共数字文化网络基本成型，公共数字文化资源库群初具规模，公共数字文化服务模式有效创新。这在公共文化服务体系建设中发挥了不可替代的作用，也为当前更高水平的公共数字文化建设准备了物质条件和应用基础。

公共数字文化建设凭借自身在平台构建、资源整合与服务能力上的显著优势，可以为文化扶贫建立平台、广泛传播，可以为特殊人群提供有针对性、人性化的服务，可以为流动服务开拓渠道、提升效率，可以为阵地服务改善质量、提升档次。本篇以基层数字文化服务实践为主题，精心选取了 14 个典型案例，分别从文化扶贫、特殊群体服务、流动服务和阵地服务四个维度，全面呈现、层层剖析。

(一)文化扶贫方面

我国基层公共文化服务，尤其是农村地区的公共文化服务主要存在着供给不够、内容单一、非均等化等方面的不足。这些问题的根源在于我国城乡二元社会结构模式。只有不断发展经济、促进农民增收致富，农民才会随着生活水平的提高相应产生更加多元的文化消费需求，而这些需求将反过来促进公共文化服务资源和服务的提升。

云南泸西金马镇以“网络电视＋种植基地”模式破解农业发展难题，通过文化培训提升农民专业技能，促进农业增产增收。江西安远独具匠心地走出了“文化＋电商”模式，文化助力电商，电商传播文化。贵州正安依托县文化共享工程，建立的23个成果转换基地，成为农业技术培训的摇篮，促进农村经济发展、农民增收致富。

(二)特殊群体服务方面

公共文化服务应保障全体人民的基本文化权益。而在现实情况下，一部分群众因为经济的、社会的或其他方面的原因，不能正常享受到基本公共文化服务或享受成本高昂、难以负担。因而公共文化机构应该针对这部分特殊人群，为其提供基本服务，保障其平等享受文化、提升自我素质的权利不被忽略。

重庆市关爱农民工这一特殊群体，着力打造的“农民工服务联盟”“农民工数字服务平台”等，为他们开展丰富多彩且符合需求的各类文化活动。青海南关清真寺则根据自身少数民族聚居地区公共文化基层服务点的清晰定位，为民族群众建设了公共电子阅览室，并为其量身打造，充分发挥公共文化的凝聚作用。

(三)流动服务方面

我国幅员辽阔，公共文化服务硬件设施和软件资源存在较大的地区差异和城乡差异，因此要积极发展流动文化服务，实现优质文化服务和内容向基层延伸，推进公共文化服务下沉，促使文化资源在城乡之间、区域之间传送流动，打通公共文化服务的“最后一公里”，保障群众基本文化权益，实践以人为本的服务理念。

“数字文化走进蒙古包”，建立起广覆盖、高效能的公共数字文化服务网，使用移动服务终端，解决农牧民居住分散、交通不便、流动性大、公共文化设施服务盲点较多等困难。新疆生产建设兵团六师开展的以信息大篷车为代表的流动文化服务，将各类文化资源输送到偏远地区，拉近了群众与文化的距离，打通公共文化服务的“最后一公里”。上海公共文化配送服务“供给侧改革”出新招，实现供需对接，提供精准配送。浙江数字文化讲师团下基层初见成效，将文化培训送入基层。

(四)阵地服务方面

阵地服务是依托于公共文化机构实体空间所开展的服务，是公共文化服务的基础构成。在信息时代，数字技术不断融入阵地服务当中，同时积极尝试依托于实体空间开展“互联网＋培训”和数字网络平台建设，不断探索新型的数字设备、资源管理服务体系。

河南焦作的“百姓文化超市”借助互联网积极融合各级公共文化机构的各类文化资源，问需于民，实现供需对接。河北三河黄土庄镇借助互联网建设的数字文化平台不仅推广了当地的特色文化品牌，还创新了服务手段，针对群众需求提供个性化服务。广东东莞打造了公共电子阅览室“3＋1”新，将硬件设施、软件平台和创新服务有机整合，展现了公共文化服务的独特魅力。陕西宁陕利用小小公共电子阅览室，为学生提供校外“道德大课堂”，创新了未成年人服务。新疆克拉玛依借力智慧城市建设，拓展公共数字文化，实现戈壁油田的公共文化服务全覆盖。

数字文化培训提升农民专业技能，促进农业增产增收，破解农业发展难题，助力农村脱贫攻坚建设。

1.“网络电视+种植基地”：云南泸西金马镇破解农业发展难题

将文化共享工程农民素质教育网络培训学校（简称“农文网培学校”）和中国文化网络电视基层服务点建在种植基地上，是云南省泸西县金马镇实践探索出来的一大“法宝”。这一文化惠民工程的实施，有效破解了制约当地农业产业发展、群众增收致富的一系列难题，在“扶贫攻坚”的实践中呈现出强大的生命力。

一、情况背景

金马镇位于泸西县境西北部，截至2016年，总面积118.5平方千米，辖7个村民委员会，29个村民小组，总人口55 736人，其中农业人口占97%，是一个典型的农业大镇。多年来，当地群众主要种植水稻、玉米等传统农作物，经济收入低，如何促进产业发展、增加农民收入，成为镇党委、政府工作的重点问题。通过多次调研，结合金马镇土地平整和交通、水利、区位等资源优势，镇党委、政府决定在当地成立种植专业合作社，引进外地种植大户带领当地群众发展蔬菜、花卉等特色产业种植，并决定由太平村委会党总支书记赵家模于2012年牵头成立金爵红农民种植专业合作社。通过几年的发展，截至2016年，合作社现有社员112名，其中包括新利康龙头企业，种植大户53户。合作社集中流转土地5 000多亩①，建有大小冷库10座。合作社于2013年成立党支部和团支部，有党员17名、团员青年8名。2013年金爵红农民种植专业合作社被农业部、共青团中央评为“全国青少年农业科普示范基地”，2014年被红河州人民政府评为“红河州农民专业合作社示范社”。在此基础上，于2015年挂牌成立包括山口农民种植合作社、七彩花卉和顺蔬菜种植园等在内的泸西县金爵红农产品产销专业合作社联合社。

为进一步提升农民素质，增加群众收入，大力实施“文化乐民、文化育民、文化富民”。2015年，在文化共享工程云南省分中心的指导下，在当地文化部门的领导下，金马镇乡镇文化站与金爵红农产品产销专业合作社联合社共同建成金马镇文化共享工程农文网培学校和中国文化网络电视基层服务点，学校设有多功能教室1个、技术交流室多个、展览室1个、健身室1个，配备专家及乡土人才10余名，并设置育苗培植基地、蔬菜种植基地、鲜花种植基地、冷库包装加工基地四大实训基地。学校依托丰富的资源优势，根据当地农民需要和自身功能，设置了产业发展办、市场营销办、党建经济办、劳务经

① 1亩合666.7平方米。

济办、政策咨询办、群团组织办、成果展示办、招商引资办、培训交流办、培训教室10个办公机构。其中，大力打造农民培训室，将其作为农文网培学校的核心工作来抓。

通过建设，农民培训室占地面积达到了180平方米，能容纳100余人集中培训。教室内专门配置了中国文化网络电视机顶盒、投影仪、音响等设备，以文化共享工程优秀数字资源为节目内容，依托交互式网络电视(以下简称IPTV)、互联网电视、双向数字电视等通道，以“入站”模式进入基层服务点，通过电视、投影仪等多终端提供服务。当地农民可通过大屏(电视机、投影)收看优质的科学文化视频资源。特别是农文网培学校利用文化共享工程和中国文化网络电视海量的公共数字文化资源，每周定期或不定期组织农民前来参加培训，授课内容主要包括蔬菜、花卉的种植、管理、病虫害防治等，以及育苗技术、包装加工、销售技术和经验推广等实用技术。截至目前，合作社依靠农文网培学校和中国文化网络电视基层服务点，培训了一大批有一定文化素质和科学素养、技术能力的新型农民。

二、创新举措

(一)开展农民培训

为了提升农民素质，金马镇农文网培学校和中国文化网络电视基层服务点，聘请专家、乡土人才、龙头企业负责人、种植大户等采取集中授课、视频学习、现场观摩、技术交流等方式，提升素质、改进技术，实现“在家门口培训”。合作社成员马猛丽就是通过学校培训创业致富的典型代表。当初，合作社刚成立时，她满腔热情地找亲戚朋友借了2万元作为创业资本，租了3亩土地建起大棚种植蔬菜，但缺少种植技术和经验的她首战并没有成功，蔬菜长势不好，卖不上好价钱，一年下来，亲戚朋友的借款没还上，自己1万多元的积蓄还倒贴在里面。在学校成立后，她坚持每期培训、找专家请教、学习相关视频资源。如今她已成为当地小有名气的“土专家”，附近群众在种植上有什么困难都会向她请教，她自己的种植面积也发展到了20多亩，真正实现了创业致富。同时，农文网培学校还结合当地特点，组织贫困户进行蔬菜种植、加工培训，帮助他们进入基地务工，增加收入。加乐村的张石荣就是其中之一，他上有年迈多病的父母，下有在外求学的子女，家中人多地少、经济收入来源有限，一年的学费、医药费等开支成了全家人最大的生活难题。在学校成立后，他把自己的2亩多土地流转给合作社，每年可得到3 000多元的土地租金，夫妻两人通过学校培训进入基地务工，成为基地的产业工人，夫妻两人每个月可得到4 000多元的收入，生活有了保障，实现了脱贫致富。像张石荣这样的贫困户还有很多，他们通过学校培训，科学文化素质明显提高，掌握了较为熟练的种植和蔬菜、花卉加工等技术，然后进入到基地务工，实现“在家门口就业”，解决了赡养老人、子女教育、夫妻和谐、新农村建设、产业发展、增加收入等问题。目前，整个蔬菜基地共种植蔬菜45种，花卉80种，每年就地转移劳动力10万余人次，年创收9 000余万元，为群众增收1 800余万元。

图 1　培训学校为当地群众充电

（培训学校邀请教师为当地群众开展蔬菜种植技术培训，以提高群众的种植技术及务工能力）

（二）党员带头引领

“基层活、活一方，党旗红、红一片”。在实施文化共享工程农文网培学校和中国文化网络电视等文化惠民工程的建设工作中，镇党委以筑牢一个堡垒、制定一个思路、培植一个产业、发展一个基地、致富一批群众的“五个一”方式，扎实开展工作，成立了金爵红农民种植专业合作社党支部，实施以党员带头发展、引领群众致富的“星火燎原”工程，开展以争夺创业之星、争夺帮带之星、争夺营销之星、争夺奉献之星为载体的评星活动，引导当地党员争做群众致富的“领路人”。其中，通过创业致富的共产党员赵家模，积极发挥先锋模范作用，为了打消部分群众不敢尝试发展大棚蔬菜的念头，风险自己担、利益群众享，找外商、传技术、出资金、包销售，给一些“前怕狼后怕虎”的群众吃下了一颗“定心丸”。

图 2　党员先锋棚：先锋引领　示范带动

（三）创新产业模式

在实际工作中，文化共享工程农文网培学校、中国文化网络电视基层服务点与合作社主要采取“党支部＋合作社＋龙头企业＋基地＋农户”的模式。党支部以合作社为实体，以“借鸡生蛋”的思路引进龙头企业和种植大户，合作社负责集中流转土地并协调水电路和农民工技术培训，龙头企业及大户通过出资建设大棚、水池、道路等基础设施，最终形成基地。农户进入基地务工，并在基地内的文化共享工程农文网培学校和中国文化网络电视基层服务点学习各类科学文化知识和实用技术。特别是村内参与土地流转入股分红的农户，可谓是“一本万利”，不但获得地租收入，还可以获得务工和分红收入，更重要的是从中学到了致富本领，提高了自身素质，并逐步向懂技术、会管理、善经营的现代新型农民转变。

图 3　劳动务工　增加收入

（当地村民将土地租给种植大户，然后返回基地为种植大户务工，实现土地租金和务工报酬双丰收）

(四)实施创业帮扶

针对一批有创业想法又缺乏资金和技术的群众的实际困难，党支部主动牵头，团委、妇联协助协调提供小额信贷、党员创业贷款、基层党员带领群众创业致富贷款等，加上文化共享工程农文网培学校提供培训，有效带动了一大批人员创业致富，有效培养了一大批科技致富的明白人和带头人。同时，党支部积极开展“党的群众路线教育实践活动”“挂包帮、转走访”工作，将建档立卡贫困户纳入基地培训、务工，有效解决了部分困难户的实际问题。

三、主要成效

通过文化共享工程农文网培学校和中国文化网络电视等文化惠民工程的实施，有效破解了当地阻碍产业发展和农民致富的“三大难题”，初步实现了“三个转变”。

一是破解领村无人的难题，实现由愚变智。与过去相比较，现在的村干部更加难当、担子更重、责任更大。党员干部个人素质的高低，作用发挥得好坏，直接影响到农村各项事业的发展，影响到农村广大群众的人心向背。通过文化共享工程农文网培学校的培养和中国文化网络电视等文化惠民工程的实施，不但实现了当地群众由愚变智，还涌现出了一大批“明白人、带头人”，带领群众致富。合作社理事长赵家模同志2016年被评为了红河州“明白人、带头人”。

二是破解致富无方的难题，实现由穷变富。以前村民全靠“一亩三分地”养家糊口，碰到子女上学、大病就医的时候，还要省吃俭用、东凑西借。通过文化共享工程农文网培学校的培养，中国文化网络电视等文化惠民工程的实施，以及“星火燎原”工程“五星”级示范户的挖掘，不但实现了农民由穷变富，还使村内农民的观念转变、素质提高，特别是营造了家庭和气、邻里和睦、村内和心、社会和谐的良好氛围。

图 4　合作社教师现场指导学员花卉中耕管理

三是破解增收无望的难题，实现持续致富。文化惠民的主体是农民，在文化惠民过程中要尊重群众的选择。要以良好的机遇鼓励、以成功的典型引导、以耐心的启发说服，实现群众思想观念由“要我干”到“我要干”、由“逼着干”到“争着干”的重要转变，激发群众自己动手改变贫困面貌的主观能动性和创造性，实现持久致富。

目前，金马镇农文网培学校暨中国文化网络电视服务点、金爵红种植专业合作社拥有育苗培植基地、蔬菜种植基地、鲜花种植基地、冷库包装加工基地四大实训基地，建有5 000余亩高标准大棚，基地内涌现出当地种植大户15家，龙头企业、外地客商20余家，每年解决学员就近务工达6万余人次，实现群众收入达800余万元，为当地产业发展、扶贫攻坚工作注入强大的活力。

“星星之火，可以燎原。”金马镇农文网培学校正以星星之火的势头，引领当地群众学习文化、学习本领、致富增收，带动整个金马镇现代农业产业的发展。

【专家点评】

该案例直接面向金马镇农民的生产技能需要，通过“网络电视＋种植基地”建设的模式，既提供技能学习，培训了有一定文化素质和科学素养、技术能力的新型农民，又协调龙头企业和种植大户建设大棚、水池、道路等基础设施，形成基地，并建立创业帮扶机制，为农民创业致富创造了条件。

（点评人：李东来，广东省东莞图书馆馆长）

文化助力电商，电商传播文化，公共数字文化服务推动文化精准扶贫、推动文化富民建设。

2.“文化＋电商”：江西安远打造文化惠民升级版

近年来，在江西省赣州市委宣传部的启发引导和精心策划下，安远县通过大力实施文化惠民工程，不断增强“互联网＋”理念，大胆探索文化工作的改革与创新，整合并激活公共文化资源，在全县范围内推行“文化＋电商”工作模式，以文化助力电商、电商传播文化，把文化惠民的平台转为文化富民的推手和路径，较好地解决了基层文化资源的整合利用、文化工作的转型发展以及农村电商发展中遇到的“最后一公里”问题，打造了文化惠民的升级版，在“互联网＋”时代背景下，创造了兄弟省市纷纷效仿学习的安远文化现象。2015年11月，安远县实施“文化＋电商”的经验做法被列入了文化部工作案例展，并在全国公共数字文化建设工作会上做了经验介绍。

一、情况背景

安远县位于江西省赣州市东南部，过去由于受交通条件的制约，作为中国脐橙之乡的山区农业县，常常遇到大宗农副产品难卖伤农的问题，而且一直以来困扰着当地政府。如何充分发挥文化共享工程基层服务点、乡(村)文化活动室等文化设备和资源优势，为农村电子商务搭建平台，促进农村公共文化服务体系建设、公共服务信息传播、电商进农村体系建设和农村消费品、农业生产资料、农产品流通交易，让文化优势转为经济优势，从而放大文化的经济功能？实践的需要催生着文化工作的转型与提升，催生着“文化＋电商”的工作模式，解决了为什么要创新“文化＋电商”这一工作模式的必要性和动力问题，进一步明确了“文化＋电商”的工作方向。

二、创新举措

(一)工作理念

“文化＋电商”，就是充分利用乡、村两级文化活动场所、站所人员、文化共享工程平台和设备、文化专项资金以及文化软实力要素打造的公共文化信息服务平台。以这个公共服务平台为支撑，为广大农村电商业者提供产品设计、创意、策划、包装和公共文化资源供给及信息资讯、电子商务服务等为主要内容的基层新型公共文化服务体系。

图 1　服务功能增强，农民可利用文化共享工程设备检索自己所需资讯

(二)工作内容

每个乡、村级“文化＋电商”服务站点在达到国家、省基本公共文化服务保障实施标准和全国电子商务进农村综合示范县创建标准的基础上，还要达到“七个一”：选择一个服务场地(办公、仓储分离，具备物流配送功能)，开通一套网络系统(以文化共享平台为主)，设置一块电子显示屏，设立一个图书阅读角，摆放一批商品展示柜，物色一名站点文化信息管理员，加盟一个网上交易平台(天猫、淘宝、苏宁、当当、淘实惠等)，其中乡镇政府所在镇，还要添加一部电子借阅机，即达到“八个一”。

图 2　安远县双芫乡“文化＋电商”服务站点展示

(三)工作目标

从 2016 年至 2017 年，在全县统筹规划下，使“文化＋电商”模式在全县全覆盖，实现村村建有“文化＋电商”服务站点。2016 年，在上半年已建成 26 个示范点的基础上，全县再建设 54 个“文化＋电商”服务站点，使全县各乡镇所在地 5 千米以外有三分之二行政村建成“文化＋电商”服务站点。其中政府所在地，8月底前要建成自己的旗舰店；2017年年底全部建成，实现乡镇和距乡镇服务站点5千米外的行政村“文化＋电商”服务站点在全县全覆盖，全县“文化＋电商”工作体系和服务网络的全落实。①

(四)工作模式

(1)物色、聘请一名“文化＋电商”文化信息管理员。管理员必须是有一定文化基础、有一定农副产品经销经历的“新型农民”，经过县电商园培训后，能够熟练掌握运用文化共享工程平台，能够在经过县中心文化专员培训后可以完成文化创意、策划、包装等电商产品制作，能够宣传传承文化信息，能够自主开设电商网店，愿意为群众提供公益服务。

(2)作为“文化＋电商”服务站点，如果乡、村文体活动室安排比较拥挤，或所处位置人流物流不集中，不便于建成文商一体化场所，则另择地点。

(3)站点建设费用按每个点10万元的标准投入。资金来源按“财政补助一点(8万元)、挂点单位一点(1万元)、乡村自筹一点(1万元)”的办法筹集，用于装修场所，置办、购买电信网络系统、电脑电子显示屏、图书及货品展示柜等。

(4)运行费用由站点管理员(经过培训后的电商)通过经营收入自行解决。

(5)文化信息管理员的补助性工资，通过购买公共服务岗位的形式，由县财政从宣传思想文化资金中列支500元作为津贴，按月发放。

(6)乡、村“文化＋电商”服务示范点提供以下公益服务。

一是管理文化共享工程平台及其他文化资源，组织开展文化活动、图书借阅等。

二是做好电商网店示范运营，电商业务指导、培训。

三是自主从事农产品销售和其他商品交易。

四是做好电商物流中转服务，特别是帮群众代收邮件，利用电子显示屏通知承办相关服务。

(五)工作措施

1. 加强领导、高位推动

成立安远县“文化＋电商”站点建设推进工作领导小组。

组　　长：县委书记

第一副组长：县委副书记、县长

副 组 长：县委常委、宣传部部长

　　　　　县政府分管文化的副县长

成　　员：宣传部、文广新局、电商办、财政局、职校(电商学校)、图书馆、文化馆的主要领导

---

① 工作目标中所涉及数据的统计时间截至2016年6月。

领导小组下设办公室，设县文广新局，由局长兼任办公室主任，负责全县“文化＋电商”推进工作的日常事务。

2. 落实责任、分工配合

明确各部门、各单位的职责分工，镇乡街道办为具体责任单位。

3. 强化保障、狠抓落实

一是强化三项机制：推动机制、责任机制、考核机制。

二是实行三个统一：统一规划、统一管理、统一推送。

三是健全三大保障：政策保障、资金保障、人才保障。

三、主要成效

(一)以文载商，推进电子商务进农村

在偏远山区，许多农民无法接入互联网，对电商接触甚少，物流网络也是一片空白。利用文化共享工程与电商的有机融合，有效解决了网络和物流进村的难题，把电商带进了农村。特别是文化信息管理员成为电商从业人员，不仅因为增加收入而稳定了乡村文化管理员队伍，更是由于示范作用，指导带动更多有条件的村民做起了电商，推动了全民创业高潮的出现。据统计，目前安远县有电商从业人员近 3 万人，2015 年的网上交易额达到 34 亿元，其中仅脐橙销售一项就达到 16 个亿，带动就业 6 000 余人，不少人不仅成了创业先锋，还实现了网易致富。

图 3　孔田镇“文化＋电商”示范点展示

(二)以文赋商，提升了电商产品附加值

“文化＋电商”提升了产品附加值和吸引力。在安远，每一宗产品都有文化标签，每件商品都有故事，文化成了商品交易的催化剂。例如，“本甄蜂蜜”，只要扫一扫二维码，便能了解到蜜蜂原生态的生长环境、采蜜过程和制作流程，并针对情人节、中秋节等节假日，进行创意包装，产品从不到 30 元卖到了 118 元还供不应求，形成了

“卖的不是蜂蜜，而是文化”。还有一批青年创客，开始步入了文化创意产业的开拓。有的在为企业提供“点子”服务；有的在为商品提供设计包装。创意成了创新的源泉和动力。

(三)以商传文，增强了文化的延伸效应

“文化＋电商”提升了“文化安远”的软实力。许多人从电商产品中了解了安远的风光和文化，慕名而来的游客越来越多。东江源头三百山游客爆满，风景管理局不得不发布让本地游客错峰游览的温馨提示。数据显示，仅春节期间共接待游客7.1万人次，同比增加20.5%。同时通过建设“文化＋电商”站点而帮扶起来的成功电商，反哺文化事业的积极性很高，有的大力创办文化实体企业，繁荣着公共文化事业；有的则根据协议拿出了一定的利润为文化广场、文艺团体新添电子设备、新购图书或订购相关报刊，为村民提供公共文化服务，文化与电商在共享共建、相互交融中推动了公共文化服务体系建设。

(四)“文化＋电商”开辟了文化扶贫和电商扶贫的新路径

“文化＋电商”，加速了文化平台与电商平台的融合贯通，打通了信息化基础建设和乡村物流配送的“最后一公里”，既破解了制约电商发展的瓶颈，又为广大农村转移了劳力，增加了就业，对于促进农民收入、推进精准扶贫、加快贫困地区脱贫致富步伐作用巨大。安远县南部乡镇鹤子镇通过兴办“文化＋电商”站点，打造“金线莲之乡”，提升了国际影响力，有南国冬虫夏草之称的“金线莲”系列品牌走俏东南亚，如今这个镇子成了与越南、老挝贸易的一个窗口，镇里的男子娶了20多位越南新娘，有10位鹤子镇姑娘远嫁越南，这里俨然成了安远边境贸易的“金三角”。如今的鹤子镇，村村铺设了水泥路，家家开通了广播电视，并住上了乡村小别墅，一批文化古迹得到了很好的保护，学校、医院修建一新，村民快乐地跳起了采茶广场舞，从文化惠民到文化扶贫，全镇可望提前两年脱贫致富。

图4 村民将自己录制的采茶舞视频上传到网络，加深了对家乡的热爱

(五)“文化＋电商”是大众创业、万众创新的新探索

“文化＋电商”打开了广大农村青年了解世界的一扇新窗口，让他们有了新的创业机会，有了施展才华的舞台。对于适应经济发展新常态，顺应网络时代新潮流，打造经济发展新引擎，改变农副产品的营销模式乃至人们的生活方式，推动农村经济社会发展，意义重大而深远。车头镇示范点管理员刘老二，由一个骑摩托车收山货、娶不起老婆的农民，通过“文化＋电商”历练成长，办起了500亩的种植蔬菜基地，创办了刘老二网上酒家，成就了由“回家吃饭到回家做饭”的经营理念，生意爆棚，如今买了小汽车盖了小洋楼，成了当地有名的“文化示范户”。

(六)“文化＋电商”是提升文化共享工程服务效益的新途径

“文化＋电商”，增加了文化受众，拓展了文化空间，延伸了文化服务，激发了文化活力，为这一文化惠民工程如何更好地服务经济、服务大众探索了新途径，实现了从文化平台到经济平台，从文化资源到发展资源，从文化惠民到文化富民的有效转化。如今，安远县的广大乡村“文化＋电商”站点星罗棋布，再现了当年“村村点火、家家冒烟”的景象，广大农副产品生产、经销业主纷纷前往乡镇文化站放鞭炮、送锦旗，感谢“文化＋电商”带来的经济实惠，带来的文化发展与繁荣。

【专家点评】

“文化＋电商”项目，立足“互联网＋”的时代浪潮，将公共文化服务平台拓展为文化富民的技术推手与文化路径，构造了文化惠民的升级版，形成了值得关注的安远文化现象。

其一，“文化＋电商”的观念丰富了文化惠民的新内涵。对于我国大部分贫困地区而言，公共文化服务在保障群众基本文化权益的同时，还肩负着满足文化需求，实现文化惠民的重要功能。“文化＋电商”项目以基层百姓现实需求为导向，通过文化资源的共建共享，赋予了文化惠民在物质与精神两个层面的新内涵，调动了服务主体与广大群众的积极性与参与性，实现了公共文化服务建平台，百姓得实惠！

其二，“文化＋电商”的实践探索了文化扶贫的新路径。互联网时代，不仅催生了电子商务的新兴业态，也孕育了数字文化的新形态与数字服务的新方式。“文化＋电商”是“互联网＋”公共文化服务的体现，更是具体路径上的新探索。文化助力电商，电商传播文化。“文化＋电商”项目在“服务＋扶贫”“惠民＋福民”路径方面的双重探索，尤其对于贫困地区探索公共文化服务融入当地社会经济发展大格局，实现文化精准扶贫与文化富民，具有较强的借鉴意义！

（点评人：杨乘虎，中国传媒大学传媒艺术与文化研究中心执行主任）

在公共文化基础设施和资源匮乏的地区，认清现实，以推动基层公共设施整合提供文化服务，充分发挥文化共享工程在交流互动、教育培训之优势，倾力打造“亲情热线”和“成果转换基地”，走出了一条“问需于民、文化富民”的新路子。

3. 亲情热线　文化富民：贵州正安架设“连心桥”“致富桥”

2002 年，文化部和财政部启动了全国文化信息资源共享工程(以下简称文化共享工程)，该工程是新形势下构建公共文化服务体系、惠及千家万户的一项重要的文化基础工程。随着信息与网络技术的飞速发展，文化共享工程的现实意义与深远意义日益显著。发挥好文化共享工程的作用，关键是要抓好服务。文化共享工程服务方式灵活多样，方便、快捷、适用，采用现代技术使丰富的文化信息资源进入到村庄、校园、企业和每个家庭。

一、情况背景

自 2006 年正安县被确立为文化共享工程贵州省 33 个试点县以来，正安县委、政府高度重视，召开全县文化共享工程建设动员会，制定下发了《正安县文化信息资源共享工程试点工作实施方案》，明确由县委常委、常务副县长牵头，县文体广电新闻出版局来具体实施，各有关职能部门和乡镇配合的工作格局，同时确定了工程职责和范围，逐级签订责任书，层层落实责任，县委将文化共享工程的建、管、用纳入对乡镇党委的年度综合目标考核。截至 2016 年，正安县辖区面积 2 959 平方千米，所辖 19 个乡镇，152 个村居，65 万人口，然而配备的文化共享工程设备村级点只有 118 个，且设备不配套(投影仪2 套、计算机 20 台、移动播放器 98 个、电视机 118 台)，加之镇村能使用这些设备的人才严重匮乏，县支中心又无交通工具，广大人民群众居住分散，道路崎岖，为了解决这些问题，尽可能地发挥文化共享工程这一先进平台作用，从 2009 年开始，县支中心积极探索，创新服务，采取走资源融合之路，借船出海。先后与县委组织部农村党员干部远程教育办公室、正安县电视台、正安县电影公司等单位实现资源整合，解决乡镇、村级站点文化共享工程设备不足、专业技术人员队伍严重不够、资金短缺等问题。

二、创新举措

在文化共享工程建设中，正安县支中心遵循实际、实用、实效的原则，加强软硬件基础设施的建设，不断拓展和提升服务能力和水平。截至 2016 年，正安县建有 1 个支中心、19 个基层站、118 个村级点，正安县是一个劳力输出大县，在 65 万人中，常年在外务工的青壮年人口达 24 万之多，家中留下的或是老人，或是妇女，或是小孩，一年就是通几次电话，很少见到面，有些甚至几年都见不到面，特别是青壮年夫妇都外出的，家里就剩下老人和小孩了，他们之间的牵挂之情不言而喻。县支中心针对这一实际情况，积极为他们提供“亲情视频通话”服务，并要求有条件的乡镇、村级服务点开通这一服务，让远在他乡的亲人们能够及时地与家人进行面对面的交流，唠家常、话亲情、聊生活、谈牵挂。2012 年，正安县开通这一业务的有 68 个点。

三、主要成效

(一)一线连通倾相思，文化共享传温情

在贵州省正安县格林镇太平村的文化共享工程基层点，12 岁的王若兰第一个和爸爸妈妈进行了视频通话：“爸爸，我在学校表现挺好的，我看到同学们穿漂亮衣服，你可不可以给我买呀？你什么时候回来呀，我很想你！”王宝在通话中说：“爸爸妈妈，我现在和同学在一起很开心，村里的叔叔阿姨和学校的老师对我们很好，我们一起集体过节，还吃了糖果。”

在贵州省正安县和溪镇大坎村的文化共享工程基层点，68 岁的王品学兴高采烈地和在浙江打工的儿子唠着家常：“二娃啊，爹今年在家也不错哟，现在政策好啊，我们大坎的路灯也亮着的，政府把我们的土地流转种植茶叶，我们不但有租金，我们也成为工人了，每月能领到工资了，你们在外也要好好干哟，注意安全……”

在贵州省正安县小雅镇二河村的文化共享工程基层点，36 岁的李菊和远在广东务工的丈夫话亲情，“招平啊，家里你就放心吧，孩子们都听话，她爷爷奶奶的身体都好着的，你在外面也要注意身体，别光顾着挣钱，春节早点回家过年……”

为关心“留守儿童”在成长过程中的心理焦虑、抑郁问题，增加他们与父母的亲情联系；为关心“空巢老人”在生活中的心理空虚、孤寂问题，增加他们与子女的亲情交流；为关心“外出务工人员”在工作中的心理牵挂、思亲情结，增加他们与父母和子女的情感交流。正安县支中心以“亲情传递”为主题活动，通过 QQ 视频免费为“留守儿童”和“空巢老人”提供迅捷畅通的亲情热线，实实在在为他们和外出务工人员搭起了情感交流的桥梁。

正安县 19 个乡镇 152 个村(居)中，具有视频通话设备的有 68 个村(居)，自亲情视频活动开展以来，每年进行视频面对面通话近 400 人次。这一活动开展，为“留守儿童”“空巢老人”和“外出务工人员”搭建了一个真情流露的平台，做到了“留守儿童”学习用心、“空巢老人”生活开心和“外出务工人员”在外工作放心。

(二)建立成果转换基地，为百姓打开增收致富大门

“感谢！文化共享工程让我明年产值有望突破三百万元。”说起公共文化服务，正安县小雅镇星宿坪茶场的老板郑传容掩饰不住内心的喜悦。

星宿坪茶场是一家新建的白茶种植企业。由于没有茶叶种植技术和管理经验，业

主到处打听学习白茶种植技术无果，正安县支中心在走访中了解这一信息后，将茶场定为县支中心成果转换基地，进行公共文化延伸流动服务。该中心积极组织人员，对茶场人员进行茶园管理、有机茶叶栽培技术等培训，到田间地头手把手教学。茶山绿了，茶园面积从原来的1 000余亩发展到了今天的2 000多亩，还准备再扩建茶园300亩。周边群众也在茶场的带动下开始种植茶叶了。

为支持地方农村经济建设，近年来，县支中心协助建立了全县23个成果转换基地，帮助企业培训人员2万多人次，培训创业5 000多人次。

【专家点评】

正安县属于西部地区，位于贵州遵义东北部和重庆东南部的中心地带，是国家扶贫开发重点扶持县。正安县在实施文化共享工程中，得到正安县委、政府的高度重视，通过自身努力和整合当地党员教育、文化和传媒等资源，克服了建设资金投入不足，技术力量薄弱和设备不配套等问题，在做好文化共享工程建设与服务的同时，针对该县为劳力输出大县的实际，开展“亲情视频通话”服务和为促进农村经济建设服务。搭建起为“留守儿童”“空巢老人”和“外出务工人员”亲情交流的平台，为家庭和社会和谐稳定发挥了积极的作用。他们还利用文化共享工程资源，建立成果转换基地，通过信息传递和培训，支持农村经济发展，并取得了良好的效益。他们的工作成效为贫困地区，结合实际，促进地方经济建设和社会发展提供了良好的借鉴。

（点评人：徐欣禄，原广西壮族自治区图书馆馆长）

农民工是公共文化服务的重点群体，以联盟、平台为载体，加强社会合作，以数字方式整合农民工文化服务，效果显著。

4. 文化同城　数字同行：重庆农民工数字化服务创新

农民工问题历来是党和国家关注的重点问题，在党的十八大报告和十八届三中全会上，均从不同层面、角度提到了农民工问题，其中包括力推农民工的市民化、促进农民工融入城市。

重庆集大城市、大农村、大库区、大山区于一体，城乡、区域差距较大。随着重庆城乡统筹一体化的建设，一系列围绕农民工权益保障的改革逐步推进。随着农民工融入城市的步伐加快，对农民工文化权益的保障就显得尤为重要。

一、情况背景

农民工城市化的过程，实质是公共服务均等化的过程。当前，我国基本公共服务的非均等化问题比较突出，并由此使地区间、城乡之间、不同群体之间在基础教育、公共医疗、社会保障等基本公共服务方面的差距逐步拉大，就农民工群体来说，融入城市的过程存在不少的难题。

在这个过程中，文化共享工程各级站点作为公共文化服务体系的重要组成，针对相应的问题思考服务的提升、拓展、创新甚至转型，以适应社会的需要，发挥积极的作用。为整合服务资源，建立统一平台，重庆市启动了"重庆市公共图书馆文化共享农民工服务联盟"，该联盟依托文化共享工程现有服务网络、依托有意向开展农民工服务活动的机构或单位、依托已有的农民工服务机构或项目(扶贫办培训基地、雨露计划)，打造农民工服务联合体，以数字文化服务为主要内容，形成具有组织保障、具备多样化服务手段、能够开展有针对性服务活动的长效服务体系。[①] 截至2016年，农民工服务联盟成员单位已有16家，包含部分区县支中心及社会单位。经过多年的运行，"联盟"的各项工作都已经成效初显。

二、创新举措

(一)以"用起来"为目的，开发农民工数字服务平台

重庆作为"国家公共文化数字支撑平台"第二批平台建设地区，依托支撑平台资源丰富、传输高效的特点，以"用起来"为目的，依托"国家公共文化数字支撑平台"特色应用系统建设的契机，深入了解新生代农民工的文化需求、使用习惯，开发打造农民

---

① 兰晶：《公共图书馆服务农民工的实践——浅析"重庆市公共图书馆文化共享农民工服务联盟"》，载《河南图书馆学刊》，2014，34(12)：2～4。

工网络数字服务平台。2014 年，以资源免费服务、远程学历教育培训为主要服务内容，在重庆范围内先行先试，逐步推向全国服务。

(二)依托项目，开展社会化合作，形成抱团合力

依托“雨露计划”“留守儿童之家”等国家级项目，遵循“以资源供给为主，带动服务活动开展，根据共建单位实际，打造多形态服务模式”的工作理念，具体工作按照“试点示范、调整完善、服务推广”的原则实施。目前，由重庆市分中心牵头，已经完成了与重庆市工商业联合会所属部分大型民营企业、重庆钢铁(集团)有限责任公司、重庆中节能实业有限责任公司等大型国企、重庆市扶贫开发办公室培训中心主城区培训基地的社会化推广工作，为企业进城务工人员提供数字化服务，定期为服务点输送优秀数字资源、免费发放重庆数字图书馆读者卡等。

(三)打造农民工服务联盟，精心指导，培育基层品牌

为了形成服务整体，打造服务品牌，带动全市共享工程服务，重庆市分中心整合资源，打造了重庆市文化共享工程农民工服务联盟。由于重庆市文化共享工程农民工服务联盟服务活动开展丰富，社会效益良好。在重庆市文化共享工程农民工服务联盟的组织和指导下，各成员单位形成了农民工图书馆、农民工夜校、农民工数字文化家园、农民工艺术课堂等基层服务品牌。①

三、主要成效

(一)创新服务载体，整合重点数字文化工程服务农民工

农民工服务联盟利用三大数字工程服务网络整合了全市公共图书馆的文献资源、人才资源和平台资源，形成了专门服务农民工群体的图书馆共同体，截至 2016 年，联盟已整合 70 TB 数字资源、50 万册纸质文献资源，且有相当数量适合农民工文化需求的特色资源。

重庆市分中心依托“国家公共文化数字支撑平台”，在了解新生代农民工的文化需求、使用习惯的基础上，打造“新市民在线”特色应用系统，于 2016 年 10 月正式上线，其中“新生代务工人员”板块通过移动互联网向新生代农民工提供数字化服务。

(二)融入社会力量，数字服务结合项目管理成效显著

针对具体需求，开展具体服务项目。例如，农民工服务联盟与重庆市扶贫指导中心合作，依托国家级项目“雨露计划”，在资源供给、培训支持、品牌服务三个方面开展为重庆市 12 所雨露计划基地学校提供服务；此外，农民工服务联盟积极与党政机关、企业学校等社会力量合作，依托国家级项目“留守儿童之家”，将数字资源通过市妇联服务点送到了留守儿童身边；在“十二五”期间，以合作共建的形式，农民工服务联盟先后在南岸区龙门浩阳光公寓、大渡口区建桥工业园区蓝领公寓等 25 个农民工集

---

① 李晓秋：《全国文化信息资源共享工程谱写社会和谐曲》，载《图书馆建设》，2008(2)：103～105。

聚地建立了文化共享工程基层点，定期为服务点输送优秀电子资源，免费发放重庆数字图书馆读者卡，服务农民工3万余人。

联盟与重庆钢铁（集团）有限责任公司、重庆建工集团股份有限公司、重庆长江轮船公司等大型国企、重庆市农民工夜校等社会培训机构建立起长效合作关系，在“十二五”期间逐年开展适合农民工文化需求的服务。截至2016年，建成“农民工书屋”10所，举办企业文化讲座30期，开展“劳动之星”技能大赛2场，惠及农民工1.5万余人。

（三）“双线”发展，以“2＋N”模式推动全市公共文化服务品牌百花齐放

一方面，以“融入城市　阅读让生活更美好”为主题，着重保障进城务工人员的文化权益，促进农民工市民化；另一方面，打造“蒲公英梦想书屋”品牌服务项目，开展“一梦一室一台一堂”的活动模式，以此为中心，走进乡村关注“留守儿童”成长，为“外出务工人员”解决后顾之忧。该项目于2015年获得共青团中央举办的“第二届青年志愿者服务项目大赛”银奖。

以“融入城市　阅读让生活更美好”及“蒲公英梦想书屋”服务品牌做出表率，采取传帮带的形式将经验推广到基层，辅导、支持联盟各会员单位及区县公共图书馆树立突出自身特色的农民工服务，最终目标是形成“2＋N”的服务品牌体系。

分中心及各成员单位逐渐形成了蒲公英梦想书屋、农民工图书馆、农民工夜校、农民工数字文化家园、农民工艺术课堂等服务品牌。

其中，“蒲公英梦想书屋——乡村留守儿童关爱行动”是为解决乡村留守儿童纸质读本、电子学习资源缺乏的困难而创建的公益行动。项目采取“1＋6X”模式，即建立乡村留守儿童学校蒲公英梦想书屋，通过领取梦想活动、爱心超市活动、亲情聊天室活动、相伴成长巡回讲堂、建立留守儿童心理成长档案以及举办当地特色活动6X项活动。截至2016年8月，重庆市共建成蒲公英梦想书屋31个，现场活动服务留守儿童18 000余人次，落成书屋服务留守儿童40 000余名。

在第十届中国艺术节上，“联盟”荣获公共文化建设政府最高奖——文化部第十六届“群星奖”项目奖；2015年，在国务院农民工工作领导小组开展的全国优秀农民工工作先进集体评选中，被评为“全国农民工工作先进集体”。

【专家点评】

重庆分中心创造性地成立“重庆市文化共享工程农民工服务联盟”，在全国引起了强烈的反响，把以往零散的、应景式的、口号式的农民工文化服务落到了实处，有组织、有体系、有内容、有规模，实现了一个联盟覆盖全市，“双线”发展兼顾全局，“2＋N”扶植基层品牌，项目化管理解决具体困难。

与党政机关、企业学校等社会力量的有效合作，丰富的主题活动的策划，农民工群体的广泛参与，都体现了文化共享工程“合作共建”宗旨，它在长效开展农民工服务、有效推进城乡文化一体化、发挥文化共享工程资源优势方面起到了很好的示范作用。

（点评人：倪晓建，原首都图书馆馆长）

公共文化服务延伸到民族聚集区，利用资源丰富、设施先进的电子阅览室在穆斯林群众间传播文化瑰宝、凝聚民族团结，走出了一条民族大团结、文化大发展的阳光大道。

5. 书香庙宇　民族融合：青海南关数字文化进清真寺

为贯彻落实党中央和国务院有关加强少数民族地区文化发展、实现民族和谐发展的指示精神，进一步推动基本公共文化服务标准化、均等化发展，引导文化资源向城乡基层倾斜，创新公共文化服务方式，保障人民基本文化权益，将“边疆万里数字文化长廊”建设模式拓展至青海省少数民族地区，让公众文化服务惠及青海广大少数民族群众，文化共享工程青海省分中心努力创新服务方式和转变服务理念，拓展公共文化服务能力和传播范围，积极探索公共数字文化创新服务模式，在西宁市穆斯林群众相对集中的南关地区，选择南关清真寺图书馆作为青海省开展公共数字文化创新服务的基层试点取得成效。

一、情况背景

文化共享工程青海省分中心利用自身新技术、新设备和数字资源，结合西宁市南关清真寺需求，为清真寺图书馆配置了电子书借阅机，为电子阅览室开通了电子期刊、电子图书数据库等资源，穆斯林同胞和社区群众利用设立在清真寺的数字体验设备和电子阅览室，借助无线或有线接收终端，就能方便快捷地阅读和浏览电子图书、报刊以及音频、视频资源，实现了优秀文化数字资源的共享。

二、创新举措

(一)建立寺庙电子阅览室

青海省分中心以西宁市南关清真寺作为开展公共数字文化创新服务的基层服务试点，利用新技术、新设备和数字资源，结合群众需求，为西宁市南关清真寺图书馆配置电子借阅机，为电子阅览室开通电子期刊、电子图书数据库，穆斯林同胞和社区群众利用设立在清真寺的数字体验设备和电子阅览室，借助无线或有线接收终端，就能方便快捷地阅读和浏览电子图书、报刊以及音频、视频资源，形成了良好的社会效益，并为青海省分中心下一步“公共数字文化进寺庙”的推广进行了有益探索。

(二)开展“公共数字文化”系列活动

青海省分中心组织不同年龄段、不同文化层次的穆斯林同胞开展了文化交流和普及宣传，实施了“数字悦读”“悦读之星”评选等系列活动，引导广大穆斯林群众多读书，读好书，年服务各类读者约 2 万人次，得到了群众好评。通过将中华优秀文化信息资源进行数字化展示，弘扬中华文化，促进民族团结，取得了较好的服务效果。

(三)开展学习“两学一做”等系列活动

南关清真寺不仅是一个寺庙图书馆和公共数字文化服务点，同时也是传达学习中央精神的最佳场所，在这里可以进一步增强政治意识、大局意识、责任意识，推动青海省民族团结进步事业实现新发展。

三、主要成效

一是占领民族文化与宗教文化的制高点。文化是一个民族的灵魂，更是凝聚众多民族的灵魂！文化，可以包容不同的信仰，可以融合不同的种族，可以消弭偏见和仇恨。图书馆，正肩负如此神圣的使命和职责！青海省分中心通过在南关清真寺设置数字文化服务点，为今后在其他地区的清真寺推广探索了经验和途径。

二是促进民族文化与宗教文化的现代化。在数字化信息时代，传统的穆斯林信众不再只读一本《古兰经》，开始欣然接受大量的书籍、海量的数字文献信息，欣然利用移动终端扫描二维码下载文化资源。这不只是图书馆服务走向现代化，更是民族文化与宗教文化走向现代化，不同种族、不同信仰的——人的现代化。

三是增进民族文化与宗教文化的和谐交融。青海省分中心南关清真寺图书馆，向各族人民群众免费开放，书海漫步，没有任何民族的隔阂。只有先进文化的正能量在这里汇聚，民族团结的正能量在这里弥漫，爱国爱教的宗教文化在这里升华！

【专家点评】

青海省分中心在南关清真寺建设现代图书馆，融合了公共文化一体机与计算机的海量数字文化服务，免费为穆斯林信众和各族人民群众开放，为全国图书馆建设与服务进行了积极探索。此举不仅占领了民族文化与宗教文化的制高点，而且促进民族文化与宗教文化的现代化，同时也增进民族文化与宗教文化的和谐交融。

（点评人：高文华，黑龙江省图书馆馆长）

以农牧民居住分散、交通不便、流动性大、公共文化设施服务盲点较多等困难为出发点，应用网络和技术设备，建立起广覆盖、高效能公共数字文化服务网，适用移动服务终端，实现免费、全天候、“人人通”的公共数字文化服务。

6.“数字文化走进蒙古包”：内蒙古打通公共文化服务“最后一公里”

“数字文化走进蒙古包”是文化共享工程内蒙古分中心结合文化部全国公共文化发展中心的“边疆万里数字文化长廊”项目，依照内蒙古自治区特殊的人文、地理环境，实施的一项创新型数字文化服务模式。它充分利用互联网、通信网、WiFi，在全区构建广覆盖、高效能公共数字文化服务网络，通过智能手机、平板电脑、笔记本电脑等移动服务终端，为广大基层农牧民提供不受时空制约的24小时公共数字文化服务，消除公共文化服务盲区，打通公共文化服务的“最后一公里”，保障了基层农牧民基本文化权益，实现公共文化服务的均等化。

一、情况背景

内蒙古自治区地处中国北部边疆，东西直线距离2 400千米，南北跨度1 700千米。截至2015年8月，全区人口2 489.85万，城镇人口1 437.64万人，乡村人口1 052.21万人，地广人稀且分布不集中，还有大量的农牧民依然保持着少数民族特有的放牧生活习惯。近800万的基层农牧民生活的地方都远离城镇、远离人口聚集区。这些区域网络覆盖面少，存在很多服务盲区，农牧民几乎没有获取网络信息和网络知识的途径，享受不到文化共享工程十多年来建设的数字文化资源成果。为解决这些盲区服务不到位的问题，扭转农牧民数字信息资源匮乏的状况，消除数字鸿沟，文化共享工程内蒙古分中心依照文化部全国公共文化发展中心的“边疆万里数字文化长廊”项目要求，结合内蒙古自治区特殊的人文、地理环境，创造性地实施了“数字文化走进蒙古包”。

二、创新举措

(一)服务模式

“数字文化走进蒙古包”在互联网可以达到的乡镇(苏木)基层服务点，充分利用文化共享工程已搭建的硬件平台，通过增设定向式WiFi设备和大存储服务器建立一级数字加油站，接收更新内蒙古分中心发布的数字资源。通过自主研发的移动数字加油站一体机(集WiFi设备、服务器、存储为一体的便携式可移动的数字资源集成一体机)和全向式WiFi设备，在无法连入互联网的行政村、游牧点建立二级数字加油站和移动数

图 1 “数字文化走进蒙古包”在包头市达茂旗巴音花镇建立后，技术人员指导牧民下载浏览数字资源

字加油站，构建 WiFi 数字资源传输三级覆盖网络。在此区域的农牧民利用智能手机、平板电脑和笔记本电脑，通过安装“数字文化走进蒙古包”App 客户端，就可实现在线阅读、在线观看和离线下载丰富的数字文化资源，在全国率先实现了免费、24 小时不间断、“人人通”的数字文化服务创新模式。基层农牧民不仅可以享受数字文化资源，还可以通过该平台获取到生产生活中所需的各类信息，享受到数字化时代快捷方便的信息服务。

图 2 “数字文化走进蒙古包”移动站点的施工现场(苏尼特右旗)，工作人员正在进行 WiFi 天线支架的安装

(二)创新特点

“数字文化走进蒙古包”把优秀的数字文化资源投向基层，把便捷的文化服务延伸到基层，切实改变了当地农牧民的文化生活面貌和阅读习惯。具备以下几个基本特点。

1. 免费服务

所有的数字资源均免费为基层群众提供，实现公共文化服务的均等化。

2. 全天候服务

为区域内广大基层农牧民提供不受地域、时间限制的24小时公共数字文化服务。针对牧区游牧点也可在不安装室外WiFi设备的情况下，直接使用移动数字加油站一体机内置WiFi设备实现数字加油站的功能。

3. 实现“人人通”的服务模式

基层老百姓通过智能手机等移动终端即可免费获取数字文化信息，由过去的“点线服务”方式向“网面服务”方式转变，达到公共文化网络服务人人通的目标。

图3　乌拉特中旗的牧民通过“数字文化走进蒙古包”观看蒙汉双语的数字文化资源

4. 资源内容丰富，功能完备

目前，平台由七大模块构成，包括“公共文化服务体系”“金融服务体系”“科技服务体系”“信息服务体系”“商品流通体系”“基础设施体系”“党员远程教育”。通过七大模块的软件开发，使“数字文化走进蒙古包”的软硬件平台成为农村牧区数字服务的信息处理中心。

5. 提供蒙汉双语资源

针对服务区域的群体特点，分别提供不同类型的蒙汉双语数字资源，每个服务站点都存储2 TB～4 TB的数字资源，相当于一个小型的公共图书馆。

6. 更新数字资源

数字资源更新采取定向式资源推送和订单式资源申请两种方式，满足和响应广大基层农牧民对数字文化资源的需求。

三、主要成效

内蒙古分中心自2012年8月启动“数字文化走进蒙古包”以来，截至2016年11月，已在全区10个盟市中的28个旗县共建设242个一级数字加油站、2个二级数字加油站、810个移动数字加油站(包括设备调试运行站点)，服务地域面积达40余万平方千米，累计服务农牧民200余万人。

(一)得到文化部、自治区政府的高度重视

2013年10月，内蒙古自治区政府将“数字文化走进蒙古包”写入《内蒙古自治区农村牧区综合改革示范试点实施方案》，作为重点工作加以推进。2014年5月，文化部在内蒙古自治区包头市召开“边疆万里数字文化长廊建设试点现场工作会”，在全国推广这一服务模式。2014年7月，内蒙古自治区党委组织部将“数字文化走进蒙古包”写入《关于进一步发挥党员干部现代远程教育网络体系作用的意见》。2015年1月，内蒙古自治区第十二届人民代表大会第三次会议，将“数字文化走进蒙古包”写入政府工作报告。报告提出：大力发展文化事业，扩大“数字文化走进蒙古包”工程覆盖面。

(二)解决基层农牧民数字文化服务的需求

该项目最大限度地使现代公共文化服务体系与人民群众的文化生活实际和文化需求意愿紧密联系，根据不同区域的数字文化需求特点，有针对性地提供农牧业养殖种植技术和文化艺术等方面的蒙汉文电子图书和视频资源，丰富基层农牧民的文化娱乐生活、满足不同年龄层次的教育需求、提供种养殖技术技能的在线学习，让文化共享工程优秀的数字文化资源深入到基层群众中。

(三)为边疆数字文化长廊建设提供有效的经验借鉴

“数字文化走进蒙古包”着眼地广人稀的边疆地区，符合边疆地区实际。这一成熟的基层服务模式，不仅有效破解了基层尤其是偏远牧区共享文化资源受限的难题、打通公共文化服务的“最后一公里”，同时，也为边疆数字文化长廊建设提供了有效的经验借鉴，并可将这一服务模式在我国边疆、海疆地区推广。

(四)为解决城乡公共服务不均等提供有效的服务路径

利用“数字文化走进蒙古包”基本形成的虚拟网络平台和服务模式，在公共文化服务功能的基础之上，通过增加和完善“金融服务体系”“科技服务体系”“信息服务体系”“商品流通体系”“基础设施体系”“党员远程教育”六大服务功能模块，使“数字文化走进蒙古包”工程的软硬件平台成为农村牧区数字服务的信息处理中心，基层农牧民只需在智能手机中安装App软件，通过“数字文化走进蒙古包”的无线网络，即可体验到现代社会方便快捷的互联网新生活，真正打通农村牧区综合信息服务的“最后一公里”。

【专家点评】

“数字文化走进蒙古包”紧密结合内蒙古农牧民居住分散、交通不便、流动性大、公共文化设施服务盲点较多等具体困难，应用互联网、通信网和小型WiFi数字文化设备，向基层农牧民提供全天候数字文化服务，并且建立广覆盖、高效能公共数字文化服务网，使用智能手机、平板电脑、笔记本电脑等移动服务终端，把文化共享工程数字文化资源直接传输到偏远农牧区，消除文化服务盲区，打通了“最后一公里”。

“数字文化走进蒙古包”创新主要表现在：一是理念新，将加强“最基层”公共文化服务作为出发点和立足点；二是因地制宜、注重实效，以解决实际问题为导向，积极应用数字化技术手段；三是突破一点、全面推开，形成网络、综合拓展，形成公共文化与金融服务、科技服务、信息服务、商品流通、党员远程教育等综合一体服务，使“数字文化走进蒙古包”成为农村牧区数字服务的信息处理中心，全面解决基层农村牧区实际文化需求。

（点评人：巫志南，上海社会科学院文学研究所研究员）

以信息大篷车为载体建立公共文化的流动服务机制，打通文化服务的“最后一公里”，拉近了群众与文化的距离，提升了群众精神文明素养，维护了民族团结。

7.“文化信息大篷车”：新疆生产建设兵团六师流动文化服务温暖千万家

新疆生产建设兵团六师的文化共享工程信息大篷车服务作为推进师市信息化进程和普及农村信息化建设的重要形式之一，以农业发展、职工增收、普及科技知识为目标，围绕经济结构战略性调整、特色优势产业培育、农业基础设施建设、社会化服务体系建设和师市文化信息共享内容建设等方面开展工作，为全面提升师市农村经济社会发展水平，快速推进师市文化信息共享工程建设步伐提供了有力保障。

一、情况背景

新疆生产建设兵团第六师五家渠市位于天山北坡经济带腹地。截至 2016 年，东西跨度 600 余千米，南北跨度 200 余千米，辖区总面积 8 310 平方千米，下辖 14 个农牧团场、34 个科教文卫单位，规模以上企业 31 家，上市公司 2 家，总人口 32 万人。五家渠市域面积 711 平方千米，有汉族、回族、维吾尔族、哈萨克族、俄罗斯族、蒙古族等 12 万人，市辖 3 个街道，共有 20 个社区，3 个团场。五家渠位于乌鲁木齐市北郊，与乌鲁木齐市、昌吉市、米东区阡陌相接，彼此为邻，距乌鲁木齐市 32 千米，昌吉市 28 千米，米东区 18 千米，既是自治区天山北坡经济腹心地带，也是从乌鲁木齐到古尔班通古特沙漠最近的绿色通道，区位优势十分明显。

兵团为六师配备了一辆价值 80 余万元的文化共享工程信息大篷车，车内安装有联想电脑 15 台，电脑内自带科普、文化、教育资源，另外赠送科普光盘 50 张以及与电脑配套的相关设备，交予师市文化局文化共享工程办公室使用，并负责将国家、兵团、师市优秀的信息资源传输到六师基层群众手中。

二、创新举措

六师文化共享工程“进连入户”项目，是第二批国家公共文化服务体系示范项目，采用覆盖全师的有线电视网络进行传输，利用“进连和入户相结合、文化共享工程和电视台相结合”的方式分层次推进，结合本地拍摄制作的文化活动资源，再利用文化共享工程编控室整理加工，传输到电视台有线电视网络，实现将大批优秀文化信息资源发送到每家每户的目标。

信息大篷车则是解决文化信息资源传播服务“最后一公里”的重要工具，填补了“进连入户”网络无法覆盖到的少数偏远地区。师市文化共享工程充分利用大篷车，通过免费培训、为青少年提供绿色上网空间、发放光碟等形式，大力开展“送文化、送科技下乡”系列活动，同时与国家“2131”工程相结合，利用国家配备的流动数字电影放映车，进行科教电影宣传。截至2016年，大篷车行程46 000余千米，足迹遍布各个农牧团场，为全师100余个连队的职工群众进行科技信息化培训540场次，授课时间达2 700余课时，接待群众上网查询信息1万余人次，为基层免费发放科普光碟年均2万余张。大篷车服务覆盖面达45%，受惠群众4.5万余人次，大大丰富了基层群众的文化知识生活，真正成为群众的流动图书馆和文化信息加油站，做到了文化共享服务为民惠民暖民心。

为更好地发挥大篷车职能，六师主要从以下几个方面开展工作。

一是立足为民服务，充分发挥大篷车的重要作用，积极采用先进、实用的科学技术手段，通过移动硬盘存储服务、赠送光盘与实地为连队职工授课、随堂实际操作、课下交流、课后答疑等形式，将信息化资源送入田间地头，为培养“有文化、懂技术、会经营”的新型农民搭建了新平台。

二是利用文化共享工程丰富的文化信息资源，在暑期开展适应学生的教学活动，给中小学生提供绿色的上网环境，在源头上杜绝了网上不良信息对未成年人的侵害，极大地丰富了学生的暑假生活。

三是与“三农”工作相结合，开展“送科技下乡”活动，科技进连入户到田间，加强涉农信息资源查询，让连队职工通过大篷车丰富的网络资源，足不出户便可知晓当地及周边市场动向，有的甚至还学会了网上交易。

四是充分利用文化共享工程先进的信息化资源，深入农牧团场基层，详细了解职工群众所需，针对不同地区的生产特点，从文化共享工程网站搜集相关资料，刻录成光盘，有针对性地到各连队发放。久而久之，大篷车成了最受团场职工欢迎的车，大家亲切地称呼大篷车是“会跑的图书馆、能动的大舞台、送上门的电影院”。

三、主要成效

信息大篷车服务本着因地制宜、注重实际的原则，针对不同地区、不同年龄的职工群众需求，制订不同的培训计划。大篷车培训教师充分利用工作闲暇时间钻研教学相关知识，根据群众的实际需要编写制作了教案和教材。在上课时，一是使用幻灯片，现场播放教材文稿演示授课。二是进行面对面、手把手地辅导，针对培训群众的疑惑进行进一步的详尽解答。采取实地为连队职工授课、随堂实际操作、课下交流等形式，把信息化资源传送到群众身边，提高了服务效果。三是留下联系方式，在群众遇到困难时进行课后答疑。

101团6连职工申春辉依靠党的好政策，生活富裕了，家中添置了计算机，但对计算机故障却一筹莫展。听说师市信息大篷车到来的消息，申春辉早早就把平日里积攒的问题罗列出来，经过大篷车教师的耐心讲解，她学到了更多计算机的新知识。申春晖激动地说："以前我一直为电脑出了故障而发愁，现在我体会到了教师走进我家的温暖，希望信息大篷车一定要多来。"针对团场职工在种植管理上的困惑，大篷车培训人员在咨询农科所和科技局的相关专家、上网收集资料后，通过演示多媒体课件进行了讲授。

为丰富连队职工子女的信息知识，2014 年暑假期间，信息大篷车结合五家渠文化馆免费开放的电脑培训班，把培训班开到了连队。在 101 团 6 连，放暑假的职工子女纷纷前来报名学习。经过专业讲师十天授课，小朋友们很快精通了电脑的初级使用技能，并能进行简单的维护。连队职工纷纷反映，暑期的培训一方面丰富了孩子的假期生活，让他们学会了一技之长；另一方面，大人平时劳作强度大，学习上不如孩子学得快，由孩子学会再教会家长，大大提升了培训班的授课效率。

信息大篷车是服务群众的流动图书馆，也是民族团结的推进器。在师市部分少数民族聚居的团场，大篷车不仅为他们教授了先进的技术和知识，对他们给予特殊的关心，进行单独交流指导，发放他们急缺的资料光盘和双语书籍，还传递了党和国家的政策，让广大少数民族职工体会到了党和国家的关怀，少数民族职工买买提江说："大篷车为我们安排这样的学习是非常实用的，通过学习种植管理技术，我们知道了怎样管理土地、怎样种好菜才能挣钱，只有大家都团结起来，互相帮助，才能安居乐业，让周围的兄弟姐妹们都受益。"

在不懈努力下，信息大篷车打通了文化信息共享传输的"最后一公里"，相信在不久的将来，师市文化信息资源共享工程一定会为职工群众提供更优质的服务，真正成为老百姓满意的文化民生工程，成为社会主义新农村建设的有力支撑。

图 1　大篷车发放图书、光盘

图 2　大篷车计算机知识培训

图 3　大篷车学生绿色上网服务

【专家点评】

驻守边陲的新疆生产建设兵团，既开垦了祖国大西北的自然荒漠，也在开垦自身生存领域的文化荒漠。文化共享工程为兵团职工铸造了开垦文化荒漠的铁犁，信息大篷车播撒的文化种子，必将在兵团职工心田生根发芽，结出累累果实。

建立公共文化的流动服务机制，打通文化服务的“最后一公里”，是边远、贫困地区公共文化服务体系建设的第一要务。兵团六师的创新实践，给全国提供了公共数字文化建设与服务的新经验和新启示。

一是建设因地制宜、技术先进的服务设施。奔驰在茫茫戈壁的大篷车，数量众多的车载电脑和科技文化资源，结合投影放映、数字电影工程，堪称现代化的流动图书馆、流动科技站、流动电影院。

二是建设需求对接、实用便捷的服务资源。无论是电脑技术培训，还是农业技术培训、科学知识普及，都要依托服务资源的实用性、便利性，实现文化供给与文化需求的有效对接，俗称“接地气”。这就是文化大篷车深受兵团职工喜欢的魅力所在。

三是建设敬业专业的服务队伍。文化事业可持续发展的生命力，是敬业而且专业的服务人才。目前，全国基层农村，特别是边远贫困地区，大量文化设施、文化资源闲置浪费的现象普遍存在，根源在于缺少敬业专业的服务人才，忽视了服务队伍建设。常年奔波在戈壁荒漠的文化大篷车工作者，正是中国文化大地上的拓荒典范！

（点评人：高文华，黑龙江省图书馆馆长）

搭建公共文化配送三大平台，实现供给双方充分沟通、供给方“竞争上岗”、公共文化服务各方主体坦诚交流，保障了文化资源的充分利用和群众需求的充分满足。

8. 供需对接　精准配送：上海公共文化配送服务“供给侧改革”

群众是公共文化服务的享有者，如何避免公共文化服务的“一厢情愿”，促进公共文化服务供给与群众需求的有机耦合，是近年来上海市群众艺术馆(以下简称市群艺馆)始终在认真思考和努力实践的一个重要课题。市群艺馆在公共文化配送平台上，着力探索公共文化服务“供给侧改革”，精准服务于市民大众，提升市民文化艺术素养，传承中华优秀传统美德，弘扬社会主义核心价值观。

一、情况背景

(一)上海市公共文化内容配送体系运行十多年，取得明显社会效益

从 2004 年起，上海市委宣传部牵头建立市级公共文化内容配送体系，由上海东方社区学校服务指导中心、东方宣传教育服务中心、东方永乐农村数字电影院线、东方讲坛、东方社区信息苑、东方社区文化艺术指导中心六家机构组成配送主体，为全市社区提供宣教、演出、讲座、培训、电影放映、艺术指导等公共文化资源配送服务，提高了基层公共文化设施的服务能力。上海市公共文化内容配送体系运行十多年来，取得了明显的社会效益，成为上海现代公共文化服务体系建设的重要组成部分。

(二)上海市级公共文化内容配送机构整合一年来，初显改革效应

在党的群众路线教育实践活动中，上海市开展了公共文化内容配送工作专项调研，重点了解了公共文化内容配送工作的供需对接问题，基层普遍反映“东方系列”配送工作创新了公共文化服务载体，形成了文化配送工作机制，满足了群众基本文化需求，公众满意度良好。但同时也提出，仍存在多头主体、专项职能与配送职能交叉、配送资金使用方式固化、资金使用效率有待提升、配送内容对公众实际文化需求把握不够等问题。希望配送主体和产品能更丰富、更创新，配送平台和服务能更统一、更规范。

为了适应新变化、取得新发展，2015 年 4 月，上海市委宣传部会同市文明办、市文广影视局、市社联、东方网，开展了市级公共文化内容配送机构的整合工作。整合改革后，市文广影视局负责管理市级公共文化内容配送工作，市群艺馆为组织实施主体，通过使原来的几大东方机构分别退出配送机构序列，更名股权转让，项目整体划归、职能划归至市群艺馆等方式完成市级公共文化内容配送机构整合工作。2016 年 1 月 1 日起，市群艺馆新成立的上海东方公共文化配送中心负责公共文化内容配送的具

体操作执行。

公共文化配送如何更有效地对接大众需求、实现精准配送，是市委、市政府和市委宣传部在深化配送改革方面提出的新目标与新要求。市群艺馆以“需求侧”指导“供给侧”，深化配送改革，凸显改革效应，使公共文化配送形成线上点单、线下体验、现场接洽的新模式。

二、创新举措

(一)开展现状调研，开通需求表达渠道

为深入了解供需两端现状，倾听配送各方心声，广泛开展各种座谈调研。一方面，每季度推出全面反映本市公共文化三级配送工作、展示配送产品菜单的《上海公共文化配送手册》，提供给从事配送工作的各方及广大市民，在每期手册中专设可以回寄的产品需求问卷表，由市配送中心集中需求，为市民精心选“菜”、诚意配“菜”。另一方面，通过走访国有院团等各配送主体，就持续支持公共文化配送工作、输送更精更优更强的市级配送内容等方面，相互达成共识。另外，还分别通过约谈、走访和召开座谈会等方式，对各区文广局、配送机构以及部分配送单位等展开调研，广泛征求意见和建议，了解瓶颈和困难，为不断优化本市三级配送体系建设，发挥核心价值观的导向引领作用，提高产品适配度，增强管理有效性，提高市民满意度，厘清了思路、拓展了路径。

(二)引入大赛机制，激发产品创新优化

首届公共文化配送产品设计大赛是2016年上海市民文化节的一项重要活动，于2016年11月至2017年1月举办。大赛旨在促进公共文化产品创新优化，吸引和鼓励更多优质的社会主体、更多亲民的文化产品进入公共文化配送平台。大赛主要面向全社会征集原创新编剧目、新晋主体创排的新产品、传统剧目创新复排以及根据社区需求专门打造的社区版产品等，共吸引了包括国有院团、行业协会、民营院团、民非组织、社会机构等167家单位报名参加，截至2016年12月，申报参赛产品302项，其中文艺演出102项、艺术导赏61项、展览展示57项、特色活动82项。大赛依托“文化上海云”平台搭建线上报名和评选平台，截至2017年1月，节目网上浏览量达152.336 9万人次，参与投票32.978 6万人次，投票累计47.549 9万票。最终，综合专家评审和市民网上投票结果，79家优秀主体的100个产品入选“百强公共文化配送创新产品”，其中文艺演出38个、艺术导赏25个、展览展示16个、特色活动21个。这些“百强”产品也获得直接签约进入2017—2018年度市级公共文化配送目录的资格。

(三)搭建交流平台，促进配送有效供给

2017年2月17日，由上海市文化广播影视管理局主办，上海市群众艺术馆联合各区公共文化配送分中心共同承办的首届公共文化配送产品设计大赛“百强”发布暨优秀社会主体展示交流活动在市群艺馆举行。展示活动内容丰富，由“百强产品”颁奖签约仪式、“百强产品”创新案例分享会、社会主体展位展示交流及新品推介四大板块组成。102家优秀配送主体、社会化专业化管理主体现场“摆摊”，750位各区文化主管部门、各街镇分管领导、各级配送机构人员齐“逛集市”，116家参赛主体和700余位来自全市各街镇的市民前来交流体验。

在颁奖仪式上，主办方为荣获首届公共文化配送产品设计大赛“百强”产品的79家制作单位颁发了荣誉证书和直接入围2017—2018市级公共文化配送产品目录的纪念证书。上海民族乐团、上海东方广播有限公司及上海文慧沪剧团在“百强”创新案例分享会上，与现场嘉宾和观众分享了参与公共文化配送的经验和体会，大赛评委代表，国家公共文化服务体系建设专家委员会顾问蒯大申、文艺评论家端木复进行了精彩评述。在新品推介活动中，52家优秀社会主体把入选百强的文艺演出、艺术导赏、特色活动三大类共58个产品中最精彩的片段带来，供大家观赏并参与现场体验。

此次展示交流活动让全市各级配送机构及相关单位、产品配送主体、社会化专业化管理主体、社区承接主体和市民代表首次从线上走到线下，实现现场“大会师”。全市参与配送的社会主体在一个空间、一个平台上进行展示交流，自我推介，互相学习，寻找买家；全市二级配送机构、街镇分管领导、社区中心主任在这里认识主体，对接交流，选择产品，这些都是前所未有的第一次。通过这样的现场交流，让市民直接观展体验，先尝尝‘菜’，确定喜欢了，再由社区工作人员点单，改变了过去社区点单主要依据网上菜单和《上海公共文化配送手册》介绍的单一渠道，因而受到参与各方的一致欢迎、热切响应和高度评价。无论是配送方还是产品方，无论是管理方还是承接方，都收获丰硕，满载而归。很多区级配送机构和社区文化活动中心找到了合适的产品与项目，现场达成合作意向2 033项，意向场次809场；不少社会主体进一步了解了社区的实际需求，将进一步优化各自的配送产品；参与现场体验的市民都认真填写了《点单意向表》，经统计现场达成点单意向3 784个，这些意向将成为各社区线上点单的依据。

此次活动是一次实实在在的新举措，也预示着上海公共文化配送工作朝着进一步深化供需对接，推动内容“供给侧改革”，满足市民基本文化需求的方向又迈出了新的步伐。这种线上点单、线下体验、现场接洽的模式，成了公共文化配送的一种新模式，并将在实践中不断完善。

三、主要成效

(一)搭建了公共文化配送供需双方交流大平台

让供需见面，充分交流互动，促成供需对接，这个平台将成为上海市民公共文化需求的风向标，成为公共文化服务效能不断提高的助推器，从而也推动了公共文化服务领域的供给侧改革。

(二)搭建了公共文化配送供给方之间的交流大平台

这是一个让供给方互相学习、互相借鉴、取长补短、共同提高的交流平台，对于提高上海公共文化配送产品的质量和水平具有重要意义。

(三)构建了公共文化配送的统一平台

打通了市、区、街道三级配送原来互相分割的状态，构建了公共文化配送的统一平台，提高了政府采购、公共资金采购的效率，避免了一些原来因为信息不对称而形成的浪费和低效率。

(四)促进了公共文化领域社会化、专业化社会主体的培育

这为上海公共文化领域的社会主体迅猛发展、茁壮成长提供了滋养的土壤。

【专家点评】

上海作为我国改革开放排头兵和创新发展先行者，同时也是我国对外展示国家风采的窗口，在公共文化服务领域自觉承担了更高层次的责任，发挥了更深远的影响。上海通过不断创新公共文化服务方式、怀着以人为本、物尽其用的服务理念，以群众实际文化需求为导向，提供符合群众心意、满足群众要求、促进群众文明素质提高的公共文化服务。

可以说，上海市在公共文化服务方面的创新理念和实践经验走在了全国前列，具体可以从以下三点来总结。

一是增进沟通，明确需求。体现在上海市统筹公共文化服务“供”“需”双方，并为二者提供了通畅的信息交流平台。从而使得供给真正对接需求，需求真正获得供给。对供给方来说，服务提供不再是“一厢情愿”，而是更有针对性，且效率更高。对需求方来说，自身个性文化需求得到满足，幸福感不断提升。

二是鼓励竞争，百舸争流。体现在上海市将市场竞争的先进理念融入到公共文化服务中来，引入竞争机制，各类文艺院团、民间组织、社会机构在同一平台一展风采、一决高下，只有经过选拔，出类拔萃的组织机构才有机会为群众提供公共文化服务，这也保证了公共文化服务的质量和水平。

三是线下“会师”，共商共建。体现在公共文化服务的完整链条——从配送主体、社会化、专业化管理主体到社区承接主体和市民代表，齐聚一堂。各方热情参与，自我推介、相互学习，寻找合作对象，消除了因信息不对称所带来的沟通不畅和效率低下，促进了公共文化服务效率的提升。

（点评人：巫志南，上海社会科学院文学研究所研究员）

贴近群众需求、开展便捷实用培训，调动宣讲人员的积极性，激发基层干部群众的数字阅读兴趣，推动基层文化设施逐步转型为信息中心、学习中心和数字文化中心。

9. 文化乡村行　培训暖人心：浙江数字文化讲师团下基层建设

浙江省文化共享工程“数字文化讲师团”成立于2012年，是为加强公共数字文化宣传，进一步发挥文化共享工程、数字图书馆推广工程、公共电子阅览室建设计划等公共数字文化项目中数字文化资源的优势，积极开展公共文化服务，丰富基层群众的文化生活而特别组成的专业人才队伍。

图1　“数字文化讲师团”成立仪式

文化部全国公共文化发展中心（以下简称发展中心）、浙江省文化厅等相关方面领导对讲师团工作十分重视，发展中心主任李宏亲自为“浙江数字文化讲师团”授旗。同时，讲师团还得到了社会各界的广泛关注。《钱江晚报》、腾讯大浙网、浙江数字文化网等对讲师团活动进行多次报道。自成立至今，讲师们在浙江省内外组织开展了300余场“数字文化讲师团下基层”活动，在浙江全省公共文化服务建设中取得了良好成效。

一、情况背景

浙江是文化大省，通过十余年的不断建设，取得了文化共享惠民服务的显著成效。在浙江省财政支持下，实现了文化共享工程与公共图书馆馆藏资源的有机整合，截至2016年年底，浙江省可用数字资源总量超过122 TB，为策划开展面向基层的公共数字文化服务打下了良好基础。

“十二五”期间，浙江省分中心积极谋划，创新思路，提出了组织文化共享工程“数字文化讲师团”的想法并于2012年开始实施。数字文化讲师团是把原来分散的、各自为政开展的数字资源推广利用的培训，转变为自上而下，有组织、有统一形象设计、有整体策划地开展业内、业外有机结合的系统培训行动。

二、创新举措

在浙江省数字文化讲师团成立的第一届培训班上，来自基层支中心的一位工作人员受邀为其他讲师团成员们带来题目为“数字文化淘宝会”的讲座。该工作人员结合所处区县的实际情况，讲解如何有效利用数字文化资源服务当地社会经济文化发展，指导乡镇基层群众从众多数字资源中去“淘宝”，找到自己喜爱的内容，受到了现场干部群众的热烈欢迎。这样的开端，奠定了浙江省“数字文化讲师团”的主基调，即从基层来到基层中去。讲师们在实践过程中不断探索和完善，相互学习和借鉴。

(一)讲课形式的探索

将文化共享工程内容以海报形式表现，针对不同对象，如外来务工人员、未成年人、老年人等，设计不同的海报。讲师以海报为依托，用老百姓的话来讲述文化共享工程与讲师的关系，讲授1～2种资源的简单使用方法，关联出更多的资源，提升受众的关注点和对资源的兴趣，让大家听得进、用得上。

(二)培训组织的探索

数字文化讲师团改变了先前零散培训的状况，使人力资源、数字资源得到了有效整合。讲师团进行了统一的形象设计，包括讲师团旗帜、徽章、宣传品，授予证书，形成了内容统一、操作规范、师资优良、有一定声势的系统培训行动。

图2　讲师参加统一培训(上)、授予证书(下)

(三)团员培养的探索

在实践中关注对讲师团成员的培养，建立讲师团下基层文化宣讲激励机制，同时注重对讲师团成员的培训。例如，讲师团成员每次讲课时间控制在40分钟之内，以演讲的方式进行，单这一点的培训就下了许多功夫。通过强化培训和课堂实践，团员们作为浙江省数字文化传播大使的素质能力不断提升。

(四)服务对象的不断拓展

数字文化讲师团的服务不断向基层各类人群延伸。在服务乡镇、社区居民的基础上，又针对外来务工人员相对聚集的工业园区、机关、学校、部队等开展相应的宣传服务活动。例如，浙江省分中心协同省开发区协会前往嘉兴、余姚、绍兴等经济开发区开展调研，实地考察部分企业的公共电子阅览室，针对企业对电子阅览室认识不全面，建设率不高，员工对文化需求强烈，渴望在工作之余能有知识提升的实际情况，制订讲师团的工作计划。

图3　讲师基层授课

三、主要成效

自2012年创办“数字文化讲师团”以来，每年面向浙江全省11个地区90多家公共图书馆、少年儿童图书馆选拔积极投身数字文化宣传工作前线的基层骨干人员加入。

（一）成员组成

“数字文化讲师团”的成员为来自浙江全省支中心和基层服务点的业务骨干，大部分是“80后”。他们或有技术专长，或有演讲天赋，或擅长课件制作，均有原基层培训的基础。讲师团成员经过有针对性的集中培训，包括资源基础、信息素养、授课方法、演讲技巧等，再回到市、县、乡，面向系统内员工和基层群众宣讲公共数字文化的共建共享。

（二）培训课件

由浙江省分中心牵头建立“数字文化讲师团”课件库，并不断完善更新。在课件库群制作过程中，根据受众群体的特点，分设基层推广版、企业服务版、走进机关版等不同板块。讲师团成员下基层开展培训时，可结合当地实际，选取主题制作具体PPT课件，同时将其在数字文化推广过程中形成的优秀课件创意回馈浙江省分中心，提供交流并丰富课件库群。

（三）激励机制

每位讲师团成员在完成本职工作的同时，都有下基层推广数字文化的任务。每年根据讲师团成员下基层讲课次数、覆盖人群范围以及基层培训的反馈情况，对每位讲师进行考评，对优秀者给予奖励。浙江省历来重视培训工作，省分中心每年组织1～2次全省培训，各市县也会结合实际开展相应培训，“数字文化讲师团”成立以来，培训的范围更广，力度更大，绍兴、海宁等地已连续为企业、学校送去全新的数字阅读理念。

浙江省文化共享工程“数字文化讲师团”的建设在加强公共数字文化宣传，进一步发挥文化共享工程、数字图书馆推广工程、公共电子阅览室建设等公共数字文化项目中数字文化资源的优势，积极开展公共文化服务，丰富基层群众的文化生活等方面起到了积极推动作用。2014—2016年，讲师们在浙江省内外开展了359场次的“数字文化讲师团下基层”活动，服务基层群众达22 976人次，在浙江全省公共文化服务建设中取得了良好成效。

【专家点评】

浙江省文化共享工程“数字文化讲师团”作为全国文化共享工程第一支“数字文化讲师团”队伍，以全新的模式开展文化共享工程的培训工作，为浙江省公共数字文化建设，为公共文化服务注入新的活力。“数字文化讲师团”以更加贴近群众、便捷实用的手段开展服务，打破了传统培训的禁锢，形式新颖活泼，在调动宣讲人员的积极性的同时，激发了基层干部群众数字阅读的兴趣，从而使得基础文化设施逐步转变为基层群众最喜爱的信息中心、学习中心和数字文化中心。

“数字文化讲师团”在人员组成、课件组织、机制建设等方面做了积极的探索，并取得了一定的成效，其内容和形式值得全国文化共享工程从业者学习借鉴。

（点评人：倪晓建，原首都图书馆馆长）

借助互联网先进技术积极融合各级公共文化机构的各类文化资源，问需于民，为群众提供“菜单式”服务和“订单式”配送，实现供需对接。

10.“百姓文化超市”：河南焦作精准惠民文化载体探索实践

“百姓文化超市”是焦作市贯彻落实中央关于加快构建现代公共文化服务体系和推进基层综合性文化服务中心建设的创新实践；是全面加强基层宣传思想文化工作的重大举措；是引领、示范、提升河南省公共文化服务体系建设的示范项目；是2016年焦作市政府重点民生工程。

“百姓文化超市”的工作内涵：以基层文化阵地为平台，以满足基层群众的文化需求为中心，通过优化整合城乡公共文化服务资源，采用“超市式”供应、“菜单化”服务、“订单式”配送的方式方法，精准实施文化惠民，为广大人民群众提供优质文化产品和服务，以此打通宣传思想文化工作服务群众的“最后一公里”，让基层群众方便快捷地在互联网上“淘文化”“点文化”，足不出户地“享受文化”。

一、情况背景

2015年1月，中共中央办公厅、国务院办公厅印发了《关于加快构建现代公共文化服务体系的意见》，指出要牢固树立以人民为中心的工作导向，以改革创新为动力，以基层为重点，构建现代公共文化服务体系，促进基本公共文化服务标准化、均等化。同时，并提出要建立群众文化需求反馈机制，加强公共文化产品和服务供给，提升公共文化服务效能的工作要求。2015年4月，中央宣传部等4部门印发了《关于加强基层宣传思想文化工作的意见》，指出要着力加强基层思想政治工作，着力加大优质文化产品和服务供给，着力加强设施阵地和工作队伍建设，打牢基层基础、补齐工作短板，使基层宣传思想文化工作强起来。根据文件要求，焦作市主动适应新常态、顺应新形势，提出了实施“百姓文化超市”惠民工程的工作思路。

2015年8月，焦作市委宣传部制定印发了《焦作市实施“农民文化超市”惠民工程的指导意见》，开始在全市实施“农民文化超市”惠民工程，并以武陟县作为试点探索经验。2015年11月，国务院办公厅下发《关于推进基层综合性文化服务中心建设的指导意见》，明确提出了要创新服务方式和手段，畅通群众文化需求反馈渠道，根据服务目录科学设置“菜单”，采取“订单”服务方式，实现供需有效对接。焦作市实施“农民文化超市”惠民工程的工作思路和具体实践，高度契合党和国家对推进基本公共文化服务标准化、均等化，促进基层公共文化资源有效整合和统筹利用，创新服务方式，实现供需有效对接，达到精准惠民的工作要求。2016年年初，在总结工作经验的基础上，焦作市将“农民文化超市”惠民工程进行拓展和延伸，更名为“百姓文化超市”惠民工程。

焦作市委、市政府对“百姓文化超市”惠民工程高度重视，市政府将这一工程列为2016年重点民生工程，并成功创建为河南省公共文化服务体系示范项目。

二、创新举措

（一）整合文化资源，构建供需对接平台

一是构建一张大网，建立两个平台，实现资源整合，互联互通，共建共享。在全市统一建立“焦作市百姓文化超市”网站，内设各县市区端口和板块，横向将市图书馆、博物馆、文化馆、国有文艺院团等公共文化资源统一纳入网内，纵向将市辖6县(市)5区“文化共享工程”“党员干部现代远程教育”“红色网络家园”“科技网络村村通工程”等资源进行集中整合，使各项服务与互联网深度融合，实现资源的大整合、大服务，构建起市、县、乡、村四级服务体系互为开放、互为沟通的文化惠民大网。同时，积极推进公共文化服务数字化建设，建立运行“百姓文化超市”手机客户端移动平台和微信公众号，将固定平台与移动平台进行对接，实现互联互通，共建共享。各县市区依托全市公共文化服务平台，及时收集、反馈、发布、处理各类相关信息，做好上传下达、信息报送、供需对接和文化配送等工作，精准开展公共文化产品和服务供给，突破性地实现“全民点击、伴随服务”，使群众足不出户就能享受到公共文化的点单服务。二是建立信息发布平台，提高百姓的知晓率和参与率。为让更多的群众了解“百姓文化超市”，更加方便、快捷地共享公共文化发展成果，焦作市充分运用文化主题微信公众号、PC客户端、App移动软件等，向社会提供全方位文化信息预告、文化地图信息和文化推介服务，方便群众了解文化动态，通过文化服务菜单功能便捷地“选文化”和“淘文化”。绘制了“焦作市历史文化地图”“县市区文化体育设施分布图”等，让百姓对实体文化资源一目了然。同时还专门设计制作了“百姓文化超市”公益宣传片、专题片、宣传推广语等，利用广播、电视、报纸、网络等媒体，以及宣传墙、宣传栏、电子大屏、宣传招贴画、宣传册(页)等多种形式，大力宣传“百姓文化超市”。坚持每月1日在《焦作日报》刊发一期全市公共文化信息发布，形成“一号发布”文化品牌，不断提高百姓的知晓率和参与率。

（二）创新服务模式，实现供需有效对接

“百姓文化超市”惠民工程最主要的特点是以基层群众的文化需求科学设置“菜单”，采取“订单”服务方式，形成了菜单式管理、交互型运作、个性化配送的基本工作模式。一是编制“文化套餐”总菜单。在网站首页设置了“超市菜单”“订单收集”“便民服务”“公共文化”“历史文化”等主栏目，并设立“我要看演出”“我要看电影”“我要看图书”“我们要培训”“我要邀专家”等互动板块，每个栏目下设多个子栏目，让百姓根据意愿“选文化”“淘文化”“点文化”。例如，在“超市菜单”内，设置了“免费开放类服务项目”“省市配送类服务项目”“政府补贴类服务项目”“商业演出类服务项目”等，方便群众了解相关

信息。在“订单收集”内，设置了戏剧演出、图书推荐、文化培训、专家有邀等内容，百姓可随时随地根据自己的文化需求通过线上订单，享受线下服务，真正实现问需于民、以需定供、按需配送。二是登记受理“文化订单”。以基层综合性文化服务中心为基本单位，以文化专干和志愿者为联络员，通过网络平台、热线电话、手机短信、走访座谈、调查问卷等形式，多渠道全方位收集群众文化需求，建立工作台账，并结合“文化套餐”总菜单，定期将群众文化需求以“订单”的形式，上报文化部门，由县(市)级文化行政职能部门进行分类汇总。三是开展文化产品和服务配送。针对群众“订单”需求，由市县区文化超市管理员负责进行信息处理反馈，市县区文化部门和相关职能部门根据不同群体需求，实施分众化服务，提供多样化文化产品配送，把文化和公共服务做到群众心坎上。

(三)拓展服务内容，精准实施线下配送

一是精心组织订单配送。对收集到的网上“订单”进行分类整理，根据不同层级进行分配，组织各有关单位精心开展配送活动，满足群众多方面多层次的文化需求。例如，在市级层面，根据群众“点单”，深入开展“周末大舞台”、“舞台艺术送农民”、“舞台艺术送基层”、“非物质文化遗产展演”、数字电影放映工程、社会体育指导员培训、大型演出活动等文化配送活动，深受广大群众的热捧。各市县区结合自身实际，根据群众“订单”，深入开展戏剧歌舞配送、广场舞大赛、致富技能培训、送科技下乡、乡村文化讲堂、送图书到基层等活动，收到了良好的效果。二是广泛开展特色配送。组织开展各类道德实践活动，通过举办“道德讲堂”“百姓宣讲直通车”，开展关爱空巢老人、留守妇女儿童等特殊群体，并有针对性地开展分众化服务，让百姓听得见乡音，记得住乡愁，传播正能量，弘扬社会主义核心价值观。结合精准扶贫工作，深入开展送健康、送温暖等活动，为基层贫困群众提供健康医疗、脱贫帮扶等服务，帮助他们早日脱贫致富，充分享受到改革发展的成果。特别是顺应城市化背景下农民结构发生的变化，针对47.6万占外出务工人员54.25%的30岁以下的青年农民工，重点推出手机App客户端，让他们即使身处异乡也能通过“百姓文化超市”享受具有家乡风味的“文化盛宴”，受到了群众由衷欢迎。三是大力组织赛事配送。结合各地实际需求和特色，组织全市文体部门大力开展文化、体育赛事配送活动，通过组织开展广场舞大赛、戏迷擂台赛、农民诗书画大赛、百乡千村农民篮球赛、太极拳比赛等活动，进一步增进供需的有效对接，激发了广大基层群众参与的热情。四是广泛开展节庆文化配送。充分利用春节、五一、十一等重大节日，广泛开展“我们的节日”系列文化活动、“百城万场”优秀文艺节目展演、“颂歌献给党”大型文艺晚会等配送活动，不断丰富广大人民群众的精神文化生活。五是鼓励基层群众自创文化。大力兴办读书社、书画社、乡村文艺俱乐部，组建演出团体、民间文艺社团、健身团队以及个体放映队等，通过举办网上自创节目大赛，广泛征集群众自创的反映家乡风貌、社会进步、富裕生活的各类节目，评选出优秀作品，将其纳入“百姓文化超市”节目库，一方面使创作者获得满足感，激发创造性，另一方面方便群众点播收听收看、点单购买服务，实现了从“选文化”向“种文化”“创文化”拓展延伸。

(四)完善工作体系，加强规范管理

成立市县两级公共文化服务体系建设协调领导小组，牵头组织负责推进，宣传文化部门负责指导协调，成员单位按职履责，密切配合，逐步完善服务领域。建立工作联动机制，实行层级管理。在市设立百姓文化超市服务联络总台，在市县区设立服务联络台，在乡镇(街道)村(社区)设立服务联络点，统一悬挂标识标牌和主题推广语。建立管理员工作队伍，明确各级工作职责和规章制度，及时收集、反馈、发布、处理相关信息，适时更新网站内容，确保管理和使用科学化规范化。同时建立健全人才培养长效机制，组织书法、戏剧舞蹈、摄影等协会与农村、社区建立结对帮扶关系，组织国有院团与农村、社区建立文化“联姻”，真正把文化的“种子”扎根基层，在基层培养一支“带不走的文化队伍”。例如，焦作市豫剧团与解放区上白作街道上白作村、市城乡一体化示范区苏家作乡司家寨村签协议结对文化帮扶，不仅送演出，还帮助培养文艺人才。2016 年，共举办各级各类培训班 500 余场，乡镇文化站和村(社区)基层综合性文化中心工作人员 9 000 余人次参加培训，有效提升了基层文化人才的业务素质，培育和造就了一大批群众身边的文化能人，这些留得住的“常驻”人才不仅促进了基层群众科学文化素质的提高，还大大激发了基层群众“自办文化”的积极性。

三、主要成效

实施“百姓文化超市”惠民工程，创新基层文化阵地使用模式，有效提升了基层文化阵地建设、管理和服务水平，体现了党对基层宣传思想文化工作的要求，符合时代的发展，符合群众的意愿。

一是提高了文化资源供给的针对性，缓解了公共文化服务供给侧结构性矛盾。“百姓文化超市”在政府、社会力量和群众三者之间搭建起了一个面对面、点对点的服务平台，实现了公共文化服务购买由以往的单向输出变为双向互动。一方面，政府购买服务可以更深入地了解群众需求，更有针对性地进行采购；另一方面，社会力量可以更直接地了解群众喜好，有针对性地调整文化产品生产导向，实现了供需两端的精准对接。

二是提高了基层文化设施的利用率，破解了“重建轻管、设施闲置”的突出矛盾。“百姓文化超市”的建设及运用，盘活了基层文化阵地，提升了群众文化消费热情，带动了文化演出市场活跃，推动了基层文化活动创新，群众精神文化生活明显改观，一批综合性文化服务中心、文化大院整修一新、投入使用，一批文化志愿者、文化能人、文化团队脱颖而出，基层宣传文化阵地重新焕发生机，成为基层文化生活的重要集聚地。

三是丰富了群众精神文化生活，激发了群众参与文化建设的积极性和创造性。坚持“线上”“线下”联动，综合运用阵地服务、流动服务、数字服务等多种形式开展文化服务，充分调动了群众参与文化建设的主动性和创造性。群众需求“点上来”，文化活动“送上门”，文艺种子“种下去”，群众自发“创起来”，优秀作品“展出来”已形成常态，蔚然成风。仅2017年群众原创作品就达107件。2016年以来，全市根据群众订单需求，共送戏下乡3 600场次，送电影下乡2.8万场次，开展“舞台艺术送农民”“舞台艺术送基层”和“周末大舞台”活动演出650场次，派出各类指导老师4.5万人次，举办各类公益培训讲座3 200场次，受益群众达570万人次。

“百姓文化超市”的做法得到了中宣部、文化部和河南省委宣传部的高度关注。2016年10月26日，刘奇葆同志专门做了批示：“焦作的做法很好。无论是推动基本公共文化服务标准化、均等化，还是文化扶贫，都要在精准化上下功夫，整合利用设施资源，创新服务方式，促进供需有效对接，让群众用得上、用得好。”新华社、《新华每日电讯》、《光明日报》、《中国文化报》等新闻媒体分别做了报道。其经验在全国公共文化服务效能建设现场经验交流会上做了典型发言。2017年在全国文化馆年会上，“百姓文化超市”被表彰为“全国文化馆(站)优秀群众文化品牌”，被河南省推荐为第四批创建国家公共文化服务体系示范项目，被焦作市评为2017年度工作创新奖一等奖，受到专家一致好评。

图1　焦作市武陟县胜利街胜利村村民在家里通过网络平台进行线上订单

【专家点评】

“百姓文化超市”是互联网时代基层公共文化服务践行新观念、应用新技术、探索新路径的成功案例。其创新之处，主要体现为以下三点：

一是深入实践公共文化服务“以人为本”的发展理念，以广大民众的文化需求为导向，问需于民、以需定供、按需配送，通过科学设置文化菜单，让精准化服务、对象化服务、个性化服务真正落到了实处，实现了政府实效与百姓实惠的双赢。二是全方位推进“互联网+”与公共文化服务的深度融合，充分应用互联网技术，创新服务方式，搭建全市统一的数字化服务平台，开通手机客户端和微信公众号，固定平台与移动平台互联互通，线上线下双线推进，培育了公共文化数字服务的新模式。三是敢于超越单一行业、部门、机构的既有边界，积极探索跨界整合文化资源的新路径：不仅横向贯通图书馆、博物馆、文化馆、国有文艺院团等公共文化资源，而且纵向集结已有各类文化党建资源平台，大整合实现大服务，互为开放、互为沟通的文化惠民大网覆盖市、县、乡、村四级，文化超市名副其实。

“利民”与“惠民”的观念创新、“科技”与“文化”的模式创新、“资源整合”与“社会参与”的路径创新，赋予了“百姓文化超市”突出的创新意义与价值，为互联网时代推进现代公共文化服务体系建设，提供了值得关注、值得思考、值得借鉴的鲜活经验。

（点评人：杨乘虎，中国传媒大学传媒艺术与文化研究中心执行主任）

“互联网＋文化服务”，赋予传统文化资源新的活力，创新地构建了立体化、多维度、广覆盖的服务空间和服务领域，让一个乡镇文体活动中心实现全天候开放，全方位服务，并将文化活动传播给无限宽广的网络世界。

11.“互联网＋文化服务”：河北三河黄土庄镇激活文化服务

创新公共文化服务活动方式，是推进落实国家加快构建现代公共文化服务体系重大举措的着力点之一，“互联网＋文化服务”是创新服务手段的一种新渠道，而基层又是现代公共文化服务体系中的重要阵地，如何让现代公共文化服务体系在基层生根开花，难点就在这块文化土壤上的耕作。随着阵地服务网络化的开展，这块文化土壤正焕发着新的青春。

一、情况背景

在廊坊的制度设计理论和政策指导的基础上，三河市探索出一条新路：将乡镇文化机构的管理权限上移，采取“县管乡用”“县聘乡用”。一是打破用人体制束缚。由县级文化部门聘用有文化工作经验的人员担任文体活动中心负责人，采取政府购买公共文化服务的方式，为每个中心配备2名大专以上学历、有专业特长的专职工作人员。二是保障专项经费。按照《乡镇公共文化服务经费使用管理办法》要求，将乡镇公共文化服务经费列入县级财政预算，每年经费20万元以上。三是统一资产管理。综合文体活动中心的固定资产统一划归县级文化部门所有。

在上级文化部门的大力支持下，黄土庄镇综合文体活动中心于2014年建成，黄土庄镇综合文体活动中心共五层，建筑面积为1 300平方米，楼外广场有体育健身器材，大门一楼是健身活动大厅；二楼是多功能厅、台球和乒乓球室；三楼是3D影院和镇域发展展览室；四楼是图书室、科普教室、文化资源共享室和棋牌室；五楼是职工宿舍。另外，配备有各种文体器材，图书5 000余册。国家非物质文化遗产京东大鼓传承基地也设立在该中心内。可以开展图书报刊借阅，举办各类文化艺术培训、农村实用科技知识培训，开展小型演出、文艺排练、书画展览、青少年文艺活动、娱乐游艺、地域文化展示、数字化电影放映等文体活动。

通过垂直管理，乡镇综合文化服务机构重新焕发了生机和活力，从原来的无人管理、无人问津，到现在每周7天免费开放，周周有演出，如周三农民艺术团活动日，周五戏剧票友会，周日京东大鼓票友会，台球乒乓球时时开放，地域文化展示天天开放，暑期有葫芦丝班、简笔画班、电脑培训班、广场舞等舞蹈培训班，送书下乡每年一次。此外，每个村街、社区均有两支以上业余文艺队伍，参与人数达8万余人，每个村还培养4人以上的文艺骨干，村民文化队伍遍地开花。

三河市不仅是国家非物质文化遗产项目京东大鼓的发源地，还是河北省级非物质文化遗产项目燕山大板和沓辛屯八角鼓的唯一发源地。因此京东大鼓、燕山大板和沓辛屯八角鼓被誉为“三河三枝花”。曲艺来自民间，活在民间，要不断创新、跟上时代，才有长久的生命力。

二、创新举措

那么如何让这“三枝花”枝繁叶茂、漫山遍野呢？三河市综合文体中心开辟了网络服务新阵地，将文化活动的阵地转移到了网上。三河市先后开辟了百度贴吧、微信公众号、朋友圈三个新的网络阵地。阵地服务网络化的新举措，获得了意想不到的新效果。

线上方面，贴吧、微信同时发力。黄土庄镇综合文体活动中心刚刚开始筹建，就在百度创建了贴吧“黄土庄文化站吧”，将黄土庄镇综合文体活动中心的主要功能性质及主要活动内容，利用互联网全方位地向社会公示，同时记载了黄土庄镇综合文体活动中心的主要工作，图文并茂，基本代替了原来乡镇文化站的工作日志。如今，贴吧已发帖600余个。不仅如此，伴随着民众越来越多的使用微信，他们还积极拓展移动渠道，开设了微信公众号，包括“三河市文化人”“京东大鼓”等。伴随着微信公众号的开通，还分别建立了多个朋友圈，如京东大鼓票友会、京东大鼓培训班、2015北京鼓曲培训班、黄土庄农民艺术团、三河文化人、三河曲艺团、演艺人等，群主都是黄土庄镇综合文体活动中心主任崔继昌。线上开展服务连接的可就是全国了，特别是京东大鼓票友会，不仅制定了群规，并且还有抢红包游戏，抢红包最佳者必须演唱京东大鼓一段，如不会演唱则加发一个红包，有权点唱一段他人演唱，演唱后大家都可以点评或点赞，点评后再发红包。每天晚上8点至10点，参加活动的京东大鼓爱好者天南地北覆盖了大半个中国。通过这些新玩法，圈子火了、网络热了、服务亮了。

此外，他们还利用各种网络新平台，如不定期在网易直播平台开展我说评书，我唱京东大鼓。除了服务手段新，内容也在变新，特别是在京东大鼓的创新上，崔继昌老师不仅加快了节奏，在唱腔上，也大胆地加入了Rap等现代元素。他通过嫁接一些歌曲，一些现代的东西，尤其是现编的现场演唱，如一帆风顺、二龙腾飞、三阳开泰、四季平安……现场观众随着演奏者的节奏鼓掌，效果也好了很多。

三、主要成效

有了朋友圈，网上约一下，时间定好了，在文体中心集合。线上交流、线下排练，文体中心成了票友们的新家。除了三河本地人，还有很多票友是专程从北京赶来的。61岁的张军大姐是专程从北京赶过来的，她告诉记者，在北京有很多京东大鼓爱好者，都是崔继昌的粉丝和学生。就在前几天，密云也成立了“京东大鼓票友会”。

38岁的王政是北京昌平人，因为爷爷奶奶都是铁杆的京东大鼓迷，他也耳濡目染，爱上了京东大鼓，到现在已经学了将近10年了。在三河学艺的王政回到北京成立了“艺笑堂”戏班，专门从事传统曲艺的演出和推广。

“生书熟戏，听不腻的曲艺”，这是马三立老先生的一句名言。这其中最为出名的就包括发源于河北廊坊三河一带的京东大鼓，这里的很多老百姓都是听着京东大鼓长大的。

国家非物质文化遗产项目京东大鼓的传承人崔继昌在李旗庄镇综合文体活动中心创建的“国家非物质文化遗产项目京东大鼓传承基地”现如今已迁到了现在的黄土庄镇综合文体活动中心。每周四、六，崔继昌在这儿免费教人们唱大鼓。很快，借着崔继昌的影响力，黄土庄成了京东地区远近闻名的大鼓书基地，京津冀票友云集，鼓韵萦绕。

三河市在黄土庄镇综合文体活动中心举办为期一周的基层农村文艺骨干培训班，免费为热爱文艺活动的村民进行培训。

黄土庄镇榜山四村民陈淑莲，一大早就来到镇综合文体活动中心，虽然往返路程有点远，但是依然挡不住她热爱文艺活动的热情。陈大姐50多岁，一直喜欢唱歌、唱戏，不仅在村里组织文艺队，定期排练，为村民表演，而且逢年过节还组织大型演出，队员们唱、跳、演样样拿手。

像陈大姐这样喜爱文艺活动的村民在黄土庄镇还有很多，来参加培训的村民络绎不绝。在培训班上，京东大鼓传承人、黄土庄镇综合文体活动中心主任崔继昌为大家详细讲解曲艺快板和京东大鼓的基本常识及表演技巧，并为参训村民准备了快板。整个培训活动受到了农村文艺骨干的广泛欢迎。

三河市黄土庄镇综合文体活动中心还积极与当地的小学共同举办“传统文化进校园”展演活动，2016年6月就与镇区域内六所小学共同举办了“传统文化进校园”展演活动，将民族艺术搜集整理成一台具有民间特色的节目，展示给各所学校。节目包括数来宝《学习传承弟子规》、京东大鼓《孟母断机》、三河大鼓《黄土庄英模赞》、燕山大板《不要小看我们农民》、介绍三河特色的呇辛屯八角鼓《三河小吃》、快板书《话迷买卖》以及概述三河旅游景点的《欢迎您到三河旅行》等，学生们看得饶有兴致，不仅了解了三河地域文化，还潜移默化地受到了传统艺术教育，还有学生表示要学习京东大鼓，传承非物质文化遗产。

【专家点评】

黄土庄镇的文化实践，给全国基层文化工作提供了重要启示。

启示之一：基层文化与现代技术同步，利用互联网和移动通信技术传承地域文明、传播传统文化、创新服务空间。不仅在“百度”上建贴吧，在“网易”上建直播平台，还利用移动通信技术建立“微信”公众平台，建立连通大众、普遍应用的多个“微信群”来随时互动，娱乐竞技，创新构建了立体化、多维度、广覆盖的服务空间和服务领域，让一个乡镇文体活动中心的文化活动传播给无限宽广的网络世界，影响了现实世界。

启示之二：充分挖掘地域文化、传统文化资源，打造“文化品牌”。一个乡镇文化站，集聚了一个地区的三个非物质文化遗产项目——“三河三枝花”。它们作为传承和传播工作重点，需要高度的文化自觉、文化自信和文化责任！如果每一个文化馆、乡镇文化站都能挖掘地域文化、传统文化资源，打造一个文化服务品牌，中国文化“百花齐放”的春天将惊艳世界。

启示之三：全天候开放，全方位服务。一个乡镇文化站每周七天免费开放，且每天都有各种丰富多彩的培训活动，堪称典范！除文化工作者勤奋敬业的“心血投入”之外，关键还在于“民生投入”。

（点评人：高文华，黑龙江省图书馆馆长）

打造公共电子阅览室服务集群，将硬件设施、软件平台和创新服务有机整合，吸引群众走进和利用公共电子阅览室，展现公共文化服务独特魅力。

12. 形象新　设计新　管理新　理念新：东莞公共电子阅览室转型升级

创建全国公共文化服务体系示范区专家、北京大学教授李国新认为：东莞新型公共电子阅览室有“3＋1”新：形象新、设计新、管理新，其核心就是理念新。东莞作为“公共电子阅览室建设计划”首批试点区域，初步实现了“中心统筹、分级管理、统一标识、协同服务”的市域公共电子阅览室集群，创新了公共文化服务的管理模式和服务方式，满足了广大群众公益上网和数字阅读需求，解决了基层普遍存在的少资源、缺人才、难管理等问题，具有较好的社会反响。

一、情况背景

东莞拥有较好的文化建设基础，先后入选“公共电子阅览室建设计划”首批试点区域、首批“国家公共文化服务体系示范区”。到 2013 年，全市建起公共电子阅览室 588 个，实现公共电子阅览室乡镇、社区全覆盖。

二、创新举措

(一)整体设计，树立公益文化服务形象

在向基层推进公共电子阅览室进程中，东莞对公共电子阅览室进行整体设计，包括形态、装饰、标识、家具、设备选配等，打破当前公共电子阅览室普遍存在的单一、呆板形象，植入当前诸如 WiFi、全媒体、手持阅读等元素，力求用有限的投资创造公共电子阅览室新颖的视觉环境和人性化的服务环境，树立了公共电子阅览室服务新形象，打造了公共电子阅览室“连锁店”式的公共数字文化服务品牌。

(二)体系化部署，建成“三级管理、四个结合、五个统一”“连锁店”式公共电子阅览室服务集群

东莞借助较好的公共文化服务体系建设基础，确立了公共电子阅览室建设、图书馆总分馆建设、文化共享工程建设、数字公共文化服务体系建设“四个结合”的统筹发展策略，制定了建设“统一标识、统一风格、统一技术、统一服务、统一管理”，即“五个统一”的规范化“连锁店”式市域公共电子阅览室服务的总体规划，在东莞图书馆设立市级管理中心，镇(街道)分馆设立管理分中心，全市镇(街道)、村(社区)均建成本级公共电子阅览室，形成市—镇(街道)—村(社区)三级管理模式和服务体系，并以“中心

统筹、分级管理、统一标识、协同服务”的方式，为广大群众提供公益上网和数字阅读服务。

(三)文化与科技融合，创新管理与服务模式

文化与科技整合，通过有效的技术手段，创新管理与服务方式，满足广大群众基本的数字文化需求。一是提供“有线网络＋无线网络”的立体式网络服务，支持台式电脑、平板电脑、手机、云终端、电视等全媒体阅读终端；二是整合资源和平台，将文化共享工程、东莞数字图书馆、东莞学习中心等电子资源和用户服务进行整合，向群众提供普遍均等、安全便捷的公益上网和数字阅读服务；三是虚实结合，联合基层公共电子阅览室，举办形式多样的数字阅读活动、讲座培训等，提升民众的信息素养和信息技能。

三、主要成效

(一)推出新型公共电子阅览室形态，在环境和功能组合上加以创新

图1　东莞公共电子阅览室新形态

东莞对基层公共电子阅览室的环境装饰、家具布置、设备配置、服务方式等进行人性化的整体设计。在环境和功能组合上加以创新，采用可灵活组拼的阅览桌椅、设计新颖的U形书架，以橙黄色为主色调，打造时尚新颖、标识和风格统一的阅览环境；通过有线和无线网络的集成，提供台式电脑、平板电脑、智能手机等多种数字阅读方式，构建了多终端、立体化的数字文化服务空间，还支持人们自带笔记本电脑、上网本、手机等，使数字阅读、移动阅读、全媒体等新科技融入文化服务中。

(二)提供易用实用技术支撑方案，“文化e管家”和云平台有效便捷

为解决基层数字文化服务少资源、缺人才、难管理等现实问题，实现区域内公共电子阅览室一体化管理，构建了云计算环境下公共电子阅览室的集群管理模式。一是以“文化e管家”作为公共电子阅览室一体化管理设备，实现对基层公共电子阅览室的有效管理和全媒体服务。二是开发云服务管理平台，与“文化e管家”连接，也可与上

级管理平台对接，实现对系统内公共电子阅览室的集群化管理和资源推送服务。“文化e管家”与云服务管理平台的联合应用，体现了新技术与文化服务融合的优势。

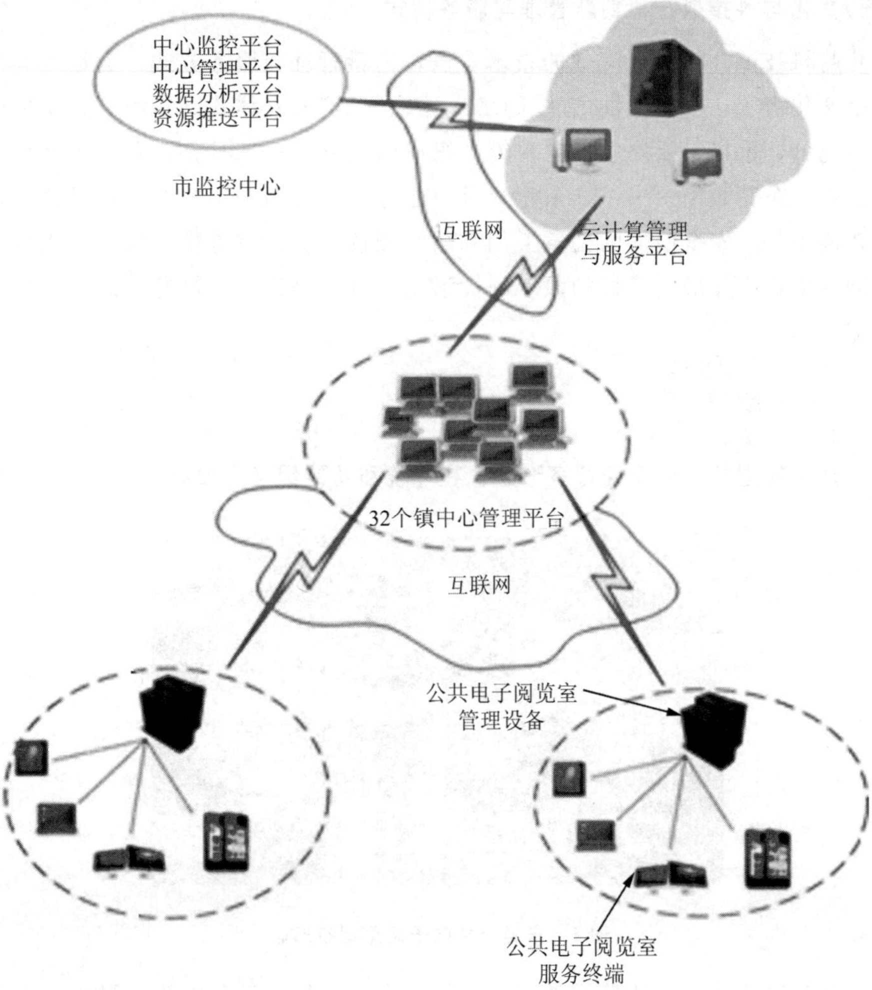

图2　东莞公共电子阅览室技术体系架构图

(三)建成了覆盖城乡的公共文化服务体系，平均每4平方千米一个公共电子阅览室

东莞以“三级管理、四个结合、五个统一”的公共电子阅览室建设思路，采用“技术+标准”的手段，建成了1个市级管理中心、32个镇(街)管理分中心、588个公共电子阅览室(其中366个是新型公共电子阅览室)，实现了公共电子阅览室市、镇(街道)、村(社区)全覆盖，形成了平均每4平方千米一个公共电子阅览室的集群，构建了覆盖城乡的公共文化服务体系。

（四）建立了一种可复制的建设模式和一系列制度、标准与规范

东莞公共电子阅览室建设模式在新形态、新技术、新管理中的新理念在全国和行业内广泛辐射，并带动和延伸出更多更好的服务模式。例如，重庆图书馆、重庆渝中区、海南省图书馆、贵州省图书馆等地区和单位在技术、形态、管理等方面全面引进了这种新型公共电子阅览室模式；深圳市宝安区和罗湖区等也应用了"文化 e 管家"，在形态服务上借鉴了这种新的服务模式。同时，东莞还建立了一系列制度、标准与规范，为东莞建设"五个统一"公共电子阅览室服务体系奠定基础，也为我国公共电子阅览室标准化、规范化发展提供借鉴和参考。

（五）"东莞模式"的公共电子阅览室受到好评

东莞结合示范区建设启动了公共数字文化服务制度建设研究，把"公共电子阅览室建设与服务"列为示范区的制度设计课题，产学研结合，探索"新型公共电子阅览室"建设模式。2015 年 10 月 30 日，文化部文化科技司在东莞召开了由东莞图书馆和文化部全国公共文化发展中心共同承担的国家文化科技提升项目"公共电子阅览室的新形态实现研究"验收会，专家认为东莞新型公共电子阅览室是东莞图书馆"集群管理、协同发展"建馆思想的延伸，具有"3＋1 新"：形象新、设计新、管理新，核心是理念新；课题研究和实践对促进数字公共文化服务，推动公共电子阅览室建设将起到有益的探索作用、引领作用和示范作用。

【专家点评】

东莞新型公共电子阅览室建设以数字图书馆为基础，与图书馆总分馆模式相结合，创新地采用"三级管理、五个统一"的服务管理模式，通过精心策划，有效实施，展现出公共数字文化服务的新魅力。以人性化的设计，建立起了公共电子阅览室的新形象，吸引更多的民众走进和利用公共电子阅览室；将纸质文献与数字文献有效整合，建立起更适合民众学习休闲的公共文化知识服务平台；构建了云计算环境下的公共电子阅览室集群管理模式，破解了数字资源配置传输和基层技术力量薄弱，运行维护管理困难等问题。东莞新型公共电子阅览室建设体现了紧跟现代信息技术发展，在满足民众信息需求的同时引领需求，不断创新的工作理念，取得了很好的工作成效。在全国公共数字文化建设，特别是在公共电子阅览室建设中具有示范、借鉴和推广意义。

（点评人：徐欣禄，原广西壮族自治区图书馆馆长）

电子阅览室提档升级，以资源的丰富性、环境的亲和性、服务的人文性，将孩子们引进来、留下来、学起来，贯穿道德教育，打造家长放心的校外“道德大课堂”。

13. 电子阅览室　道德大课堂：陕西宁陕未成年人服务创新

陕西宁陕县图书馆于2014年6月迁至县文化大厦，现有建筑面积1 400平方米。县图书馆就如何发挥好电子阅览室的作用积极探索，结合县情实际，通过“引”“留”“学”的方式，积极服务未成年人，推动未成年人思想道德建设，让电子阅览室变成了未成年人的“道德大课堂”。

一、情况背景

随着宁陕县图书馆由原县城老街搬迁至繁华地段的三星小区文化大厦，馆内设施条件水平随之大幅提高，电子阅览室更是提升了档次。一段时期里，到县图书馆儿童阅览室的孩子不少，但到电子阅览室阅读的未成年人却寥若晨星。通过调查走访发现，不少孩子经常背着大人长时间上网，甚至逃课去网吧打游戏，让学校束手无策，令家长头痛。

二、创新举措

针对这一实际，宁陕县图书馆把重点工作从硬件环境建设转移到软环境建设上来，把服务重点从儿童阅览室转移到电子阅览室上来，不断规范电子阅览室管理。从明确工作目标入手，以健全完善各项制度为突破口，着力提高电子阅览室的服务水平。

与此同时，宁陕县图书馆专门走访学校、家长，多方面听取意见，吸取方法。充分利用流动图书馆、读书活动等机会，通过馆员到学校、进社区走访、座谈、发放宣传单等形式，对电子阅览室的功能、作用进行广泛深入的宣传，赢得了学校老师、学生家长和孩子们的积极响应。伴随着电子阅览室知名度的提高，其吸引力也进一步增强。

三、主要成效

(一)把孩子们“留”下来

孩子们来图书馆电子阅览室了，如何把孩子们留下来，怎样让家长们支持和放心孩子们去电子阅览室，对宁陕县图书馆来说，不仅是工作上的一个关键，而且还是一个考验。这就要求电子阅览室的活动和内容对孩子要有吸引力，上网要绿色健康的同时，还要让孩子们能学到东西。

宁陕县图书馆定期推荐益智电子图书和动画影视作品，搭建寓教于乐的网络氛围。

为了正确引导未成年人上网和身心健康发展，制定了一套未成年人上网制度，及未成年人上网(机)协议。未成年人首次上网必须有监护人陪同，馆内工作人员为监护人诠释协议表事项规定，对监护人的合理要求给予即时登记、标注。在监护人确认协议无异议后，双方当面签字盖章后生效(双方：未成年人监护人、电子阅览室工作人员)。未成年人提供2寸免冠照片便于身份识别和个人信息存档。

协议明确了双方的责任，即明确工作人员职责、未成年人监护人的责任、对未成年人上网的规定等。同时完成未成年人上网信息录入，上机卡编号，便于下次上网使用。未成年人每天上网时间不超过1小时，网内禁止登入游戏。工作人员会不定时巡查，解决网络故障，维护馆内秩序，及时解答读者问题。

这种做法得到了家长及社会的赞许，既解决了未成年人沉迷网络的问题，也为他们提供了一个良好的学习平台。

(二)使孩子们“学”起来

让孩子们进图书馆电子阅览室阅有所获，读有所悟，是宁陕县图书馆电子阅览室服务未成年人的最终目标。宁陕县图书馆在提供经典图书内容的同时，在阅读内容中融入思想道德教育内容，立足自身优势服务和推动未成年人思想道德建设。为此，宁陕县图书馆通过系列活动让孩子们在电子阅览室愉快的阅读，舒心的学习。例如，定期推荐电子书阅读篇目，组织网上阅读有奖知识竞答活动，对参与且表现好的孩子发放学习用品等小礼品，提高孩子们阅读的兴趣；指定名著经典作品，组织主题征文活动，引导孩子们阅读经典著作。这些活动不仅增强了图书馆的吸引力，让孩子们留在了电子阅览室，而且还让孩子们自觉地学习了文化知识。

将未成年人思想道德建设内容融入电子阅览室，是宁陕县图书馆服务未成年人的一大特点。在电子阅览室墙上张贴社会主义核心价值观公益广告，在电脑屏保上设置公益广告，定期更换，让孩子们不自觉间接受熏陶；将本土的思想道德教育视频短片通过电子阅览室局域网共享，推荐给孩子们观看，让孩子们接受教育；组织孩子们在网上观看“最美宁陕人”、道德模范VCR，用身边的典型教育孩子们，传播正能量。这些生动活泼、形式新颖的内容，让孩子们在寓教于乐中接受了思想道德教育，春风化雨般地将崇尚美德的种子播撒进了孩子们幼小的心灵。

电子阅览室服务未成年人的系列举措，不仅大幅增加了阅览人数，成了孩子们课外阅读的乐土，而且还受到了学校老师和家长的好评。许多家长高兴地说，孩子自从经常去县图书馆电子阅览室后，在家里上网打游戏、玩手机的时候少了，而且也懂事多了。学校也反映，过去经常去网吧的孩子，现在不仅不去了，而且在学校表现也好了。宁陕县图书馆电子阅览室，不仅是“温馨的大书房”，更是校外的“道德大课堂”。

【专家点评】

宁陕县图书馆电子阅览室服务未成年人的创新服务经验，在于一个“专”字：

一是专注于服务未成年人。随着移动互联网技术的发展，公共图书馆的电子阅览室读者锐减，服务效益也在下降。尽管许多图书馆专门设置了青少年电子阅览室，但在服务内容、服务手段上缺乏创新，仍然少有青少年问津。而另一个突出的社会问题是：无数家长担心孩子使用手机观看不良网站的信息，更担心孩子沉迷网吧，荒废学业。宁陕县图书馆直面图书馆与社会两个方面的突出矛盾，以创新服务未成年人的做法解决了这一突出矛盾，为社会进步育人，为无数家长解忧，值得全国基层图书馆学习借鉴。

二是专注于创新服务机制，吸引孩子、留住孩子，让家长放心的关键，在于创新服务机制。建立健全上网管理制度。家长监护制度，进一步增加了社会对公共图书馆电子阅览室的信任度、满意度，应当成为全国基层图书馆努力的方向。

三是专注于创新服务内容。如何开展好未成年人思想道德教育，是无数家庭和学校面临的难题。而图书馆的优势在于资源的丰富性、环境的亲和性、服务的人文性。提供经典阅读、影视观赏、互动体验等各种新颖的服务内容，是公共图书馆优于学校和家庭的长项；寓道德教育于娱乐观赏之中，是图书馆服务的魅力所在。有了这样的专注与创新，图书馆才能成为孩子们心中的天堂，天堂才成为图书馆的模样！

（点评人：高文华，黑龙江省图书馆馆长）

扩展文化资源，提升文化服务；打造统一平台，服务全域用户；强调以人为本，迎接科技潮流。

14. 借力智慧城市　拓展数字服务：克拉玛依公共文化服务覆盖戈壁油田

克拉玛依市数字文化馆建设，充分发挥网络平台和公共数字文化在文化服务、文化交流、文化传播、文化传承方面的重要作用，构建新时期公共文化服务的新阵地，满足人民群众日益增长的精神文化需求。

一、情况背景

克拉玛依市是伴随着新中国第一个大油田的建设而发展起来的城市，地处准噶尔盆地西北缘，面积 7 735 平方千米。截至 2017 年 3 月，克拉玛依市现有四个城区、两个乡、十二个街道，总人口 45 万。地形呈斜条状，城区之间距离较远(100 千米左右)。辖区内有中国石油新疆油田公司、中国石油西部钻探工程有限公司等 17 家大型国有石油石化企业，是典型的“因油而生”的资源型城市。全市常住人口 40 万，城市的企业化特点决定了石油职工是市民的主体(占市民总数超过 60%)。但由于石油职工的工作区域多在野外油田，远离城镇乡村，尽管油田作业区建设了高水准的文体设施，公共文化服务也难以覆盖到油田一线，“最后一公里”问题突出。

近年来，克拉玛依依托“数字油田”和智慧城市建设已经奠定的网络化、数字化基础，充分利用网络数字手段，着力解决公共文化服务“最后一公里”问题。

二、创新举措

(一)建设公共数字文化综合服务平台

综合服务平台是集合了克拉玛依市各级各类公共文化机构和相关机构的信息、资源、活动、服务的网络服务平台。目前，纳入平台的包括：市、区两级文化馆、图书馆、美术馆、展览(博物)馆、体育馆、科技馆、游泳馆，以及网络环境下全市由 284 个企业加盟馆(站)和 96 个学校加盟馆(站)构成的文化馆、图书馆总分馆体系。所有服务点安装人流统计设备，与综合服务平台的效能检测系统链接，自动获取和分析基层群众文化需求信息和公共文化服务效能，统筹调配运行和管理。

平台的主要服务功能是：文化资讯查阅；各场馆培训活动信息发布；培训活动预约；培训活动在线报名；艺术培训课程直播、点播；全市各级图书馆图书信息查阅；艺术人才库查阅；音、视频等文艺资源欣赏及订阅；创作辅助、学员交流(上传个人作品进行交流)；全站信息检索；志愿者登记注册、报名；文化产品交易等功能。设有开

图1　克拉玛依公共文化网

（克拉玛依区域性公共数字文化综合服务平台）

放的国际接口，能够完成实时远程培训。

(二)建设全市公共数字文化联建共享服务系统

将全市企业、学校设施纳入文化馆、图书馆总分馆服务体系。对全市企业和学校文化馆、图书馆设施进行评估，将380个设施按照其规模和功能，纳入文化馆、图书馆总分馆服务体系，同步进入网络环境的联建共享总分馆体系和数字综合服务平台，体系内互联互通、统筹管理、一卡通用。

搭建跨系统图书借阅网络平台。将联建共享总分馆体系内的所有图书馆(室)并入市政府信息网络平台，各馆之间的信息处理经由政府网络平台交换，形成一个跨图书馆、政府、油田、教育、科研等系统的网络平台。针对克拉玛依城区之间距离远的特点，在市中心馆、独山子区馆和白碱滩区馆分别设置3组服务器支撑系统运行，通过集群管理模式成功连接。安装统一的管理系统，保障全市平台一致性一体化，实现通借通还。

全市文献资源联建共享。建立文献资源采购“多元投入、统筹协调、分散购买”机制。由市中心馆召集购书协调会议，审核各馆的图书采购方案，通过网络平台进行资源的检索查询，平衡全市图书资源需求，统筹安排全市的图书采购计划，避免购书重复、资源浪费现象。依托网络平台，服务体系的所有图书资源实行统一检索、就近借阅、按需配送、通借通还。

(三)建设公共文化服务远程培训系统

建立全市数字文化远程培训中心。在市文化馆建立具有直播、录播功能的远程培训中心，录播教室面积300平方米，配备先进的视频录播设备和监控远程导播系统，能多方位跟踪拍摄。

落实基层数字培训教室，健全基层远程培训网络。依托已经100%覆盖的街道、乡镇和社区的电子阅览室设备及多功能教室，建立基层远程培训教室，特别是利用戈壁油田的网络设施和数字设备建立油田一线远程教室，保证油田一线全覆盖。对尚无文化服务站点的外来务工人员居住地及新建小区，通过部署数字文化服务一体机解决终端服务，保障数字培训远程直播实时同步全域覆盖。

建立远程中心培训和基层辅导联动机制。依托基层文化指导员队伍，完善点对点的基层教室现场组织、现场解读和现场指导工作。

加强线下培训和活动的远程传播。2016年克拉玛依市首届公共文化服务业务人员技能大赛，将“金牌讲解员比赛”“舞蹈老师星级评比”等各项技能决赛现场放在数字文化远程培训中心，在决赛阶段插入专家现场培训指导环节，并对决赛实施直播或录播，将比赛活动中的现场培训搬到线上得以更广泛的传播，使群众在家里、在油田一线都能看到高端专业的技能比赛，零门槛听到专家讲座和指导。同时现场培训视频直接转换为数字文化资源存储于资源库中，丰富了本地特色资源库。

图2　线下培训和活动的远程传播

(四)建设“文化E站”

“文化E站”是指在服务机构尚未建立的新市区、城市边缘居住地、戈壁和沙漠腹地的油田作业区，以及公共文化设施空白点设置的公共数字文化服务一体机和24小时图书自助借还机。

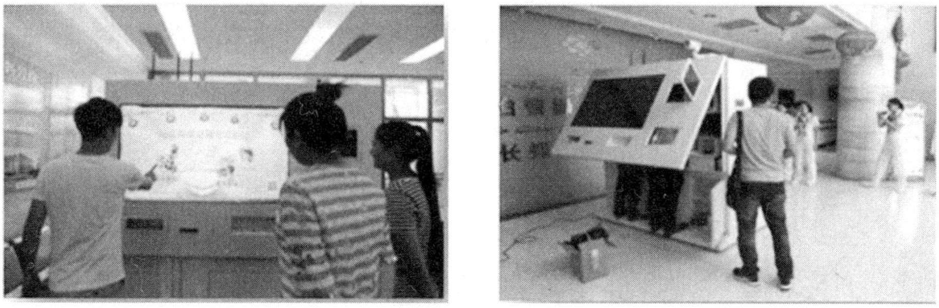

图3　克拉玛依公共文化服务一体机(文化E站)

数字文化服务一体机集成了指纹采集、二维码扫描、身份证识别、摄像、体感游戏、大屏幕播放等功能，可实现直播、点播远程培训，为地处城镇边缘的油田一线职工、新市民群体提供多媒体展示、资源推送、资源检索、资源下载、在线点播等数字文化服务。目前在沙漠油田作业区等边缘地区和公共文化设施空白点已部署首批数字文化一体机5个，24小时图书自助借还机4台。另外，还成立了运维保障小组，定期更新图书，保障设备全天候服务。

(五)建设移动数字文化服务平台

开发与公共数字文化综合服务平台同步的手机网站，市民可不受时间空间限制，在家中及任何地方都可以利用移动终端享受公共文化服务参与文化艺术培训。

“掌上博物馆”推出博物馆系列微刊。其中寻找“镇馆之宝”活动成为市民热点；设计《父辈们的劳动工具》手游，使群众通过游戏答题方式欣赏流动博物馆文物；编制展品导览二维码，用户使用掌上博物馆软件扫描文物下面的二维码，获取文物的各种信息，参与博物馆自助游体验。

“移动图书馆”开启微信公众平台服务。推出微信客户端自助转借、掌上检索、掌上续借、信息推送等功能，公众只需使用手机微信客户端就能完成图书检索、续借、转借。同时，打造出一个个阅读社交圈，便于读者相互交流。

(六)建设地方特色数字资源

建立克拉玛依本地特色资源库群。在全市范围内征集、整理、加工本地文化视频、音频、图片等数字资源，目前已完成八个本地特色资源库的建设，包括“克拉玛依特色文化视频资源库”“克拉玛依文体活动赛事视频资源库”和“克拉玛依文艺演出视频资源库”等。整合数字资源总量达到43.58 TB。

启动供需对应的系列精品课程录制工程。在摸清群众文化需求的基础上，通过审核和论证，制定精品课程目录和精品课程艺术专业选项表。目前已确定的精品课程包括群众需求量最高的舞蹈、声乐、器乐、书法、美术等10个专业门类的29门课程，根据难易程度设定了低、中、高等级选项，方便群众选择适合自己的课程进行线上学习。精品课程在全市范围内遴选学术造诣高、教学特色鲜明的专业人员担任讲师，课程主讲人近三年主讲此门课程不少于145课时。目前已有55位艺术专业教师被确定为首批精品课程教师。精品课程数字化资源成为本地特色数字文化资源的重要内容。

三、主要成效

(一)打通“最后一公里”

其一，公共数字文化网络弥补了设施网络服务覆盖能力的局限，使公共文化服务延伸到戈壁和沙漠油田作业区。其二，“文化E站”的部署解决了设施和服务网络疏密不均的问题，使公共文化服务送达每个有人群的地方。其三，手机App等移动数字技术的开发，使公共文化服务实现移动化，有效拓展了覆盖范围。

(二)提高服务效能

促进公共文化资源利用最大化。公共数字文化综合服务平台，使文化馆、图书馆总分馆体系更方便地实现体系内资源统筹、互联互通、共建共享。

实现公共文化服务供需对路。各总分馆体系全域内的数字化效能检测，自动获取和分析基层群众文化需求信息，使得公共文化服务与需求有效对接，提升了服务效能。

提升公共文化服务便利性和自主性。数字服务平台提供的场馆动态、活动报名、场地预约、志愿者注册登记、数字资源订阅等服务，极大地方便了群众参与公共文化活动和公共文化服务，保障了公众的文化自主选择权、参与权。

提高公共文化活动群众参与率。2016年克拉玛依市首届公共文化服务业务人员技能大赛中，文化馆(站)业务人员技能比赛和评星活动，采取线上报名，参赛选手作品线上展示、线上评审，遴选出决赛作品参加线下的总决赛，并引入群众线上投票参与评选机制，线上线下互为补充、相互结合，极大地激发了群众参与热情，群众参与率成倍提升。全市公共文化网开通以来，公共文化服务人次增加了163%，服务人次同比上年增长了62.2%，点击阅读量增加了199.9%。

(三)促进数字资源建设

数字文化建设的根本是数字文化资源建设。克拉玛依市在目前已建设完成的八个本地特色资源库的基础上，继续开发“油城记忆”“克拉玛依石油工业特色文化”“多民族特色文化”“文化艺术原创”等资源库，基本形成了克拉玛依市本地数字文化资源的采集、整理与服务体系。

(四)实现公共文化服务全域覆盖

数字文化建设应用不断更新的互联网和移动互联网技术，研发与新型移动终端设备相适应的文化共享信息资源服务包，使广大群众通过PC、智能手机、多媒体智能终端等移动设备随时随地享受公共文化服务。公共文化服务供给的多终端、多渠道、多元化，在满足了群众多样化个性化需求的同时，助推公共文化服务全域覆盖，直至沙漠油田。

【专家点评】

克拉玛依地处北部边疆，是一个“因油而生”的资源型城市，具有地域广阔、一线采油作业区点多面广的特点，公共文化服务更需要以数字化手段解决“最后一公里”问题。克拉玛依又是我国最早建设的石油重镇，“数字油田”“智慧油田”建设走在全国前列，对实现公共文化服务数字化、网络化有优越的基础条件和社会环境。

近年来，克拉玛依的公共数字文化服务建设立足当地实际，走出了一条全面推进和重点突破有机结合的路子，基本实现了公共数字文化服务覆盖戈壁油田的目标。

全面推进的标志是，克拉玛依建成了集合全市各级各类公共文化机构和280多家企业、近百所学校的公共文化资源、活动、服务的综合性网络平台，“一站式”提供公共数字文化服务的目标基本实现。

重点突破是说克拉玛依的公共数字文化建设，立足实际，紧扣特点，解决突出问题，彰显服务效益。例如，搭建图书馆跨系统联建共享数字服务平台，深化国家公共文化示范项目的联建共享机制；适应地域广阔、一线作业区点多面广的特点，重点建设公共文化远程培训系统、文化E站、依托微信平台的移动图书馆和移动博物馆等，公共数字文化服务真正发挥了覆盖戈壁滩、打通“最后一公里”的作用。

（点评人：李国新，北京大学教授，文化部国家公共文化服务体系建设专家委员会主任）

第二篇　数字服务平台与新媒体渠道应用

数字服务平台，是指借助互联网以及相关的数字技术，打造的可以集中发布、展示和共享文化资源，以方便群众访问、检索、浏览和体验的在线公共文化服务平台，如门户网站、集成平台、云服务等。新媒体是指依托数字技术、互联网络技术、移动通信技术等新技术向受众提供信息服务的新兴媒体，如网络电视、微博、微信等。

借助多种多样的数字服务平台和新媒体渠道，公共文化服务可以实现如下应用：第一，信息发布。通过数字服务平台和新媒体渠道发布信息可以更好地满足如今多样化的公共文化需求。通过平台线上线下推广公共文化服务，有利于实现公共视野中公共文化服务的存在性和公众参与的有效性。第二，个性化服务。传统的公共文化服务多提供统一的服务，而通过数字服务平台和新媒体渠道，公众可通过线上平台自主选择需要的公共文化产品和服务，其目的更加明确，主动性更强，更利于活动的顺利举办。第三，资源整合。通过数字服务平台和新媒体渠道，可以整合公共文化资源中的各类资源，实现不同文化机构间、不同区域间、不同文化类别间公共文化服务的有效统筹。第四，活动组织。通过借助数字文化服务平台和新媒体渠道，可以提前对公共文化活动做出预告和报名，从而更加精确地把控公共文化服务的规模和运营，提高线下公共文化服务质量。

数字文化服务平台和新媒体渠道，是开展公共数字文化的重要应用方式，推动着公共文化服务的与时俱进。一方面，科技进步和社会发展推动了数字服务平台和新媒体渠道的繁荣发展。智能手机的普及、智慧城市的建设、城市公共 WiFi、4G 网络信号的全面覆盖，推动着“互联网＋”呈现蓬勃发展之势，也推动着文化传播方式的变革。另一方面，公共文化服务“以人为本”的服务理念与新平台渠道的即时、便利的特性不谋而合。新媒体渠道的便利性和即时性，都是高品质公共文化服务有力的支撑点。另外，互动交流是平台渠道不可替代的价值。传统的媒体渠道已经不能满足如今多样化、个性化的需求，而“私人定制”的服务逐渐受到公众的喜爱。公众可以利用新媒体渠道报名活动、预定场次，提高公共文化资源利用效率，降低公共文化活动运营成本。

同时，公共文化服务借助于数字服务平台和新媒体渠道，也实现了功能扩展。一是加速了现代化传播，推进了应用的有效开展。因现代化平台和新媒体具有超媒体性、超时空性、开放性、交互性和虚拟性等特点，决定了它的传播优势，能够让公众随时随地了解公共文化服务信息。二是利用平台渠道提高了活动参与率。文化活动可以获得更多的宣传、展示机会，吸引更多群众到公共文化机构体验、参与活动的同时，线上平台应用降低了活动参与门槛，公众通过互联网和移动终端随时随地都能参与线上活动。三是提高了服务效益。通过数字平台提供线上服务突破了时空界线，减少了时间、交通成本，有利于解决因信息不对称等原因而导致的文化服务不到位、成效不明显、所给非所求等问题；且通过平台定制服务的方式，合理安排配送，精准服务，提高服务效益。四是提高了服务效率。一方面线上数据可以帮助公共文化机构进行决策，活动效果可以得到最大化；另一方面通过对公众活动参与数据的掌握、分析，把握公众的文化需求，适时推出反响率高的文化活动和文化产品。

本篇围绕数字文化服务平台和新媒体渠道，精心选取了13个实践案例，按功能类型分为四类进行呈现。

(一)资源整合类

资源整合类指的是整合多种类型文化服务和资源。借助数字文化服务平台和新媒体渠道打造一站式的文化资源管理服务。整合文化系统内到文化系统外再到全社会领域的文化资源。

嘉兴“文化有约”运用互联网思维，整合了文化系统内外的各类公共文化资源，由市级延伸到各县(市、区)，由政府主办的公益性文化场馆拓展到社会力量兴办的各类文化机构，实现跨部门、跨行业、跨地域公共文化资源的有效整合。浙江依托公共文化服务平台和App，整合公共文化资源，构建公共文化服务体系，实现了不同文化机构公共数字文化服务集成和用户信息整合，实现了“数字整合”向“文化整合”的转变。

(二)服务平台类

服务平台类指的是利用公共数字文化服务平台和新媒体渠道，构建多种形式的特色服务平台。

北京搭建公共电子阅览室导航系统，为了方便更多的人利用数字资源，提高数字资源的传播效率。上海创建社区信息苑，在城乡社区建设文化服务设施网络，连锁经营，提高效能。江苏为全省建立少儿阅读体验与推广公共文化服务平台，多措并举，创新少儿数字阅读推广模式。山东搭建“山东公共文化学习网”，将全民学习和行业培训并行展开。“福田文体通”依托微信平台，从形式到内容全方位创新，以小手机承载大文体，以小平台提供大服务，以小投入创造大惠民。

(三)网络电视类

网络电视类是指以网络视频资源为主体，将电视机、个人电脑及手持设备作为显示终端，通过机顶盒或计算机接入宽带网络，实现数字电视、时移电视、互动电视等服务的新媒体渠道。

江苏将中国文化网络电视的推广与服务纳入全省现代公共文化服务体系，集中轮训推进中国文化网络电视在基层的推广和使用。辽宁省以中国文化网络电视，进一步推进全省共享工程建设。宁夏回族自治区在民族地区的清真寺、敬老院等信教群众聚集区，实施中国文化网络电视项目，将公共文化服务延伸、扩展至宗教活动场所。

(四)综合应用类

综合应用类指的是“一站式”综合性的数字文化服务平台。福建省“文化一点通”是面向基层群众的综合文化资源应用终端，力图解决基层各种问题，增强资源推送与应用的便捷性。四川省绵阳图书馆公共数字文化服务体系综合建设“网络为基、内容为王、阅读为本、服务集成”。浙江省宁波市图书馆推出了网络图书馆、移动图书馆、电视图书馆服务和“阅读书亭”，实现图书馆公共文化服务在不同环境下的全覆盖。

建立统一服务和管理平台，把文化活动送到老百姓身边，是科技创新与公共文化服务的深度融合，是“互联网＋公共文化服务”的创新示范。

15.“文化有约”：嘉兴搭建公共文化“互联网＋”创新平台

自2011年以来，嘉兴市以保障文化民生、落实文化惠民为根本，以构建现代公共文化服务体系为目标，在深化公益性文化场馆免费开放的基础上，着眼于供给模式的创新，运用“互联网＋”思维，建立起综合性、一站式“文化有约”服务和管理平台，嵌入大数据采集和分析处理，精准对接群众文化需求。“文化有约”通过统筹各类公共文化资源，以“菜单式”预约形式为广大市民提供免费培训、讲座、展览、演出、活动等服务项目，依靠数字化打通公共文化服务“最后一公里”，丰富优化了公共文化产品和服务供给，提高了服务的针对性和实效性，促进了均等化，大大提升了群众的知晓率、参与率和满意度。

嘉兴市创新实施“文化有约”、推进公共文化供给侧改革的经验和做法，得到了文化部领导和专家的高度评价，多次应邀在全国会议、论坛上做典型经验交流。《人民日报》《中国文化报》《浙江日报》等中央和省级媒体深入报道了嘉兴的创新实践。“文化有约”已成为“互联网＋公共文化服务”的知名品牌，为全国提供了借鉴和示范。

一、情况背景

早在2011年7月，嘉兴市就启动了以“共享和均等”为理念，以“资讯便捷、双向互动和零距离参与”为目标的“文化有约”项目及数字化平台建设，充分整合市图书馆、文化馆、博物馆和美术馆特色资源，推出了六大类免费项目和三大特色主题活动，全方位、多层次为群众提供服务菜单，建立以需求为导向、有效对接群众文化需求的公共文化服务供给体系。

图1 “文化有约”网站界面简洁大方

而后，“文化有约”网站进行了全新改版，借鉴团购网站的运营模式，将所有活动资源包装成文化产品(项目)统一上架，以“菜单式”预约形式供群众“点单”参与，并开通了手机微信服务号，不断增强互动反馈功能，使“文化有约”的品牌效应进一步扩大。2014 年，“文化有约”被列入嘉兴市政府“十大民生实事项目”，嘉兴市政府进一步整合了科技馆、工人文化宫、青少年宫、妇女儿童活动中心等文化系统以外的公益性文化场馆，把“文化有约”建设成为嘉兴市公共文化服务的“民生工程”和“民心工程”。2015 年，“文化有约”推出拥有十大新功能的 3.0 版本，升级用户体验，实现摇号、积分管理、众筹等功能，解决了短信发送障碍、网络性能不稳定、后台操作不灵活等技术问题，单天最高访问量突破 2 万人次。新改版的“文化有约”平台日趋成熟和完善，管理更高效、预约更便捷、服务更优质、参与更公平。

“文化有约”运用文化与科技深度融合、线上与线下互动结合的新模式，实现了横向拓展、纵向延伸，重心下移、资源下沉，极大地丰富了公共文化产品和服务供给，满足了群众基本文化需求，为公共文化“互联网+”提供了可借鉴、可复制、可推广的“嘉兴经验”。

二、创新举措

(一)整合社会资源，打造供给平台

“文化有约”整合了文化系统内图书馆、文化馆、博物馆、美术馆和系统外科技馆、工人文化宫、青少年宫、妇女儿童活动中心等各类资源，并由市级延伸到各县(市、区)，由政府主办的公益性文化场馆拓展到社会力量兴办的各类文化机构，实现了跨部门、跨行业、跨地域公共文化资源的有效整合，丰富了产品和服务内容，提升了总量质量，促进了共建共享。

图 2 “零距离赏宝”活动吸引广大市民关注

(二)对接群众需求，打造互动平台

“文化有约”建立了互联网电脑端、手机客户端和数字电视端三大预约服务平台，互联互通、实时同步。按照“统一标识、统一管理、统一平台、统一制度”的要求，以“菜单式”“订单式”“众筹式”等预约形式向人们提供免费培训、辅导、演出、讲座、展览、场地及各类特色主题文化活动，深受广大群众的欢迎。自 2013 年 7 月以来，“文化有约”网站访问量已突破 500 万次，并形成了“夕阳红 e 族”“帮兄弟回家”“小石榴艺苑”“零距离赏宝”“最炫民俗风”“科学棒棒堂”等一系列品牌，共同为市民群众献上了丰富多样的“文化大餐”。

图 3　在“小石榴艺苑”活动中，参演小鼓手尽情发挥

(三)强化运行管理，打造激励平台

为推动“文化有约”可持续发展，2014 年 6 月，嘉兴市出台了《全面推进“文化有约”项目实施意见》，建立长效保障机制，明确市财政每年安排一定额度用于“文化有约”项目经费补助。同时，制定《“文化有约”用户积分管理暂行办法》，凡每日登录平台、参与活动、参与点评等行为均可获得积分，而违约失信行为将被扣减积分，并建立积分激励机制，实现了群众的实时评价与反馈。“文化有约”还开发了“摇号”“众筹”等新功能，将互联网思维灵活运用于公共文化服务领域中。

(四)联手各类媒介，打造传播平台

“文化有约”通过各种方式途径联手各类媒介，打造全媒体传播平台。从互联网到电话热线、短信微信；从日报晚报到电台电视；从公交媒体到社区、商场视频；从统一标识、宣传口号到书签雨伞、画册海报。“文化有约”正逐渐走进千家万户，成为嘉兴公共文化服务的一张金名片，受到各级媒体广泛关注，创新经验全国瞩目。

三、主要成效

图 4　小朋友们热情踊跃参与“科学棒棒堂”活动

(一)百姓有约，拓宽了公共文化服务的覆盖面

“文化有约”平台通过对各类公共文化资源的整合，满足了各类人群的文化需求，活动范围也扩大到“大嘉兴”区域，提高了群众的参与度，增强了品牌的社会公认度；将公共文化资源打包成项目供群众预约参与，由市民选择自己喜欢的文化活动，提高了公共文化服务的针对性和实效性；畅通监督反馈机制，对项目做出评价，及时受理群众诉求，推出更符合群众需要的公共文化产品，提高了群众参与公共文化服务的积极性和主动性。截至 2016 年 12 月，“文化有约”共推出培训、辅导、演出、展览等各类公益性文化活动项目 2 900 多个，共计 13 292 场次，直接受益群众达 150 万人次。

(二)场馆有约，促进了社会资源的统筹协调

“文化有约”不仅统筹了市级图书馆、文化馆、博物馆和美术馆的公共文化场馆和资源，还进一步统筹和协调了分散在科技馆、工人文化宫、青少年宫、妇女儿童活动中心和民营机构、社会组织等的公共文化资源，使公共文化活动常态化、系列化开展。“文化有约”已不再是文化部门的单打独斗，而是全社会共同参与的协作联盟。公益性文化场馆和资源在“文化有约”这个平台上得到了高效利用，效能不断攀升，达到了群众“进得来、愿意来、有所获”的既定目标。

(三)政府有约，实现了供给与需求的有效对接

“文化有约”在政府层面上建立了统筹协调机制，公共文化供给实现了横向拓展、纵向延伸，促进了区域内公共文化资源的共建共享。同时，改变了以往政府部门单向送文化到基层的模式，广大群众不论区域、城乡、年龄、学历、身份，都能够通过多终端预约的方式，方便快捷地享受到优质、高效、均等的公共文化服务项目，精准对接文化需求，保障了群众的基本文化权益。

(四)社会有约，调动了社会力量的积极参与

“文化有约”不仅是文化部门、文化场馆与群众互动的平台，也是社会力量承接文化项目的舞台。在整合公共文化资源的同时，以政府购买服务的方式，调动了社会力量参与公共文化服务的积极性。“文化有约”已吸纳了近30家民营文化机构加盟，服务内容更为丰富、服务形式更为多样、服务主体更为多元、服务动能不断增强，推动了公共文化服务向优质服务转变，培育和促进了文化消费。

【专家点评】

嘉兴“文化有约”值得借鉴的主要做法：

一是整合全社会资源，打造开放平台。“文化有约”整合了系统内图书馆、文化馆、博物馆、美术馆和系统外科技馆、纪念馆、工人文化宫、青少年宫、妇女儿童活动中心等资源，并由市级公共文化场馆延伸到各县(市、区)，由政府主办的公益性文化机构拓展到社会力量兴办的各类文化机构，极大地丰富了公共文化产品和服务供给。

二是有效对接群众文化需求，打造互动平台。“文化有约”建立了互联网平台、手机App客户端和数字电视终端三大预约服务平台，互联互通、实时同步，以“菜单式”“订单式”预约形式向人们提供免费培训、辅导、演出、讲座、展览、场地等。

三是提高活动参与积极性，打造激励平台。制定《“文化有约”用户积分管理暂行办法》，凡每日登录平台、参与活动、参与点评等行为均可获得积分，而违约失信行为将被扣减积分，同时建立积分激励机制。

总的来讲，“文化有约”运用互联网思维，建立统一服务和管理平台，嵌入大数据采集和分析处理，提高数字资源供给能力和远程服务能力，依靠数字化打通公共文化服务“最后一公里”，把文化活动送到需要的老百姓身边，创新了服务形态，提高了服务效能，保障了文化民生。“文化有约”是科技创新与公共文化服务的深度融合，是“互联网＋公共文化服务”的创新示范。

(点评人：金武刚，华东师范大学信息管理系教授)

依托公共文化服务平台和App，实现了从宣传型向服务型网络的转型升级，为中华优秀文化信息资源的普及传承，为顺应公共图书馆数字阅读服务创新，提供了有益借鉴。

16.“浙江文化通”：手机里的公共数字文化加油站

“杨绛的《我们仨》，我在图书馆找了很久，但一直都是借出的状态，现在装了浙江文化通，可以直接下载阅读，真是太好了。”2016年5月杨绛先生去世，为补上图书馆书架“空位”，浙江文化通“热门图书”推出杨先生作品在线阅读，至此祝福“我们仨”团聚了。

“浙江文化通”，是由浙江图书馆(全国文化信息资源共享工程浙江省分中心)研发实施的浙江省公共数字文化移动服务平台，是中央财政支持建设的国家公共文化数字支撑平台浙江特色应用项目，是公共数字文化服务的全国首创。它体现了整合、共享、即时的特性，汇聚了浙江全省的公共图书馆、博物馆、文化馆、美术馆、科技馆、影剧院等公共文化单位举办的讲座、展览、活动、演出等文化信息，同时，还专门配置了适合移动终端阅读的专用电子资源，为公众提供文化资讯预告和数字阅读、图书查询等公益服务，很好地实现了“互联网+”的公共数字文化服务移动供给。

一、情况背景

浙江有丰富的文化资源，但是各种文化信息发布较为分散，民众很难准确地获取所需信息；相对地，文化机构在民众中存在感不高，有第三方研究报告显示，有的老百姓从来不去图书馆的原因是因为不知道图书馆在哪儿；现代快节奏的生活，使人们难得有时间坐下来静静阅读，只能抽零碎时间进行阅读。随着通信技术的快速发展，网络和多媒体的普及，手机等移动终端作为最方便、最大众化的信息应用终端，正在成为人们获取知识信息、阅读的重要手段，图书馆、博物馆等文化服务单位，利用移动通信网络与手持终端这个新媒体平台来拓展和改造自己的服务，为用户提供更实时更方便的信息服务，把信息服务随时随地推送到用户身边，必将有效提升自身的管理和服务水平。

当前，提供公共文化服务的图书馆、文化馆、博物馆、影剧院等都建有各自的信息网站，发布各自的动态和信息，各自的用户群体没有共享，缺乏交流。而公众所需的文化信息是丰富、类型多样的。因此，把图书馆、文化馆、博物馆、影剧院等文化信息以及数字阅读资源进行有效整合，建立起统一的移动数字文化服务平台，并推送到各种移动终端，实现不同文化机构公共数字文化服务集成，体现公众视野中公共文化服务的存在性和公众参与的有效性，是一件非常有意义的事情。

浙江图书馆积极构思，策划，命名，经过一年多的开发建设，浙江文化通应运而生，于2013年11月22日正式开通上线，利用智能移动终端，为公众提供文化资讯预告和数字阅读、图书查询等公益服务，开启了浙江省公共数字文化的移动服务新时代。由于移动服务的迅速发展，随后吸取用户使用建议和专家意见，于2014年12月组织进行“浙江文化通”的二期建设，并于2015年2月完成二期开发。

二、创新举措

文化通体现了文化公益、公开、公平的特点。文化通是浙江省公共数字文化服务平台，为公众提供文化资讯预告和数字阅读等公益服务，不管你是在城市还是在农村，只需用手机等移动终端下载或关注文化通，均可公平地享受免费文化服务，打通公共文化服务在农村的“最后一公里”。“怎样提供老百姓最需要的资源，尤其是在基层，让老百姓真正享受到实惠，如打开手机就能看演出信息、视频、图书，特别是图书，如何走进社区，浙江文化通已基本满足了这个设想”，文化部公共文化司陈彬斌副司长在文化通论证会上如是评价，即浙江文化通满足任何人，在任何时间、任何地点获取所需要的任何知识。

(一)服务载体

文化通以移动无线通信网络为支撑，通过大屏机、手机、平板电脑等移动终端设备，为公众提供搜索和阅读数字信息资源、自助查询和完成图书的借阅，查询和订阅以及推送最新文化资讯和活动信息等服务。

(二)服务方式

文化通同时支持苹果和安卓系统的用户，只需下载安装App客户端或者关注微信公众号，即可享受浙江文化信息咨询服务和在线阅读服务。

(三)服务模块

文化通以实时推送的各类公共文化信息作为移动客户端的首页，有5大模块：“讲座”“展览”“活动”“演出”四个模块汇聚了浙江省公共图书馆、博物馆、文化馆、美术馆、科技馆、影剧院等公共文化单位举办的讲座、展览、活动、演出等文化信息；“阅读”模块实现了和馆藏资源的对接，使数字资源、网络多媒体资源的获取方便快捷，让公众充分享受公共文化资源和丰富的阅读体验。

(四)服务内容

文化通以为公众提供文化信息咨询和数字阅读为主，同时提供自助查询和完成图书的借阅，查询和订阅以及推送最新文化资讯和活动信息等服务。

文化信息服务。文化信息服务支持日历模式展示各类文化信息动态，也支持按照标题、地点、主办单位的关键词检索出包括讲座、展览、活动、演出各类型的文化信息。

馆藏查询。图书馆持证用户，可以在线查询本馆纸本资源的基本情况，并对纸本资源进行在线预约和续借等操作。

学术资源服务。学术资源服务界面包含电子图书、章节、期刊、报纸、视频、论文6大块内容。在首页输入检索词进行检索，得到的检索结果页面，可提供图书期刊等的全文阅读及下载，或者通过输入邮箱进行文献传递获取。

我的订阅服务。我的订阅服务包含书架、公开课、报纸、视频等，点击进入后，可按"＋"号添加内容。

三、主要成效

文化通实现信息服务、文化服务和用户群体的互通，文化资讯预告、数字阅读和图书查询等公共数字文化服务在同一个移动平台上实现，这种方式是全国首创。国家公共文化服务体系建设专家委员会李国新教授、巫志南研究员等给予高度赞扬，文化通是一个革命性的举措，全新的创新，手机直接服务，"触手可及"；内容直接更新，功能设计很有特色，与书本阅读实现了互补；二维码扫描方便，具有全国推广的价值。2015年，文化通作为浙江公共文化品牌列入浙江省两办下发的《浙江省关于加快构建现代公共文化服务体系的实施意见》。

（一）实现"文化整合"

实现不同文化机构公共数字文化服务集成。为使用户便捷、准确地享受文化，浙江文化通整合省内公共文化单位的文化资讯信息，并按讲座、展览、活动、演出等分类梳理推送，同时在页面设计上秉持以人为本的思路，以实时推送的各类活动信息作为移动客户端首页，引导用户关注图书馆、文化馆、博物馆、影剧院开展的活动。

实现文化知识信息大聚合。为使用户更准确地参与文化活动，以活动信息为切入点，浙江文化通把各类公共文化服务设施的地理信息、交通信息予以整合，同时，结合地理位置整合并向用户推荐附近的文化机构场所。

实现用户信息整合。为了契合用户喜欢就近参与活动的喜好，整合了全省公共图书馆的用户信息，可以根据用户登录信息优先推荐其所在地区的文化信息资源，让资源的推荐更有针对性、有效性。

文化通上线至今，汇聚了全省公共图书馆、博物馆、文化馆、美术馆、科技馆、影剧院等公共文化单位举办的讲座、展览、活动、演出等文化信息。此外，一些高校、咖啡馆、体育中心、书店等公共场所举办的对公众开放的活动也被纳入其中。收录的文化单位已达122家，实现了"数字整合"向"文化整合"的转变。

（二）实现"碎片阅读"

"阅读"是浙江文化通的重要功能之一，文化通客户端的界面无缝嵌入数字阅读。在文化通的电子书架上，每一本书都显示阅读进度，每一个学习视频都记载观看进程，帮助阅读者串起零碎的阅读时间。

为方便用户随时随地阅读，浙江省分中心在平台上聚合了海量数字资源，截至2017年8月，文化通可下载或阅览的ePub格式的电子书达3万册、视频20 000个、有声读物12 000余集、公开课6 000多集，与浙江网络图书馆无缝连接可访问的扫描格式电子图书120万种，每天实时更新的全国各地区主流报纸400多种，热门人文类电子期刊250种。文化通定制的大屏机推荐新书3 000种，每月月初更新150种。

(三)线上线下服务推广显成效

文化通上线以来，浙江省分中心通过各种线上线下渠道开展系列宣传推广活动的形式为浙江文化通吸粉无数，让更多的人享受到获取文化信息及数字阅读的便利，更好地丰富其业余文化生活。

文化阵地推广。线上通过“三改一拆”图片征集大赛、数字阅读推荐等主题活动引导用户关注；线下活动内容更是丰富多彩，以讲座培训、安装体验有礼、微信关注有礼、趣味互动等各种形式联合掀起了浙江文化通宣传推广热潮。2016年，结合浙江省文化共享工程走进农村文化礼堂活动，文化通伴随着农村文化礼堂服务渐渐走入农村。

公交广告推广。2014年，在杭州市中心繁华路段的一些公交站点，设置“浙江文化通”的宣传广告牌，它在众多商业广告牌之中显得格外亮眼，上面有一句十分响亮的标语：“扫一扫，开启文化发现之旅”。

主流媒体推广。文化通上线开通，得到媒体的广泛关注。浙江电视台于2013年12月9日在浙江新闻联播时段头条播报了文化通开通消息。人民网浙江频道、新华网浙江频道、《浙江日报》、《杭州日报》、《钱江晚报》、《都市快报》、《青年时报》、杭州网等媒体都进行了报道。《中国文化报》在2014年8月8日公共文化版块，以《“浙江文化通”让文化信息尽在掌握》为题，做了大篇幅报道。2015年，与腾讯大浙网合作开展宣传推广。2016年7月，现代公共文化服务体系建设媒体浙江行采访活动来到浙江图书馆，新华社、中国网、《浙江日报》、《钱江晚报》、浙江之声等媒体记者对“浙江文化通”进行了采访，中国网、《钱江晚报》分别以《“浙江文化通”打造公共数字移动平台，各类文化资讯一手掌握》《指尖一划任性遨游　年轻人用“浙江文化通”串起零碎阅读时间》为题进行了报道。

截至2016年6月底，“浙江文化通”客户端用户的下载安装量已达10万次，用户访问量已达574万余次。

【专家点评】

“浙江文化通”依托遍布全省的公共文化服务体系，构建既“远在天边”，又“近在咫尺”、全时段、全品种动态更新、线上线下无缝对接的公共文化服务信息网络，实现对浙江全省公共文化服务信息的“一网打尽”；同时，采用App方式，运用日益普及的移动信息终端和移动互联网，把全省公共文化服务信息装进社会公众的口袋里，实现随时随地“一触即得”，方便群众及时享有丰富多彩的公共文化服务。

“浙江文化通”紧扣面向社会公众的日常服务项目，突出网内信息的权威性、稀缺性和服务性，规避信息雷同，形成了六个方面的突出特色：一是服务性。改以往的事后宣传报道，为事前精准预告；二是开放性。改封闭的服务信息收集，为平台开放服务单位多方参与；三是延展性。改单一平面服务，为整合地理、交通、票务、周边相关机构等综合信息立体服务；四是关联性。改单纯信息提供，为打造信息、数字阅读应用相关联的综合服务；五是互通性。改公共文化机构信息封闭，为信息共享相互借鉴提高；六是便捷性。改用户通过电脑查找，为手机随行，一键即得。

“浙江文化通”突破了以往公共文化服务中的信息滞后、单一笼统，难以扩散普及，以及便捷性差的困局，初步实现了从宣传型向服务型网络的转型升级，为国家大力开展的公共文化服务体系建设的成效彰显，为中华优秀文化信息资源的普及传承，同时也为顺应公共图书馆的数字阅读服务提供了成功案例，值得各地借鉴。

希望“浙江省文化通”进一步加大浙江本地特色文化资源建设，增加文化通的公共文化机构覆盖率，延长服务链条，适时应用大数据技术，提高服务的个性化，增强服务黏度。

（点评人：谢林，原陕西省图书馆馆长）

以整体观念带动公共电子阅览室服务导航系统建设，强化服务意识，扩大服务面，延长服务链条。关注对基层的技术服务和资源支持，保障整个服务体系服务质量的一致性，保障公共数字文化服务的均等化。

17. 资源整合　应用集成：北京公共电子阅览室“服务导航”

北京市公共电子阅览室服务导航是结合全国文化信息资源共享工程(以下简称“文化共享工程”)、北京市数字文化社区、公共电子阅览室建设计划三个重点工程推出的一种创新服务手段。旨在增强北京市公共文化数字资源的共享能力，引领读者使用数字资源，提高数字资源的传播效率，提升公共文化基础设施的利用率，进一步改善文化共享工程、数字文化社区和公共电子阅览室的服务效能。

一、情况背景

北京市作为公共电子阅览室建设计划的第一批试点，用两年时间在全市建设了300个公共电子阅览室，为公众提供免费上网服务，同时作为北京市数字文化社区项目的重要组成部分，还增设了舒适的传统文献阅读区域。

文化共享工程北京市分中心在充分调研和详细论证的基础上，依托国家公共文化数字支撑平台，对现有应用进行梳理归类，并将特色的文化应用发布到平台中，通过平台的资源共享系统实现数字资源的统一著录、统一审核，生成应用集市，以公共电子阅览室服务导航实现统一应用为服务入口，为读者提供快捷的使用方式。

二、创新举措

北京市公共电子阅览室服务导航系统，以资源整合、应用集市为核心，统一了应用服务入口，当用户在北京市300余个公共电子阅览室中的任何一台计算机登录上机时，电脑桌面上均可自动弹出公共电子阅览室服务导航，方便读者使用，提高了电子阅览室资源的利用效率。

(一)资源整合，应用导航

公共电子阅览室服务导航内容以文化共享工程资源为主，整合首都图书馆购买的学术数据库、全国各地优秀多媒体资源库、首都图书馆自建少儿专题动画片等资源。按内容分类推送，将50多个应用分为常用数据库、精品文化资源库、网站资源、常用小工具四个大类。除了能查询北京市公共文化资源之外，还能链接到公共数字文化支撑平台的应用集市，访问全国优秀的数字文化资源应用。

(二)操作便捷，简单易用

公共电子阅览室的服务对象中包含部分对电脑操作知识掌握较少的中老年用户、

外来务工人员等，这类人群对知识的需求与他们获取知识的能力往往不成正比。公共电子阅览室服务导航简明的页面设计、清晰的分类索引，可以帮助他们更加直观、快速地获取自己所需的信息内容。

(三)形式新颖，灵活多样

公共电子阅览室服务导航不是单一的数据库形式，而是整合了数据库、图书、音频、视频、应用等各类资源，打破了资源类型的限制，以新颖的服务形式提供多种数字文化资源。同时，随着资源种类、数量的变化，页面中的内容也可进行灵活的调整和增减，保证了资源的可用性和时效性。

(四)内容丰富，实用可靠

“网站资源”页面包括：“首都图书馆动漫”“文化信息资源共享”“精选热门图书阅读”等网站，方便查找、内容可靠。

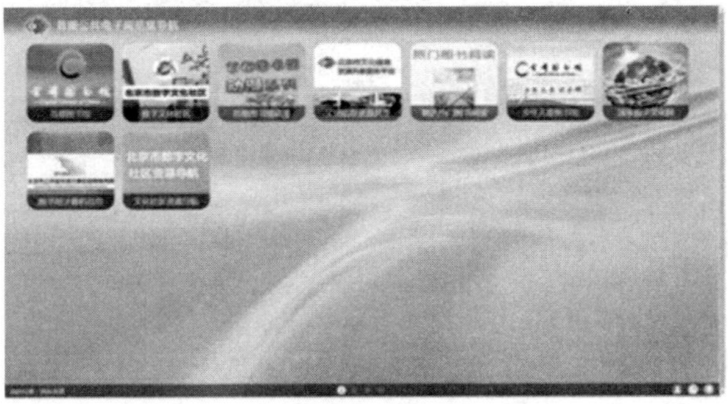

图 1 “网站资源”页面截图

“常用数据库”整合了：“龙源电子期刊”“读秀中文学术搜索”“超星名师讲坛”等各类实用数据库，可满足不同群体的需求。

图 2 “常用数据库”页面截图

“精品文化资源库”囊括了：“大众美育馆”“戏曲舞台”“少儿视频”等制作精良的文化专题库。

图 3 “精品文化资源库”页面截图

“小工具”收集了：“天气预报”“列车时刻表”“航班查询”“邮编查询”等贴近百姓生活的查询工具，提供了不同年龄、职业人群需要的实用性资源。

图 4 “小工具”页面截图

(五)统一部署，积极推广

北京市分中心将全部阅览室的计算机浏览器主页设置为北京市公共电子阅览室服务导航，并能自动弹出窗口，方便用户对资源的查找定位，也便于阅览室管理员进行统一管理。此外，在文化共享工程北京市分中心网站、首都图书馆网站的主页上均设置了链接，扩大这一导航系统的应用范围。

三、主要成效

(一)服务各类人群，受到广泛好评

北京市经济文化发展水平较高，但文化服务不能只着眼于高层次的人群，因此北京市公共电子阅览室服务导航针对基层群众的基本文化需求提供了相应的服务。导航中既包括少年儿童喜爱的动画、期刊、图书资源，也收集了中老年人喜爱的戏曲、电视、书画资料，还提供了务工人员所需的学习、培训、休闲内容。

北京市公共电子阅览室自投入运行以来，累计上机人数 95 690 人，电子阅览室导航系统点击量 20 余万次。各区县结合本地区人员特点和公共电子阅览室服务导航内容，开展了各种持续性的专题活动，深受百姓欢迎。

北京市公共电子阅览室服务导航反馈良好，用户表示，导航将实用资源进行整合，梳理归类；呈现方式清晰，一目了然。无论是普通居民用户还是弱势群体用户都能够在家门口近便地体验舒心的阅读环境，享受暖心的文化服务，进行安心的电子阅览。

(二)整合文化资源，提高利用效率

文化共享工程的海量资源内容可靠、制作精良、种类繁多，一个清晰可靠的导航系统，可以帮助普通百姓从网络上茫茫的各类信息中更快速地定位这些优秀的文化资源，让它们更充分地发挥它们的作用，服务于百姓。公共电子阅览室服务导航对资源内容进行的有效整合，为这些资源的利用开启了“快捷方式”，有助于提高精品文化资源的使用效能。

(三)便于基层工作，利于统一管理

北京市公共电子阅览室服务导航有利于减轻公共电子阅览室管理人员的工作负担。很多用户缺乏使用浏览器检索所需信息的相关计算机知识，因此管理人员每天都需要解决大量重复性的问题，例如，“我想找××戏看，哪里能找到?”或是“网上能不能看××杂志？怎么找?”一遍一遍地指导不仅造成了管理人员的负担，而且没有从根本上解决用户不会查找资源的症结。

公共电子阅览室服务导航只需要点击、滑动鼠标等基本的电脑操作知识就可以直接打开常用的资源网站。这样不仅有利于管理人员的管理，更有利于基层服务的开展和服务层次的提升。

(四)及时总结经验，助力服务推广

北京市在基层数字文化资源的利用和推广上已经积累了丰富经验，公共电子阅览室服务导航的使用，为今后基层服务推广提供了更多的便利条件和经验支持，也为数字文化资源服务的多样化发展提供了有力借鉴。

公共电子阅览室服务导航是基层工作人员的指南针，也是百姓获取数字文化资源的“快捷方式”，实施过程中积累的经验和成果可以更好地指导未来的工作，实现资源共享，服务基层阅读推广。

【专家点评】

在建设公共文化服务体系进程中，国家分别通过文化共享工程和公共电子阅览室建设计划，解决了优秀文化信息资源的生产，以及公众均等获取公共文化资源的渠道和手段两大主要问题。然而，如何衔接整合这两大工程，优化资源利用和服务效益，各地的做法差别很大。北京市分中心于2012年开发建设的北京市公共电子阅览室服务导航系统，很好地解决了两大工程间的衔接问题，是解决公共数字文化服务“最后一公里”的成功案例。

第一，在建设规划上勇于创新，树立整体观念。在工程建设初期，就打破条块分割，确定了文化共享工程、数字文化社区和公共电子阅览室建设计划三位一体的建设规划，统筹内容、设备、场地、技术和区位服务资源，通盘设计，整体建设，使各项资源科学对接，优势互补，为服务效益最大化奠定了基础。

第二，在设计理念上，强化服务意识，注重用户需求，努力扩大服务面，延长服务链条。力求服务层次的立体化、多样化，针对不同层次人群设计不同资源定位，提供全方位信息服务，增强资源适用性和用户黏度。

第三，在整体效益上，注重对基层的技术服务和资源支持，减轻基层网点服务压力，稳定服务水平，进而保障整个服务体系服务质量的一致性，最终保障公共数字文化服务的均等化。

（点评人：谢林，原陕西省图书馆馆长）

应用互联网技术和连锁经营模式，在城市社区建有公益上网、现场培训、数字影院等功能综合的文化设施网络，惠及各类群体，融入公共服务。

18. 服务社区　智能连锁：上海创建基层公共文化服务新平台

随着移动互联网时代的到来，传统的公共文化服务内容、方式、手段已经难以满足人民群众的需要，创新推动互联网与文化服务深度融合，运用互联网思维，打造“互联网＋文化”的创新服务模式，进一步加强和创新公共数字文化服务，是适应时代发展的必然要求，也是构建现代公共文化服务体系的重要内容。

作为文化共享工程上海社区基层服务点，东方社区信息苑进一步深化公共文化服务，以300余个网点为主渠道，建设“多元化、多层次”的社区文化服务体系。在“互联网＋”浪潮的推动下，信息苑以创新驱动转型，打造新时期公共数字文化创新服务。

一、情况背景

东方社区信息苑是由上海市委宣传部、上海市文明办、上海市文广局、上海市经信委等部门联合发起并推进的市政府实事工程“社区文化活动中心”的配套项目，是以互联网等高新技术、载体和模式集成创新方式，直接建在社区，面向普通群众、具有公益上网、现场培训、数字影院等功能的新型互联网公共文化设施和服务平台。东方社区信息苑已经建设了300余家，构建了“全覆盖布点”的服务渠道、“联网连锁”的服务模式和“共建共享”的服务品牌。

经过12年的发展，东方社区信息苑为市民消除数字文化鸿沟、进入互联网时代起到了积极的作用，有力推进了上海城市信息化发展战略的实施，已经成为传播社会主义先进文化的重要阵地和社会主义精神文明建设的重要载体。全市16个区200余个街道(镇)共建设320家东方社区信息苑，设置10 000多台电脑终端，依托上海公共文化信息服务专网平台，每年为市民配送多品类的、多层次的、丰富多彩的数字文化服务。

互联网科技日新月异的发展和市民不断增长的数字文化生活需求，对东方社区信息苑的传统公共文化服务的区域性、物理性、弱势群体覆盖为主的服务形态提出了挑战。如何将数字文化服务转向互动化、智能化、多样化的服务方式，东方社区信息苑进行了积极探索，并通过公共文化配送服务改革试点，探索新的发展路径。

二、创新举措

(一)“互联网调研＋大数据”，定制菜单式服务

传统的公共数字文化服务是“看菜吃饭”，居民是被动式接收服务，看什么、学什么都是安排好的，有感兴趣的活动参加，不感兴趣的则不参加。随着互联网的出现，

居民的选择多样化，供给双方沟通也更加便捷，东方社区信息苑尝试通过互联网问卷手段了解居民需求，提供定制菜单式服务，供居民“点单”，便捷高效。在根据菜单“做菜”的过程中，东方社区信息苑则通过互联网大数据进行分析，也进一步明确所提供服务的实施情况及效果，进一步调整服务菜单的内容。

例如，在上海嘉定区菊园新区，东方社区信息苑前期联合菊园新区文化中心开展互联网问卷调研，了解该地区的地域特点、人群结构、人文风俗。双方进一步梳理了公共文化项目菜单，量身定制了差异化、个性化的文化产品，菊园街道根据所提供的菜单进行“下单”。为了满足菊园的菜单所需，东方社区信息苑菊园苑引进了“小苑创意空间”机器人制作及“亲子科普影吧”等科普类项目，有力提升了菊园新区青少年的科学素养；针对菊园新区内新上海人较多的情况，开设了“沪语童谣汇”“财商课堂”等教育类项目，寓教于乐，更好地帮助新上海人融入“申城”；针对当前投资理财陷阱众多的现状，引入“财经直通车东方社区行”项目，帮助社区居民树立正确的理财观念，防范金融风险。

在为各街镇配送公共数字文化服务时，东方社区信息苑根据对后台大数据进行分析，了解各街镇特点，掌握动态数据，形成各街镇各具属地化特征的服务菜单。

(二)“云预约＋微信群组”，构建立体推广平台

公共数字文化服务的创新，不仅体现在内容上，更体现在推广渠道上。随着移动互联网的各类应用逐步成熟，各类服务除在信息苑自有媒体及信息苑内进行口碑传播外，还借助各区县的“文化云”以及各街镇的微信平台进行宣传、推广、预订，居民以点单“抢票”的方式，享受到丰富的文化内容，实现供需双方的有效平衡。

随着微信应用的日益普及，东方社区信息苑的公共数字文化服务配送也充分利用“微信群组”这一工具进行活动的发布、召集、预约报名。东方社区信息苑的多家门店都针对不同服务对象形成了各类活动群组，如宝山区域的“七彩社区”，就是以家庭亲子类活动为主要特色，群主为信息苑的工作人员，群组成员即为每次参加活动的家庭。当群组会员积累到一定的数量，形成规模效应时，群主会提前发布活动的信息及预告，接受报名。居民则可通过圈组进行活动咨询、预约报名、请假申请、活动反馈等。群主会将活动过程中的各种照片及时上传到群组，大家可以及时了解活动的现状。信息苑的服务半径通过互联网进行了有效延伸，突破了传统物理空间的局限。

(三)“数字文化＋智慧民生”，打造社区便民服务

东方社区信息苑在提供公共文化服务过程中积累了大量活跃市民，他们不仅是公共数字文化服务的受益者，也是信息苑组织的特色活动如旅游讲座、金融咨询、社区义诊等“广义文化活动”的体验者。服务人群的集聚及优质资源的积淀，促使东方社区信息苑不断地将服务“做精、做细、做深”。为此，东方社区信息苑将开拓以智慧民生服务为主体的创新 O2O 集成服务，为社区居民进入智慧城市生活提供便捷的服务。

一是引入便民服务终端设备。通过引入包括健康医疗、文化教育、便民缴费等各类贴近民生的服务项目，提升便民利民服务水平，提高服务感受。二是集成优质的便民服务资源。集成各类社区资源，形成智慧社区 O2O 体系建设整体方案，建立统一的线上服务系统，进行各类便民服务资源的接入，为社区居民提供各类民生服务。三是打造智慧民生服务平台。东方社区信息苑借助便民服务终端设备，集成各类社区资源，重点打造与市民生活密切应用服务平台，通过大屏、中屏、PC、手机来实现交互服务，在信息苑形成咨询区、体验区、服务区。同时，充分利用信息苑的线下讲座、体验、培训、活动，与线上服务形成有效互动。

三、主要成效

(一)居民“点菜”，街镇“下单”，信息苑“做菜”良性循环形成，公共数字文化服务做到“有的放矢”

东方社区信息苑充分运用“互联网调研＋大数据”工具，在公共数字文化服务上日益精细化，打破“有什么给什么的”传统思维，充分应用“用户体验”的互联网思维。

以上文所提的菊园新区为例，在菊园社区文化活动中心的推荐项目中，菊园苑“上榜”项目逐月递增，在 80 多家社会配送主体所提供的文化项目中占 20%，成为配送主体中的“领头羊”。

(二)打破传统公共数字文化服务“两头重”现象，逐步向亲子家庭、白领等人群覆盖

传统的公共数字文化服务存在“两头重”现象，即老人、儿童是重要服务人群，而家庭中的父母亲等人群则因为工作时间冲突或信息不匹配的情况，经常错过享受公共数字文化服务的机会。东方社区信息苑通过“云预约＋微信群组”的方式，将匹配的活动通过网络推广到家庭及白领人群，收到了良好的效果。东方社区信息苑的公益活动在各类“云”平台上常常被一抢而空，出现供不应求的情况。

例如，“沪语童谣汇”项目是东方社区信息苑的品牌项目，它精心设计了以 12 个月的民俗活动为主的课程及安全出行、文明礼仪等试用性课程，以“童谣＋游戏”的方式进行，每次一上云预约平台，都会被一抢而空。很多家长纷纷表示，希望能够增加课程密度，让更多的孩子能够体验课程。

(三)通过智慧民生服务进行预约挂号、旅游出行，公共数字文化服务可以更实用

如今社区居民最关心的问题之一是健康，尤其是中老年人，难免会有各种各样的身体疾病需要就医，但是一提到挂号就很头疼，年轻人可以通过电脑或者手机挂号，但是老年人却碰到了障碍。东方社区信息苑的预约挂号服务，指导老年人学习网上挂号，帮助中老年人享受互联网的便捷。

除此之外，在东方社区信息苑所提供的智慧民生服务还包括旅游服务(线路查询、预约下单、旅游讲座、旅游维权)等，打造居民家门口的旅游社区服务点。

(四)重点定制中老年服务，共享移动互联网红利

东方社区信息苑在利用“互联网＋文化”思维重点创新转型各类服务时，始终关心中老年人，帮助他们共享互联网的红利。近两年来，东方社区信息苑根据中老年人接触移动互联网的特点，重点开发了移动终端的应用培训系列课程。如何通过手机或者平板电脑进行助医挂号、追剧K歌、出行打车、拍照修图……上海社区的中老年人在东方社区信息苑都可以学到相应的课程。

“快乐随拍”是东方社区信息苑举办两年的公益培训项目，是市级市民文化艺术大课堂的重要组成部分。社区的中老年人通过课程不仅学会了平板电脑的基础应用，还能通过平板进行摄影，并通过修图美化照片，在互联网进行发布、评选，不仅陶冶了情操，也丰富了他们的文化生活。

随着东方社区信息苑公共数字文化创新服务的开展，平均上座率逐年上升，年均开展公益培训2万余场，开展线上线下特色公益活动6.8万场，年均总服务人次超过2 000万，被市民和媒体亲切地称为“家门口的数字文化乐园”“青少年校外数字课堂”。

【专家点评】

上海东方社区信息苑应用互联网技术，在城乡社区建设起具有公益上网、现场培训、数字影院等综合功能的文化服务设施网络。在此基础上，上海东方社区信息苑围绕群众日常的多样化文化需求，继续将数字文化服务向纵深拓展，组织了一系列特色活动，开展了如旅游讲座、金融咨询、社区义诊等“广义文化活动”。约300余家上海东方社区信息苑，构建了比较均衡布局的服务渠道、“联网连锁”的服务模式和“共建共享”的服务品牌。上海东方社区信息苑数字文化服务创新主要表现在：一是从服务内容到服务方式的“互联网＋文化”服务；二是建立城乡基层数字文化服务网络，便利群众就近获得；三是与基层群众日常文化生活高度融合，服务项目与群众多样化需求无缝对接。

（点评人：巫志南，上海社会科学院文学研究所研究员）

省馆牵头，全省共建共享，形成“少儿阅读线上线下互动、少儿活动全省推广联动、少儿工作实时交流沟通、少儿家长积极参与活动、少儿资源商全程支持项目”新型多维服务模式。

19. 线上线下　共建共享：江苏省少儿数字图书馆建设

在推行“文化强国”政策和倡导“全民阅读”理念的大背景下，儿童阅读推广工作是公共文化服务体系中的重要内容和环节。《公共图书馆宣言》把“尽早培育并加强儿童的阅读习惯”列为公共图书馆的主要使命之第一条。[①] 随着数字化时代的到来，人们的阅读习惯已从传统纸质书本阅读扩展到电子阅读、网络阅读、手机阅读等数字化阅读方式。在“互联网＋”时代，作为阅读活动主体的少年儿童，对数字化阅读方式接受较快。在大时代背景下，江苏省少儿数字图书馆作为专为少年儿童服务的公共数字文化服务平台，对少儿数字阅读推广工作的开展具有深远的影响力，对推动全省少儿读者服务工作发挥着不可替代的重要作用。“江苏省少儿数字图书馆”项目荣获 2016 年江苏省文化厅颁发的第七届江苏省公共图书馆优秀服务成果特等奖。

一、情况背景

截至 2015 年年底，江苏省尚无省级少儿图书馆。全省拥有独立建制少儿图书馆有 7 家，全省各级公共图书馆少儿书刊馆藏总量 376 万册。少儿阅读工作已经引起各级公共图书馆的重视，而作为阅读方式之一的数字阅读尚未满足少儿读者的需求。截至 2015 年年底，全省 13 家市级公共图书馆购买了少儿数字资源，资源总量为 1 TB 左右，一些市县图书馆因为硬件、软件、人员等方面的因素，对少儿数字阅读推广工作并不是很重视，无法使互联网满足全省少儿读者的需求，顺应数字化时代发展，江苏省于 2014 年 8 月将“江苏省少儿数字图书馆”建设列入全省公共数字文化重点建设项目。随着江苏省少儿数字图书馆筹备建设工作的推进，经多方论证后确定搭建公共数字文化服务平台(以下简称平台)。平台的搭建是以公共图书馆为阵地，同时利用网站、数字资源实体产品、手机移动平台、微信微博平台等新兴社交媒体手段，建立全省统一的少儿阅读体验与推广的公共文化服务平台，探索形成“线上阅读、线下体验、全省共建、共享交流”的新型服务模式。

---

① 李东来，蒋永福，程亚男，初景利，等：《读者权益与图书馆服务研究》，北京，国家图书馆出版社，2012：202。

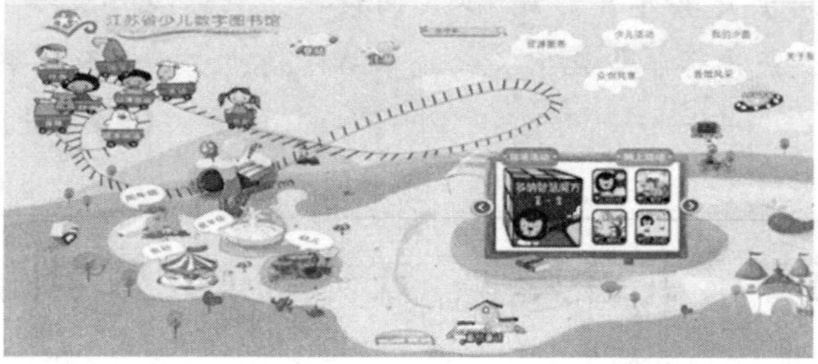

图 1　江苏省少儿数字图书馆网站首页

“江苏省少儿数字图书馆”项目于 2014 年立项，是在江苏省文化厅指导下重点打造的公共数字文化建设项目，由南京图书馆牵头，全省 100 家公共图书馆共同参与。江苏省财政每年投入专项经费 300 万元，全省 100 多家成员馆集资 300 万元，用于购买服务于全省的各种少儿数字资源、少儿活动和服务设备。江苏省少儿数字图书馆精选 11 种国内主流全形态资源，通过网站、手机 App 和微信、WiFi 和触控大屏等多平台访问，线上资源访问与活动结合、线下设备访问体验与现场活动呼应，线上线下相辅相成、相得益彰，并将共享工程支撑平台江苏地方特色应用系统“少儿乐园”纳入江苏省少儿数字图书馆服务体系中，形成更大的服务规模和更好的服务效益。每年开展各类少儿活动 1 000 场，参加人次达 3 万人次。自 2016 年 4 月 23 日平台开通至 2017 年 4 月 23 日的一年时间里，平台用户数达 53 835 人，各种平台累计访问总量近 30 多万人次。

二、创新举措

(一)统筹建设多方联合建设、建设过程均等规范、服务方式创新、多个平台提供服务的多维模式

1. 联合建设模式创新，实现多方联合建设

该平台是在调研江苏全省 110 家公共图书馆的基础上，分析论证的“政府主导、图书馆承建、企业支持、家长参与”的建设模式。这种模式具体可以表述为在江苏省委省政府主导、江苏省文化厅主办，由全省公共图书馆共同承建的数字文化服务项目，同时需要数字资源厂商的协助支持与全省少儿家长联合参与。这种模式充分地将数字资源的生产者(厂商)、组织者(政府、公共图书馆)、使用者(少儿读者)、监督者(家长)四个方面进行有效的整合，是公共文化服务一种全新的尝试。

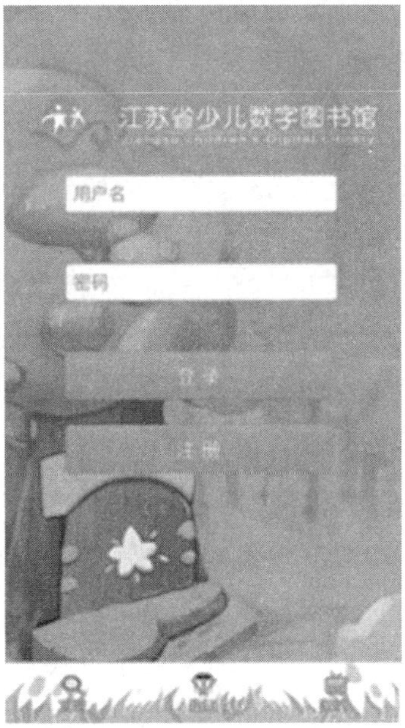

图 2　江苏省少儿数字图书馆 App 登录界面

2. 建设过程均等规范

该平台的规模较大，是全省公共图书馆界的大型项目，全省各级 110 家公共图书馆均参与其中，以达到“共同发起、共同出资、共同建设”的目标。同时，依据公共文化服务标准化、均等化的原则，平台建设时制定标准化规范，包括一是采购经费标准化，即全省公共图书馆的出资金额按照标准化比例进行出资；二是资源建设标准化，数字资源采购后按照标准化存储与服务；三是线下活动的数量、规模、内容标准化，即对每年需开展活动次数、参加活动人数、活动内容数量等均做细化规定。

3. 服务方式创新

该平台旨在利用多种手段为少儿读者服务，促使公共图书馆少儿服务以纸质图书为主的传统服务模式转变成以数字资源线上服务、新媒体平台线上体验、数字资源实体线下体验、数字资源活动线下举办等多种措施和方式的立体化服务。

4. 多个平台提供服务

该平台在搭建时充分考虑少儿读者的用户需求与公共图书馆的管理需要，最终确认建立由 4 个子平台组成的综合性平台，其中 4 个子平台包括门户网站平台、触摸屏平台、移动平台与微信平台。

(二)多措并举，创新少儿数字阅读推广模式

数字阅读推广是推广主体通过推广手段向阅读者推广数字资源的活动过程，让数字阅读成为人们实现知识分享、提升精神境界、获得有用信息以及愉悦身心的一种渠道。[①] 该平台的建设模式能有效地发挥推广主体的作用，强化推广手段的针对性，提升少儿读者的数字阅读兴趣，打消家长对少儿数字资源的疑虑，并将有力地推动少儿数字阅读推广工作，主要措施如下。

1. 省馆牵头，各馆参与

“十二五”期间，全国图书馆界在普遍均等的公共图书馆服务体系建设背景下，逐步开始公共图书馆总分馆体系建设的实践。江苏省少儿数字图书馆正是在这一大背景下的区域性服务模式的构建尝试。江苏省图书馆将发挥中心馆在资源、技术、人才等方面的优势，发动全省公共图书馆参与到此项目中。在江苏省图书馆前期调研的基础上，全省共有 100 家公共图书馆明确同意参加本平台建设，占全省图书馆的 91%。随后，江苏省图书馆将与各级公共图书馆签订共建协议、采购协议与服务协议，形成全省共建的大格局。这不仅推动了江苏省少儿读者服务工作，更标志着江苏的少儿数字阅读工作走在全国前列。2014 年 11 月，国家首个全民阅读地方性法规《江苏省人大常委会关于全民阅读的决定》出台，将阅读公共设施建设纳入城乡建设规划，工作经费纳入本级财政预算。[②] 虽然苏州地区的总分馆制走在全国公共图书馆的前列，并且江苏全省范围内 92%的各级公共图书馆均为少儿读者提供服务，但搭建全省性的少儿图书馆服务体系仍存在理论与实践的难度。因此，借助江苏省少儿数字图书馆服务平台，既能够满足政府对全民阅读的规定与要求，同时能够借助作为阅读推广主体的公共图书馆向特定服务对象即少儿读者开展有针对性地数字资源推广。并且，不仅可以满足基层少儿读者对于数字资源的需求，体现公共文化服务体系的均等性，而且能够推动数字阅读推广的辐射效应，将辐射范围扩大到江苏全省。

2. 以少儿数字资源建设为基础，有效推动数字阅读工作

进行数字阅读推广工作的前提是，完善数字资源建设，使少儿读者可以使用不同类型的数字资源。目前江苏省图书馆已完成全省公共图书馆少儿资源情况的调研，调研结果显示，截至 2015 年年底，全省市、区、县图书馆中已购买少儿数字资源的共有 34 家，占全省公共图书馆总数的 30%；购买的少儿数字资源共有 22 种，主要集中在动漫、电子书、电子期刊、连环画、多媒体数据库、英语学习数据等方面。而许多图书馆尚未采购少儿数字资源，对少儿读者提供的服务还是以纸质图书为主。如何满足全省少儿读者的资源需求，是有效推动数字阅读工作的前提条件。因此，在平台建设时必须要考虑到构建学科丰富、内容合理、使用便捷的少儿数字资源体系。应注意以下几点，一是在购买少儿数字资源时，应从江苏少儿读者的年龄情况、对资源的需求

---

① 许畔：《公共图书馆数字阅读推广模式研究》，载《图书馆研究》，2014(2)：72～75。

② 2014 年阅读推广日常化 数字阅读持续升温[EB/OL]. http://www.ce.cn/culture/gd/201501/09/t20150109_4301556.shtml，2015-01-09。

情况、利用图书馆的频率等方面进行考虑。以江苏省图书馆为例，在目前应试教育的背景下，周末常来图书馆的少儿读者年龄段集中在4～10周岁，因为从小学四年级的少儿读者就开始面临升学的压力，周末家长会让孩子去各种培训班、特长班等教育机构上课。二是全省公共图书馆应整合现有的少儿资源并加以充分利用。目前全省各级各地图书馆均能免费享用共享工程网站上的资源，其中不乏国学动漫、文化讲座、科普常识、优秀电影等适合少儿观看和使用的数字资源。整合利用这部分少儿数字资源，不仅能够充分发挥共享工程的文化惠民作用，而且能够避免重复采购与不必要的经费浪费情况。三是加强少儿读者培训工作。多元化的少儿数字资源采购是进行少儿数字阅读推广的前提，进行有针对性的读者培训是进行少儿数字阅读推广的有效途径。少儿读者的接受新鲜事物的能力很强，图书馆应对他们进行如何使用电子书、阅读电子期刊、使用数据库、利用数字图书馆等方面的培训，培养少儿读者的信息素养。

3. 以资源商配合图书馆开展线下活动的方式开展少儿数字阅读推广

形式活泼、内容有趣的线下少儿读者活动是进行少儿数字阅读推广的重要助力。在我国公共图书馆目前的采购方式下，图书馆一旦购买数据厂商的资源，厂商会举办与产品相配合的线下活动，如南京图书馆举办的“连环画人物猜猜看”、连云港市少儿图书馆举办的“贝贝国学PK赛”、苏州图书馆举办的“昆虫的故事——中国少年儿童出版总社绘本阅读活动”、扬州少儿图书馆举办的“科普挑战赛——乐儿线下活动”等。这种由图书馆主办，数字资源商协助，少儿读者和家长共同参与互动的活动方式，已经取得显著成效。这不仅能吸引少儿走进图书馆、利用图书馆，而且能吸引他们使用自己感兴趣的少儿数字资源。例如，在南京图书馆举办“3D立体书”体验活动后，很多小朋友开始在阅览室内查询恐龙的相关电子图书、视频等数字资源。因此少儿线下活动的举办与开展，会直接影响数字阅读推广工作的效果。平台建设进入到资源采购阶段就应该事先与数字资源厂商签订下共同开展内容多样化、专业化与个性化的线下体验活动的协议，规定开展活动的规模与参加人数。另外，图书馆作为活动的组织者，应培养具备举办少儿数字活动的馆员队伍，一是可以通过公开招聘的进人机制引进具有幼儿教育学历背景与工作经验的员工；二是与学校或者幼儿园合作共同举办活动，图书馆做好数字资源与场地的提供等工作，专业教育工作者前来组织少儿读者活动；三是举办少儿线下活动工作人员的培训，对馆员们进行儿童心理学、活动策划与组织等方面有针对性的培训。通过以上措施能够激发少儿读者对数字阅读的兴趣，并能够引起家长对少儿数字阅读的关注，这都能促进少儿数字阅读推广。

图 3　江苏省少儿数字图书馆微信公众号界面

4. 以移动 App、微信平台等数字化服务方式加强少儿数字阅读推广

在数字时代中，随着数字化和信息化的深入，目前我国图书馆界均能支持在 App 程序内嵌入第三方系统网页，并实现第三方网页的既有功能。一方面，智能手机的普及使用使图书馆与家长之间有了新的互动平台，因此在江苏省少儿数字图书馆平台建设中，尽快建立图书馆为少儿家长服务的 App，使图书馆与家长能够随时、随地地进行有效沟通，不仅能有效促进家长对图书馆少儿数字阅读推广工作的理解，而且能获得少儿家长对活动的支持。另一方面，通过江苏省少儿数字图书馆微信平台的微活动、微推送、微服务、微留言、微相册等的推送，使家长们对少儿数字资源的内容、使用方法、互动等都有了充分的了解和认识。可以说，移动 App、微信平台等数字化服务平台打破了以做活动、读书会等形式进行的人与人之间面对面交流的阅读推广方式，为少儿数字阅读推广提供新的途径。

三、主要成效

江苏省少儿数字图书馆取得了丰硕的服务成果。主要表现在：一是组织制度创新，即文化主管部门主导、全省 100 家省、市、县(区)公共图书馆联合建设、社会企业共同参与的组织模式。江苏省财政每年投入专项经费、省文化厅指导项目建设；省图书馆主要承担、市县图书馆参与建设；数字资源厂商从提供资源到活动策划全程跟进服务。二是建设模式创新，即以“省馆牵头、各馆参与、共建共享、服务全省”为建设指导思想的全省共建共享模式。在资金投入方面，依据省财政和省馆多出、地区馆少出；

专业馆多出、公共馆少出；经济条件好的馆多出、条件差的馆少出的原则，共同承担购买资源和少儿服务的责任。三是服务手段创新，即三大平台，多维服务。提供多平台互动式资源服务，建立面向PC机、移动终端、触摸大屏使用的多个服务平台，配套提供各种定制化的阅读体验产品和线下实物产品，以多媒体方式、实物操作互动方式提供形式多样的阅读服务；开展现场阅读推广服务，要求各资源商为图书馆提供现场活动策划方案、培训图书馆工作人员，并开展现场阅读推广活动服务；为全省图书馆少儿工作者提供工作交流、经验分享的平台；为家长提供互动交流、亲子阅读的平台。四是服务辐射范围全覆盖。网站和App中的数字资源实现全省覆盖，供全省少儿读者免费试用。

同时，江苏省少儿数字图书馆也产生了一定的社会效益，主要体现在：一是数字资源实现全省覆盖，供全省少儿读者免费试用，微信客户端的数字资源供全国读者免费使用，真正体现公共文化服务的公益性、基本性、均等性、便利性。二是实现全省100家公共图书馆参与建设、共享资源、全省活动、合作交流，填补了江苏省无省级少儿图书馆服务阵地的空白，引领全省公共图书馆开展少儿读者服务。三是形成"少儿阅读线上线下互动、少儿活动全省推广联动、少儿工作实时交流沟通、少儿家长积极参与活动、少儿资源商全程支持项目"的新型多维服务模式。四是江苏省少儿数字图书馆项目目前是国内规模最大、服务范围最广的省级少儿读者数字服务项目，通过本项目将会吸引江苏省更多少年儿童走进图书馆、利用图书馆。

【专家点评】

江苏少儿数字平台的搭建是以公共图书馆为阵地，同时利用网站、数字资源实体产品、手机移动平台、微信微博平台等新兴社交媒体手段，建立江苏全省统一的少儿阅读体验与推广的公共文化服务平台，探索形成"线上阅读、线下体验、全省共建、共享交流"的新型服务模式。

其创新之处如下：一是多方共建，采取"政府主导、图书馆承建、企业支持、家长参与"的建设模式，充分地将数字资源的生产者(厂商)、组织者(政府、公共图书馆)、使用者(少儿读者)、监督者(家长)四个方面进行有效的整合，是公共文化服务一种全新的尝试。二是线上线下立体式服务，将传统单一的纸质阅读服务转变为以数字资源线上服务、新媒体平台线上体验、数字资源实体线下体验、数字资源活动线下举办等多种措施和方式的立体化服务，推动少儿数字阅读的系统化，打破碎片化阅读模式。三是社会合作推进阅读推广。通过全省公共图书馆少儿读者工作人员队伍建设，与少儿家长、数据商的沟通与合作，激发少儿读者对数字阅读的兴趣，促进少儿数字阅读水平的进一步提升，并能够引起家长对少儿数字阅读的关注。

(点评人：金武刚，华东师范大学信息管理系教授)

适应构建现代公共文化服务体系要求，建设全民学习、终身学习的公共平台，精心打造公共文化网上课堂，满足社会和行业的双重需要，促进公共文化服务效能提升。

20. 在线平台 虚拟课堂：山东精心打造“公共文化学习网”

多年来，文化共享工程山东省分中心按照文化部全国公共文化发展中心部署，在省文化厅的领导下，不断深化文化共享工程和公共电子阅览室建设，提高全省文化共享工程工作人员的综合素质和服务能力，采取内容丰富、形式多样的培训方式，认真策划精品培训，打造“山东公共文化学习网”等特色培训品牌，完成培训工作任务。

一、情况背景

“山东省公共文化学习网”以构建全民学习型社会为主旨，以公共文化的学习和培训为主线，以满足群众的文化需求、提高群众的文化素质为目的，面向公众用户和公共文化从业人员而开发建立的一个专业化的在线学习培训平台，打造互联网环境下面向广大群众和广大公共文化从业人员，传播科学文化知识，讲解、推广相关文化专业技能，方便快捷、实用及时的综合性“公共文化网上课堂”。

截至 2017 年 6 月，“山东省公共文化学习网”已上传全民学习和行业培训课件近万部。全民学习，以面向普通公众传播科学文化知识、传授实用技能为目的，向公众提供开放式的课件在线播放学习服务，并附有网络直播课堂等功能；行业培训，专门面对公共文化行业从业人员，进行全面的业务技能培训。平台针对不同业务岗位的课程统一定制、学习过程管理监控、在线考试、学员学习评价、在线知识竞赛、网络直播课堂等功能，较大程度上实现了培训过程的可控性和可管理性，从而提高了培训效率。

图 1 “山东省公共文化学习网”界面

二、创新举措

(一)全民学习板块

全民学习板块以面向普通公众传播科学文化知识、传授实用技能为目的，向公众提供开放式的课件在线播放学习服务，并附有网络直播课堂等功能。包括八大栏目：政策理论、市场经济、经营管理、文化学术、卫生保健、文艺空间、实用技术、少儿教育。支持栏目的自定义扩展。截至2017年6月，上传课件7 000余部，支持视频、文本、图片、PDF文档、Flash、Office文档、SCROM三分屏等格式，满足各种学习需要。

(二)行业培训板块

培训是公共文化从业人员队伍建设的重要一环，如何提高公共文化从业人员，尤其是基层从业人员的业务技能与业务素质是面临的一个重要课题。尽管多年来培训工作取得了明显的成效，但目前仍存在着文化从业人员业务素质不高、培训力度不大、培训效果不强、培训方式单一的问题。这在一定程度上影响了基层文化服务工作的开展。传统的现场集中培训有其交互沟通性强、培训效果好的优势，但也存在着培训成本高、时间短、培训体量小、培训成果难以巩固的弱点。业务培训方式多样化是大势所趋，尤其是网络培训成为业务培训的重要方式之一。行业培训板块的目标，就是要在充分发挥网络培训优势的前提下，尽力改善其劣势方面，加强对培训过程的监控管理，通过完善的考试检测系统确保其培训效果。行业培训板块专门面对公共文化行业从业人员，进行全面的业务技能培训。就培训方式而言，加强了培训的指向性和针对性，提供专业岗位培训、专题培训两种方式。

一是专业岗位培训。针对用户的专业、岗位角色的不同，采取对每个专业岗位指定课程的办法，由管理人员定义每个岗位的学习课件，进行规定性的学习。专业岗位培训是对该岗位的常规性培训，带有一定的强制性。因此，在定义专业的基础上，又在专业之下定义了细分的岗位，目前开通面向图书馆业务人员、共享工程及公共电子阅览室、古籍保护工程、乡镇文化站的业务培训。

表1　专业岗位培训安排

专业	图书资料管理	文化共享工程	古籍保护	乡镇综合文化站
岗位	综合管理	综合管理	古籍保护与管理	综合管理
	基础业务	支中心技术开发与维护	古籍修复	基层服务与应用
	读者服务	基层站点服务	古籍整理与版本鉴定	
	参考咨询			
	数字图书馆建设			

在定义专业岗位培训课件时，文化共享工程山东省分中心针对该岗位的要求，从课件库中选取合适的课件进行加载定义，分为必修课和选修课。

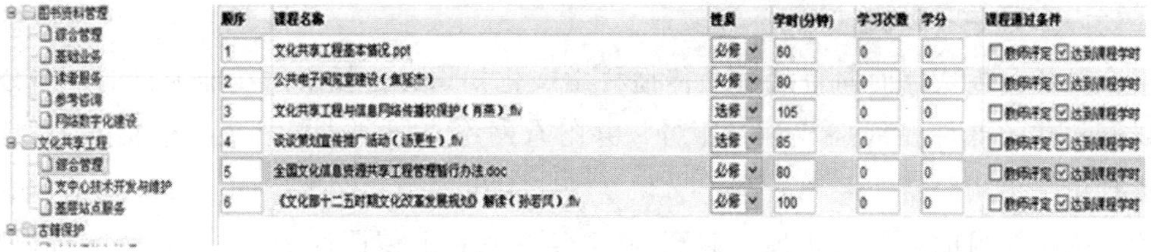

图 2　系统对“文化共享工程”专业的“综合管理”岗位定义课件样例

二是专题培训。即根据某一时期的临时需要对用户中某一个乃至多个岗位进行指定专题的培训。专题培训的题目可以自定义，也可以同时开展多个专题培训。每个专题培训根据培训的主题选取相应的课件进行加载定义，亦分为必修课和选修课。专题培训要求在一定时间内完成，培训同样具有强制性。

(三)在线考试系统

在线考试系统是对学员学习效果的考核和检验。学员完成所考试课程的学习课时后才有资格进行考试，分为三部分。一是题库系统。公共文化学习网管理人员可以自建或导入题库，题型主要包括单选、多选、判断三种题型。二是试卷生成系统。公共文化学习网管理人员可以自定义手动组卷、自动组卷、自动组卷规则、试卷答题时长、总分数和及格线分数等。三是考试和阅卷系统。公共文化学习网管理人员可以安排考试的类型(测验、模拟考试、正式考试、竞赛)、时间、参加人员、考试答题操作界面、网上监考、自动评卷、公布成绩等。

三、主要成效

(一)构建全省网络培训体系

以公共文化学习网为网络培训阵地，山东省各级文化信息资源共享工程分支中心和基层服务点通过引进、考录、聘用等方式使文化人才队伍结构不断优化，整体素质大幅提高，形成专兼结合、广泛参与，能够有效服务基层文化建设的文化人才队伍，为公共文化服务体系建设目标的实现提供坚强有力的智力支持。

山东省根据文化信息资源共享工程建设任务，结合各地建设需求，制作视频培训教材并在“山东省公共文化学习网”设置培训专栏，开展网络培训。四年来，文化共享工程山东省分中心通过“山东省公共文化学习网”举办大型网络培训 50 余次，网络受训 9 万余人次，地市级支中心依托公共文化学习网举办网络培训 52 期，培训人员 2 万余人次，起到了良好培训效果。

山东省进一步加大农村实用人才、进城务工人员、青少年的服务和培训力度。各级文化共享工程分支中心、各级公共电子阅览室、边疆万里数字文化长廊乡镇示范点、数字文化驿站等累计举办20多万期农村实用人才培训，公共数字文化服务机构为农村经济、科技、教育、卫生、文化系统的农村实用人才提供300多万次辅导。

全省各级分支中心和基层服务点通过“山东省公共文化学习网”，举办针对进城务工人员技能培训4万期，培训人员51万人次；举办针对少年儿童的培训4万余期，42万少年儿童参加培训；举办针对城镇居民的培训5.2万期，培训人员75万人次。

结合“边疆万里数字文化长廊”建设，2015年山东省积极探索公共数字文化在沿海地区的建设与服务手段，初步形成了“双线立体”的建设和服务新模式，运用互联网与移动通信等技术手段，为沿海地区基层群众提供随时随地的数字文化服务，打通公共文化服务“最后一公里”，将优秀数字文化资源送进千家万户，受到海疆群众和官兵的欢迎。“山东省公共文化学习网”在满足群众技能学习，提升官兵的行业技能，强军固边构建和谐社会中发挥了重要作用。

(二)加大全省网络培训宣传

为加大“山东省公共文化学习网”培训工作的宣传力度，让各级领导及群众充分认识这项工作的重要性和必要性，山东省分中心做了大量的宣传工作。

一是发挥电视、报纸、网络平台等现代传媒作用。适时适度地介绍实施“山东省公共文化学习网”的目的意义和使用、操作流程，以及参与培训的方法和取得的效果等，使群众和行业人员真正地了解它，从而主动使用它、参与它。

二是编辑制作宣传资料，陆续下发到农村、学校、企业和社区，用通俗易懂的方式介绍“山东省公共文化学习网”。

三是利用重大活动的契机，开展宣传工作。节庆期间开展网络摄影大赛、网络视频征集展播、网上数字文化服务宣传公共文化学习网。通过在公共场所悬挂横幅、展板、展架等形式让广大市民了解“山东省公共文化学习网”的内容，开展形式多样、内容丰富的培训和宣传，让广大群众和行业人员在参与活动的同时了解和使用“山东公共文化学习网”，带动全省文化人才队伍素质提升。

【专家点评】

文化共享工程山东省分中心适应构建现代公共文化服务体系和建设全民学习、终身学习的学习型社会要求，精心打造网上课堂——“山东省公共文化学习网”，形成了鲜明的特色。

一是将全民学习和行业培训并行展开。“山东省公共文化学习网”设置了“全民学习”和“行业培训”两大板块，前者面向普通公众，后者面向公共文化从业人员，前者的服务对象细分为城镇居民、农村实用人才、进城务工人员、青少年等，后者的服务对象则细分到具体的公共文化专业岗位，并根据不同对象分别设置不同的网络培训课程，从而使公共文化学习网具备了公共文化服务和公共文化从业人员培训两种功能，满足了社会和行业的双重需要。

二是以行业培训促进“山东省公共文化学习网”推广和公共文化服务效能提升。“行业培训”具备网络直播课堂、在线考试、在线知识竞赛、学习过程管理监控、学员学习评价等多种功能，实现了培训过程的可控性和可管理性，从而提高了培训效率和培训效果，提升了公共文化从业人员的业务技能。公共文化从业人员通过接受行业培训，提高了公共数字文化服务意识和数字文化服务能力，在工作中大力宣传公共文化学习网，有力地促进了公共文化学习网的推广和利用，推动了全民学习的深入开展和公共文化服务效能的提升。

（点评人：戴珩，江苏省文化馆党总支书记、副馆长）

以小手机承载大资源，以小平台提供大服务，以小投入创造大效益，是移动互联时代公共数字文化服务典范。

21.“福田文体通”：数字文化功能区建设探索

深圳市福田区按照中央关于加快构建现代公共文化服务体系的部署和要求，坚持以社会主义核心价值观为引领，以改革创新为动力，积极探索“互联网＋公共文化服务”，创新打造以“福田文体通”微信平台为主体的数字文化功能区，实现了公共文化服务的量与质的提升。

一、情况背景

天时、地利、人和催生“福田文体通”。

(一)天时

智能手机的普及、智慧城市的建设、城市公共 WiFi、4G 网络信号的全面覆盖，推动着“互联网＋”呈现澎湃之势，也推动着文化传播方式的变革。

(二)地利

2013 年，福田区取得创建国家公共文化服务示范区资格，公共文化服务进入快车道。福田区通过资金撬动、政策支持等方式鼓励社会力量参与公共文化建设，丰富多彩的文化产品供应呈“井喷式”发展。

(三)人和

深圳市是中国改革开放的试验田和窗口。作为深圳市的中心城区，福田区勇于、善于接受新生事物，市民呼唤公共文化服务有最新、最快、最有效率的送达方式。

二、创新举措

图 1 “福田文体通”用户界面

(一)“福田健身房”试水公共体育服务

2014年4月，“福田文体通”前身“福田健身房”微信平台上线运营，开发自有的后台管理系统，设置“体育设施”“体育指导”“体育活动”“体质监测”“免费订场”五大板块，为辖区居民提供优质的公共体育服务。

1. 查询和导航服务

“体育设施”板块陈列辖区的公共体育设施，市民可一键导航，查询抵达公共体育场馆。

2. 指导和互动服务

邀请体育指导员入驻，线上指导市民运动知识，“体质监测”开展线上监测，为市民提供锻炼健身的解决方案。

3. 线上预订公共体育场馆服务

“免费订场”开发了线上预订系统，市民可线上预订辖区免费开放的公共体育场馆。2016年6月升级为“我要订场”，新增社会经营性体育场馆的线上预订，网上支付、扫码进场。

4. 线上浏览体育信息，参与、深化体育活动服务

“体育活动”板块呈现福田最新的体育活动，通过手机、WiFi就能实现网络报名参与各类体育活动。

2015年8月至12月，全程参与“福田区全民健身节”。“晒‘健身达人照’线上评选”向市民征集运动美照，近百万人次参与到活动中；“寻找健身达人——说出你的故事”，向市民征集健身故事，2 000余人参与到活动中，“福田文体通”刊发来稿并结集出版。

(二)“文化功能区”优化公共文化服务

2015年2月，“福田健身房”升级为“福田文体通”。新增“文化功能区”和“福利来了”核心模块。

“文化功能区”将公共文化服务的内容按照“功能”进行设置，为市民提供全方位的公共文化服务。

1. 展示文化活动

“文化功能区”以九宫格的形式，展示十大文化功能区中“3个传统阵地”“3个新兴阵地”“3个特色阵地”“1个平台”，并将辖区内市属、区属、街道(社区)公共文化设施和品牌活动等信息数据化，方便市民浏览查询。

2. 推广文化活动

福田区重要的文化单位和机构可在此上传最新文化活动，经层级审核筛选后呈现在“福田文体通”平台页面上，既传播了各单位的文化活动信息，又为福田文体通提供了丰富的信息来源。

3. 全程介入、拓展、深化重大文化活动

图 2　2015 深圳莲花山草地音乐节实况

“2015 深圳莲花山草地音乐节”，“福田文体通”通过“前期预热、中期跟进、后期保温”系列活动宣传策划，所发布的信息获人民网、新华网等平台转发，吸引逾 30 万人次关注。

音乐节前，组织四波抢票活动 10 万余人参与，共派送 15 000 张电子门票；推送多条信息，对活动时间、交通环境、门票领取、观赏礼仪、现场秩序等进行温馨提示。

音乐节期间，市民出示手机上生成的二维码，工作人员用手机扫码核票，数秒便可完成验票流程。“无纸化线上派票、现场电子验票”方式，既弘扬了绿色环保的理念，又避免了核对纸质票进场手续繁杂而造成的混乱场面。

音乐节闭幕后，组织市民在“福田文体通”晒出以草地音乐节为主题的照片参与评奖，开辟投票渠道，实时公布排名并颁发奖项。

(三)“福利来了”升级公共文体服务

“福利来了”充分利用和挖掘数字化平台的工具箱功能，设置“我要奖励”“我要参与”“我要抢票”“我要订场”和“我要导航”五大板块，市民通过手机终端即可公平、便捷享受政府提供的公共文化体育服务。

1. 线上参加调查问卷，搭建政府与市民之间的“连心桥”

“我要奖励”通过有奖调查的方式，鼓励市民为福田区的公共文化服务出谋划策，使政府在制定政策方案时有的放矢。

“福田文体通”先后组织了多次问卷调查，得出如下大数据：近 15 万用户中深圳市福田区用户占比 60%左右；男女比例约为 1∶1.30；大学本科以上学历(含大学本科)占比超 50%，26～35 岁用户占比超 52%。明确了用户的大致属性，“福田文体通”不断完善“面向深圳、立足福田、推动普惠型公共文化服务、重点推动高雅型公共文化服务”的策略。

2. 线上报名参与文化活动，实现公共文化服务绩效最大化

“我要参与”有效对接活动组织方和参与方，市民在此可一键完成各类活动的报名。

2016 年 11 月，线上组织“行走的雕塑”活动报名，半个小时 1 000 个名额全部报满；参赛领队加入微信群，参赛规则等信息均通过微信群发布给领队，再由领队扩散给每个参赛队员；在比赛过程中，参赛队员拍摄与雕塑合影的照片上传到“福田文体通”后台，后台工作人员及时审核，现场活动结束，比赛结果出炉。整个活动因“福田文体通”的线上组织有条不紊，效率倍增。

图 3　市民利用“福田文体通”参与集体活动

3. 线上派送文化福利，保证公共文化服务便捷公平

“福田文体通”将免费门票派发、公共文体场馆免费预订和福田区政府针对高雅艺术补贴的低票价工程等纳入后台管理系统，通过定向派送、拼手快、拼手气等途径向市民派送文体福利。市民在“福利来了”可开抢门票、预订场馆、线上购票，网上支付，扫码进场。

4. 线上提供优惠服务项目，有效促进文化消费

2016 年福田区被列为第一批国家文化消费试点城市，截至目前，福田区通过“政府补一点、企业让一点、市民出一点”的方式，打造了三大惠民文化消费项目：“福田公益练歌房”市民 10 块钱就能在 KTV 包房唱歌 6 小时；“‘让市民走进音乐厅’低票价补贴”30 元起购买深圳音乐厅高雅艺术的演出门票；“惠民运动场”市民花 10 块钱在设施服务一流的羽毛球场打球 1 小时。“福田文体通”将上述三个项目纳入后台管理系统，开发专门的线上订场购票系统，市民在此一键操作可预定场馆，网上支付，扫码进场。

良好的用户体验刺激了市民文化消费，2016 年 7 月至 11 月，市民线上购买福田区政府补贴门票 6 000 余张；线上预订 KTV 包房每周惠及 2 000 人次，带动衍生文化消费每周约 3 000 人次；线上预订中心区惠民羽毛球场每周惠及 220 人次，带动衍生体育消费每周达 500 人次。三大惠民文化消费项目直接和间接带动的文化消费数百万元。

(四)友好型沟通传播打通公共文化服务"肠梗阻"

"福田文体通"坚持以生动活泼的品牌形象和接地气的表述赢得市民的友好体验、充分信任，激发用户的黏性和活跃度。

1. 塑造"文体哥""文体妹"品牌形象

着力塑造两个虚拟的人物形象——文体哥和文体妹。文体哥是一位爱文化的"秀才"：俏皮幽默、才华横溢、热心好客；文体妹是拉风型美女：爱运动、热心肠、心直口快。

两个虚拟的人物，如"通心粉"(福田文体通粉丝，下同)的邻家大哥和邻家小妹，他们在"自黑""互黑"的过程中，将政府的声音鲜活有趣地传播开来，将政府提供的公共文化服务送达市民手中，将市民的呼声、建议传递给政府。

在推广"深圳福田国际篮球嘉年华"活动中，文体妹向"通心粉"撒娇，鼓动"妹粉"参与到该项活动的留言点赞中来，让自己的"风头"盖过文体哥。"妹粉"纷纷响应，本条信息留言最高点赞数超 500 次。

2. 以市场化推广手段锻造品牌

福田区文体局为"福田文体通"设计了专属 LOGO 和宣传海报；制作了 100 多幅易拉宝放置于公共场所；与深圳地铁集团合作推出含有"福田文体通"介绍及二维码的"深圳通"地铁卡；先后组织近百场线下粉丝活动，扩大了"福田文体通"的知晓率，壮大了粉丝阵营，提高了公共文化服务的绩效。

三、主要成效

(一)总体数据

"福田文体通"自上线运营至 2016 年 11 月月底，已吸引超过 10 万粉丝关注，累计访问总量约为 3 000 万人次，推送信息 2 500 余条，免费订场年均惠及人群约 30 万人次，为广大市民派发各类免费门票约 5 万张。

(二)所获奖项

2015 年 12 月获文化部邀请在全国公共数字文化建设会议上作为特色案例进行展示；获邀参加 2015 年中国(深圳)文化科技周进行全方位展示；在广东省公共文化建设现场会上以"福田文体通"为例进行"科技与文化融合"的主题发言；连续上榜深圳微信影响力排行榜，并位列政务类微信号前五。

(三)媒体报道

人民网、腾讯网、《人民日报(海外版)》、《南方日报》等数百家媒体对"福田文体通"进行多次报道；《中国文化报》刊发题为"福田：'数字化'激发公共文化服务的'原力觉醒'"的报道，宣传"福田文体通"的经验做法。

【专家点评】

“福田文体通”是依托微信平台开发的、具有线上线下相结合特点的公共文化体育服务系统。“文化功能区”提供全区文化活动信息、展示优质文化活动精粹、为公众线上参与文化活动提供便利；“福田健身房”提供公共体育设施导航和活动场馆预定、开展线上全民健身指导和体质监测、交流全民健身经验体会；“福利来了”通过有奖调查方式建设网上反馈互动阵地，通过抢票、订票、预约等方式派送文化福利，拓宽文化消费天地；以青年人喜闻乐见的“文体哥”“文体妹”形象建立与“通心粉”的沟通交流机制。“福田文体通”从形式到内容全方位创新，以小手机承载了海量文体资源、信息和活动，以小平台提供了公共文化大服务，以小投入创造了文化惠民高效益，具有广泛推广应用的价值。

（点评人：李国新，北京大学教授，文化部国家公共文化服务体系建设专家委员会主任）

纳入公共文化服务体系，推动网络电视进家入户，集中轮训普及推广，融入地方资源建设，开展重大文化活动直播，是中国文化网络电视落地生根的基本方法。

22. 夯实基础　立足长远：江苏稳步推进文化共享工程·中国文化网络电视广覆盖

文化共享工程江苏省各分支中心积极开展文化共享工程·中国文化网络电视(以下简称文化网络电视)推广与服务工作，实施可持续化发展战略，着重设施、人才、资源等基础建设，因地制宜开展区域推广与阵地服务，利用现代信息技术为站点工作人员提供智力支撑，为文化网络电视在江苏省实现广覆盖打下了坚实基础。

一、情况背景

文化网络电视是由文化部全国公共文化发展中心承担的公共数字文化创新服务项目，也是江苏构建全省公共数字文化服务体系的重要组成部分。该项目凭借新媒体技术突破数字传输瓶颈，实现文化共享工程节目内容在电视、电脑等多个终端互动播放，有力推动了公共文化服务向广覆盖、高效能转变。

为此，江苏省文化厅高度重视，于2013年率先启动该项目，通过与江苏有线电视合作实现网络电视入户290万户，切实做好优秀文化资源服务基层百姓的工作。网络电视入站工作随即展开，省文化厅社文处于2014年3月下发通知，动员全省各市、县文广新局做好基层服务站点的布局、遴选工作，由江苏各级支中心承担具体事务，采用先试点后推广的做法，先后建点1 000多个，基本实现市、区县、乡镇广覆盖，并提供线上线下培训服务，确保了公共数字文化入站这一创新服务模式在江苏落地生根。

作为文化网络电视特色内容的地方资源建设也在同步进行，根据文化部全国公共文化发展中心《关于做好全国文化信息资源共享工程2013年“进村入户”专项资源建设工作的通知》有关精神，江苏省分中心结合本省实际，提出了建设具有江苏地方特色，兼文化性、教育性、宣传性与娱乐性于一体，广大群众喜闻乐见的公共数字文化产品的工作思路，向全省广泛征集视频资源，并组织专家对征集来的资源从主题、制作标准等方面予以综合评审，从中遴选出一批自主摄制、版权清晰、寓教于乐，题材健康向上、内容生动活泼的地方特色文化资源，总时长达260小时，提交作品数量居全国前列。

经过近四年的努力，文化网络电视正逐步走入江苏百姓的文化生活。

二、创新举措

（一）“集中培训＋现场办公”模式，打通公共文化服务“最后一公里”

乡镇、社区站点建设是实现文化网络电视广覆盖的重点，也是难点。因其建设主体为乡镇文化站，与牵头单位当地图书馆没有上下隶属关系，易形成推进不力、结果走形的问题。

为此，2016年6月至8月，由文化厅牵头，在全省举办了13场关于文化网络电视与公共数字文化建设的集中轮训，每场为期两天，各地级市的文化主管部门与公共图书馆相关领导、文化共享工程区县支中心技术人员、乡镇文化站工作人员等参加了培训。通过两天的学习，与会人员不仅熟悉了文化网络电视的内容与操作方法，而且从“文化四化”理论与公共数字文化建设的角度，认识到文化网络电视平台建设的重要性，统一了思想，达成了共识，为全面开展文化网络电视广覆盖打下了坚实的思想基础。会后，大家齐聚一堂，就工作部署、设备发放、基层调研等多项工作进行现场办公，有效解决了过去层层下达带来的效率低下等问题，现场气氛热烈，效果显著。

（二）利用现代信息技术开展网络培训

为确保已建站点的正常播放，在发展中心指导下，量身定做了文化网络电视使用教程的慕课课件，并于2016年5月在省中心慕课平台播出。该课件围绕机顶盒操作流程而设计，细致讲解每一个操作步骤，并在每节课后布置习题，同时提供老师在线解答服务，实时互动，确保学员即学即用，受到了基层站点工作人员的欢迎。

（三）小小QQ群，发挥大作用

为促进站点建设与服务工作顺利开展，全省13个地级市相继建立QQ工作群，群成员由省中心、文化网络电视客服、当地文化局、乡镇文化站、图书馆等相关人员组成，实现各级联动、无障碍沟通，有力推进了文化网络电视在江苏实现广覆盖进程。

三、主要成效

（一）社区搭台，居民受益

南京市鼓楼区云谷山庄社区位于幕燕滨江风貌区，与久负盛名的金陵四十八景中的六景相邻。2015年，作为江苏首批文化网络电视服务站点，社区工作人员更以高度的责任心与饱满的工作热情，积极组织社区居民收看文化网络电视节目，丰富了社区居民及职工的业余文化生活，受到了广大居民的欢迎。

2016年2月1日下午，云谷山庄社区“希望来吧”的困难学子观看了由湖南省群众艺术馆主办的“花蕾迎春·2016湖南省首届少儿春节联欢晚会”。他们观看后主动要求“希望来吧”的老师给他们开设小小主持人课程和舞蹈班课程等。经过一段时间的学习，在社区开展的六一儿童节欢庆活动，为社区居民带来了一场精彩纷呈的文艺演出。

2016年2月18日下午，云谷山庄社区组织部分志愿者观看了松阳县大东坝客家民俗文化村晚，这些节目都是村民自编自导自演的，有传统戏曲、歌舞、小品等让人觉着很震撼，一场看下来居民们感觉不够过瘾，就用手机下载下来，想看的时候随时拿出来收看。社区的文体队伍看了以后深受启发，乒乓球队和合唱团在一起，自行筹划了社区迎新春联欢会，小拉舞、交谊舞、合唱、太极拳、剑术，还有吹拉弹唱等，样样都登上了社区的舞台，大家自娱自乐，歌唱社区的正能量，期待祖国的明天会更好！

（二）服务边防，构筑文化长城

吕四港边防派出所隶属南通边防支队，辖区吕四港为全国四大渔港之一，自古有人间乐土，海上福地之美称。2016年，该边防派出所充分借助总队配发的文化网络电视机顶盒、"边疆万里行移动数字图书馆"等设备，精心搭建基层警营文化平台，定期组织官兵观看新闻直播、电影、综艺等电视节目，进一步丰富了官兵的业余文化生活。2016年"八一"期间，该所组织在所人员集中观看革命题材影片，使官兵们在潜移默化中感受网络文化的教育和熏陶，有效增强了思想政治工作的感染力和趣味性，营造了拴心留人的良好警营氛围，收到了预期效果。

浓厚独特的警营文化氛围也成了部队与地方沟通联系的桥梁载体，成为驻地企业单位和辖区群众慕名参观学习的"边防品牌"。2016年"七一"前夕，该所将文化网络电视带进辖区，与港区国安水产有限公司党支部共同开展观新闻、看红影等"两学一做"活动，有效地促进了部队与地方企事业单位的关系。

（三）助力吴江全国百姓广场舞展演

苏州吴江位于江苏东南部，素有"鱼米之乡，丝绸之府"的美誉。不仅自然风光秀丽，而且文化底蕴深厚。吴江文化部门根据群众需求，将广场舞作为文化惠民的重要措施，推出一批集文化内涵、审美品位和健身功能为一体的具有导向性、示范性的广场舞品牌，并于2016年6月5日，主办了"欢跃四季"全国百姓广场舞吴江展演暨第十三届吴江区域文化联动活动，来自北京、天津、云南、山东、浙江等13个省市的15支团队齐聚吴江，绽放风采，让这座文化历史名城舞动出更为精彩的韵律。为了让全国广场舞爱好者共享这一文化盛宴，主办方借力文化网络电视平台，对本次展演活动进行了全程直播，并设置了广场舞接力赛的互动方式，除现场观众外，各地群众通过网络电视基层服务站点、手机客户端、微信公众号及国家数字文化网同步收看演出，在线点播人数达47 741人次，凸显了新媒体广泛传播的优越性，更好地满足了"互联网+"时代群众的精神文化需求。

【专家点评】

文化共享工程江苏省各级支中心积极推进文化网络电视在基层的广覆盖，取得了显著的成绩，并形成了一套可供各地学习的成功经验。

一是将文化网络电视推广与服务作为公共数字文化建设的重要内容纳入全省现代

公共文化服务体系，在省文化厅的统筹协调下，通过推动网络电视入户、入站，实现文化网络电视在全省城乡的广覆盖。

二是通过开展集中轮训，制作文化网络电视使用教程慕课课件进行网络培训，建立文化网络电视推广工作者QQ群和微信群，以及线上和线下同时进行推广等方式，推进文化网络电视在基层的推广和使用。

三是加强江苏地方特色资源建设，精心制作和遴选题材健康向上、内容生动活泼、具有江苏特色的优质数字文化资源，丰富文化网络电视内容供给，增强文化网络电视的吸引力。

四是利用文化网络电视平台，对在江苏境内举办的区域性和全国性重大文化活动进行全程直播，以此扩大文化网络电视的影响，提高其服务效能。

（点评人：戴珩，江苏省文化馆党总支书记、副馆长）

以资源统筹保障实现文化共享工程资源服务全省全覆盖，以文化网络电视惠及边疆、精准扶贫。

23. 顶层设计　通力合作：辽宁文化网络电视助力文化共享工程

根据相关文件要求，2013年，文化部全国公共文化发展中心(以下简称发展中心)启动了文化共享工程·中国文化网络电视(以下简称文化网络电视)试点工作。文化网络电视是发展中心推出的文化与科技相结合的新媒体服务平台，利用IPTV、互联网电视等传输通道，使文化共享工程的优秀文化资源广泛服务于文化共享工程基层服务站点和家庭用户，有效满足基层群众文化的需求。

辽宁作为国家试点省，2015年1月文化网络电视落户辽宁，2015年1月8日开播。文化网络电视机顶盒进驻辽宁省内文化共享工程的14个市级支中心和100个基层点，覆盖全省市县区，各支中心和基层点可以通过文化网络电视机顶盒，组织百姓收看丰富的节目，进一步完善了文化共享工程服务网络，便于在当地有组织地开展活动和服务。根据发展中心要求，辽宁省文化信息资源建设服务中心(以下简称资源中心)积极为文化网络电视提供辽宁省的优秀视频资源，提供的优秀视频资源设在文化网络电视栏目中的地方频道下的辽宁，共分四个栏目，有文艺荟萃、致富经、科技致富和科学与生活。

一、情况背景

辽宁省委省政府十分重视文化共享工程这项惠民工程，根据辽宁省实际情况，经过充分论证，2008年10月，确定了依托覆盖全省98%的广电网络推进文化共享工程建设的思路。2009年1月28日，文化共享工程辽宁平台正式开播，全省百姓坐在家里就可以通过电视收看到输送的大量优秀的信息资源，实现了进村入户，形成了全国独有的“辽宁模式”。“辽宁模式”当初就覆盖了全省涉农县区的226万农户、6万个机顶盒基层点和209万机顶盒用户。目前辽宁省广电网络已经实现数字网络改造，在数字网络改造后，通过数字机顶盒既可以看到资源中心的频道播出，又可以看到图文信息，文化共享工程信息的覆盖面进一步扩大。

自从辽宁文化共享频道开播以来，资源中心整合了发展中心、省科协、省农委、省计生委和省电视台的资源，为广大群众提供优秀的文化资源服务。每天播出18个小时，节目涉及金农热线、供求信息、科普之窗、知识讲堂、文化艺术等。

二、创新举措

近年来，资源中心加强了自主版权节目制作，除了发展中心支持的地方特色资源建设项目，拍摄了《辽宁古塔》《辽河文明》《辽宁满族文化》等专题片之外，资源中心还通过地方财政支持，拍摄了《美术大课堂》《文史大讲堂》《文化看辽宁——沈阳篇》《七彩国学》等全民普及教育节目。此外，资源中心还拍摄了辽宁文化系统的大量文艺演出。以上这些节目，都在资源中心的辽宁文化共享频道和机顶盒频道上播出，并且门户网站也同时加载，让广大群众方便获取资源中心提供的各类文化信息，收到了良好的社会效果和反响。

2015年6月，资源中心依托文化网络电视，在边疆地区的乡镇文化站等文化活动场所投放文化网络机顶盒，活跃边疆地区群众文化生活；向丹东市振安区下发了31套2015年度边疆万里数字文化长廊基层服务点设备，组织丹东市支中心、9个乡镇(街道)、6个社区、16个村技术人员参加业务培训班；志愿者们还走进社区，为基层群众播放抗日优秀影片等活动；参与各类活动的人次超过1万。

2016年以来，资源中心多次组织本中心和省内各地基层点观看文化网络电视直播的各类专题讲座、文艺汇演等。

2016年4月11日，在由发展中心开展的题为《红岩魂——〈信仰的力量〉》直播的专题党课讲座中，资源中心有效组织全省文化共享各级支中心通过文化网络电视直播终端进行了认真收看，并在资源中心建立的“进村入户网络电视”QQ群及时上传现场组织观看情况的照片。据统计，沈阳、本溪、营口、阜新、朝阳等各级支中心共组织了200多名党员群众通过文化网络电视终端共同收看了此次讲座。通过这次讲座学习，大家对深入学习习近平总书记系列讲话精神有了更深刻的理解。不仅让大家进一步领略红岩精神，也为大家如何在新时期继续发扬“红岩精神”，如何认真履行党员义务，如何永葆共产党员先进性指明了方向。

2016年6月30日，中宣部、文化部、国家新闻出版广电总局联合召开全国文化精准扶贫视频工作会议，资源中心认真落实会议精神，开始策划新一轮的文化服务方案。在辽宁省文化厅的领导下，资源中心认真研究讨论并实地考察，上报发展中心征求意见，最终确定2016年8月3日在辽宁省锦州市义县七里河镇七里河村开展“互联网+公共文化”助力文化精准扶贫帮扶工作。

资源中心对此次活动非常重视，5月初，资源中心领导专程向驻村干部详细咨询了当地的实际情况。由于义县地区干旱少雨，土地贫瘠，且历史上曾经过度开发，水土流失严重，因此导致主要依靠农业收入的义县成为全省第一贫困县。

具体情况摸清后，资源中心反复与驻村干部共同探讨研究，积极征求当地领导的意见，根据七里河村的实际情况，充分发挥辽宁文化共享工程这项文化惠民平台的作用，制定了精准扶贫的实施方案。同时，确定了通过以文化网络电视平台进行网络直播的形式，精准送科技；通过开展“点滴善举成就大爱”物资捐赠活动，精准送生活用品；通过开展“健康进乡村”宣传册发放活动，精准送医疗常识；通过开展“情系未来”教育资源光盘捐赠活动，精准送教育；通过赠送广场舞光盘、精准送娱乐。

2016 年 8 月 3 日上午，在辽宁省政府定点扶贫县锦州市义县的七里河村，文化共享工程辽宁省分中心在发展中心和省文化厅的指导下，组织开展了一场别开生面的文化精准扶贫活动。一是请来当地非洲菊种植示范户向村民讲述自己的致富故事，启发贫困村民，同时邀请辽宁省农科院花卉种植专家传授非洲菊种植技术，让村民掌握发家致富诀窍，邀请辽宁省内经验丰富的合作社经理介绍农业合作社运营管理经验，帮助农民走“抱团”脱贫之路，这些讲座通过中国文化网络电视平台面向全国直播，全省 14 个文化共享工程市级支中心和遍布乡村的 241 个基层服务点近万人同步收看讲座直播。二是开展“点滴善举成就大爱”捐赠活动，向村民赠送各地热心群众捐赠的衣物和学习用品。三是协调医疗单位志愿者，向村民发放“健康进乡村”常见病预防手册。四是向当地学校、村活动室赠送上百集《文史大讲堂》《美术课堂》以及广场舞节目，提供优质的艺术数字资源。整场活动精准施策，坚持“扶志”与“扶智”同步进行。

三、主要成效

近年来，辽宁文化共享频道已进入常态化发展轨道，全年播出总时长达6 570小时，全年 365 天不停播。广大基层群众足不出户，通过电视频道和机顶盒就能够免费享受到丰富、实用、便捷的文化信息资源，实现了文化共享工程进村入户，一定程度上解决了广大基层群众看书难、看戏难、学科技难、获信息难、找市场难等问题。文化网络电视这一新媒体平台的上线运行，完善了文化共享工程服务网络，进一步拓宽了公共文化服务渠道，不断扩大覆盖范围，为基层群众提供更加便捷的公共文化数字服务，极大丰富了辽宁省文化共享工程的服务手段，实现了传统媒体和新媒体的互为补充，对于推进全省公共文化服务体系建设，打通公共文化服务“最后一公里”起到了重要的推动作用。

截至 2016 年 8 月，资源中心共向全省 14 个文化共享工程市级支中心、241 个社区文化站、乡村书屋等基层点发放了 255 台“中国文化网络电视”机顶盒，对各市级支中心、基层点的基层工作人员进行了将近 1 000 余人次的业务培训和指导。

为保证文化扶贫既“精”又“准”，“扶志”与“扶智”同步进行，今后，资源中心将利用文化网络电视的资源和网络优势，进一步加快基层服务点数字文化驿站建设力度，尤其要在辽宁省贫困偏远地区进一步提高覆盖密度。同时，辽宁省将精心打造辽宁文化共享频道播出平台，通过开设精准扶贫惠民服务电视专栏，播出技能培训、就业指导、艺术教育、课外辅导、农技致富、法制咨询等电视节目，让广大群众足不出户即可掌握知识、增长技能、获取信息。同时辽宁文化共享工程“两微一网”(微信、微博、省文化资源建设服务中心网站)也将成为精准扶贫的有力推手，以文字、图片、视频等形式发布最新的省内外扶贫政策、先进经验、公益服务等信息，及时关注并回复广大用户的留言。

【专家点评】

2008年，全国各地按照国家部署，积极探索各种方式，推进共享工程基层服务点乡、村全覆盖。辽宁省委省政府决定，通过已经覆盖全省的广电网络，推进辽宁全省共享工程建设。2009年1月，共享工程辽宁平台正式开播，一举实现了共享工程资源服务全省全覆盖，成为在全国独树一帜的“辽宁模式”。

此后“辽宁模式”不断发展进步，2015年年初，中国文化网络电视机顶盒再次覆盖辽宁全省市县区，进一步完善了文化共享工程网络建设。

辽宁省的成功案例给我们如下启示：

一是要做好顶层设计。辽宁省能够在短时间内用最快的速度、最高的效率，取得最显著的成效，关键在于省委省政府能够站在全局的高度，看待文化共享工程在社会、经济发展中的特殊作用，从全省总体发展的角度，科学做出工程发展的顶层设计和总体安排。

二是分层次统筹建设资源。省、市、县、乡各级政府以及主管等部门，分别在各自的层面统筹各类资源，形成合力；国家与地方文化主管部门通力合作，资源互补。同时，层级间有效沟通对接，保证工程高效推进。

三是高度重视资源保障。网络建设只是辽宁模式成功的一半，另一半则要靠丰富多彩的资源保障。为此辽宁省专门成立了资源中心。不仅保障全年365天不间断播出，而且在网络电视扶贫的“精”与“准”上做出了卓有成效的努力。

希望辽宁省发挥特有的电视频道优势，统筹省内各类各层级自有文化艺术资源，突出特色资源建设，努力形成具有地域文化优势的、有较强史料性、艺术性、观赏性和选择性的文化艺术资源传播平台。

（点评人：谢林，原陕西省图书馆馆长）

文化网络电视入户清真寺，以这种新媒体服务平台丰富少数民族文化生活、增强中华文化认同感，促进民族团结、社会和谐。

24. 延伸服务　文化认同：宁夏文化网络电视入户清真寺

文化共享工程·中国文化网络电视（以下简称文化网络电视）是文化部全国公共文化发展中心（以下简称发展中心）推出的文化与科技相结合的新媒体服务平台。它将全国文化共享工程历年征集的优秀文化资源，利用IPTV、互联网电视等传输通道，广泛服务于文化共享工程基层服务站点和家庭用户，为群众提供发展中心整合的精品节目，该平台共设置华夏文明、特色文化、养生保健、社区广场等9个板块的内容。同时，该平台还针对宁夏地区的民族特色，提供包括政治、经济、法律、宗教、科技、畜牧养殖等内容，受到了穆斯林群众的普遍欢迎。

一、情况背景

宁夏有各类清真寺约4 200座，清真寺不仅是穆斯林群众进行宗教生活的场所，更与穆斯林群众的活动息息相关。宁夏分中心积极向发展中心申报文化网络电视项目进清真寺、敬老院等活动场所，获得了发展中心资金支持。宁夏分中心从各地上报符合条件的清真寺、敬老院等名单中选取500个基层单位试点实施。

自项目实施以来，清真寺、敬老院成为回族文化的展示阵地、民族团结的教育阵地、科技信息的传播阵地、宗教场所民主管理的示范阵地、国策法规的宣传阵地和矛盾纠纷的化解阵地，受到广大穆斯林群众的一致好评和热烈欢迎。

图1　文化共享工程宁夏文化网络电视播出终端发放启动仪式

二、创新举措

(一)调研摸底，积极申报

为了将此项目落到实处，宁夏分中心成立了调研组深入全区5个市22个支中心进行深入调研。通过调研发现，清真寺不仅是穆斯林群众进行宗教活动的场所，更与穆斯林群众的休闲、娱乐、生活息息相关。宁夏分中心下发了相关文件，收集到各市县支中心上报申请的清真寺1 800多个、敬老院1 200多个、图书馆20多个、文化馆5个，最终选取清真寺380个、敬老院98个、图书馆23个，共计500个服务点实施。

(二)尊重信仰，多次筛选

为了确保节目内容与少数民族的宗教信仰相一致，宁夏分中心本着尊重群众信仰的原则，多次召开会议对其内容进行反复筛选。一是收到项目实施单位为宁夏分中心提供的节目单后，宁夏分中心组织本中心人员对机顶盒预装的1 000多条内容进行了第一次初选；二是邀请清真寺学东、阿訇等人员进行了第二次内容选择和排查；三是邀请自治区民委、伊斯兰教协会、自治区政协民宗委办公室、电视台等方面专家对平台资源内容进行把关和审查。通过层层把关筛选，确保了播出内容的严肃性。

(三)反复修改，逐步完善

针对每次征求到的意见建议，宁夏分中心都要及时反馈给项目中标单位，中标单位根据反馈的情况逐项逐条进行反复修改，宁夏分中心也指定专人对其所有内容尤其是修改的内容进行反复核对，最终确定了宁夏地区的节目内容和今后更新资源的注意事项及程序，确保了节目的内容符合回族群众的宗教信仰，符合回族群众的民族生活习俗和生活方式。

(四)加强培训，增强效果

宁夏分中心邀请技术人员，通过集中培训、个别指导的形式，对文化网络电视机顶盒进行培训。组织每个站点管理人员进行设备管理和使用及用户信息反馈等方面知识的培训，使每个站点都能够做好日常更新管理和营运工作，为基层人民群众提供精品资源，确保每个机顶盒配得下去，最终能真正发挥作用。

三、主要成效

(一)践行党的群众路线的一项新举措

通过文化网络电视进清真寺，在宁夏地区实现了“文化走进宗教场所、文化走近信教群众”的目的，进一步增强了广大信教群众对中华优秀文化的了解、理解、认同与传承。

宁夏吴忠市利通区早元阿语翻译培训基地，是以清真寺为依托成立的阿拉伯语师

图 2　宁夏分中心组织中国文化网络电视培训现场

资培训机构，有男女学员 600 多名。学校运用文化网络电视的节目内容紧扣当下党的方针政策、法律法规，引领向上，寓教于乐，学生受益匪浅。周俊强校长介绍说，在汉语言进修及历史文化教育中，以中国文化网络电视中“华夏文明”“文化讲坛”栏目内容为基础，以本民族文化为特色开展教学，受到了社会的认可及学员的好评。

(二)以中华传统文化为引领，抵御宗教极端思想渗透

通过文化网络电视进清真寺，选取人民群众喜闻乐见的节目，继承和弘扬了优秀的传统文化，实现了伊斯兰教与儒、道等中国传统文化的融合，达到了以中华传统文化为引领，抵御宗教极端思想渗透，坚持走中国特色的伊斯兰教道路的目的。

在宁夏吴忠市设备的发放培训中，宗教局管理人员和清真寺阿訇对设备在线直播的功能产生了兴趣，介绍说全国和宁夏每年都会举行“卧尔兹”演讲比赛，演讲主题紧紧围绕伊斯兰教爱国爱教、和谐团结、勤俭节约、与人为善等优秀传统思想，并与社会主义核心价值观紧密结合，演讲既有传统形式，又有现实内涵，弘扬了正气，传递出了正能量，如果将这些内容进行直播，或者录制放在平台内，对建设和谐社会将有积极的作用。

图 3　文化网络电视播出终端宁夏吴忠市培训现场

（阿訇们关注中国文化网络电视微信公众号）

（三）满足基层穆斯林群众文化需求的一条有效途径

基层公共文化服务一般都设在社区、乡镇文化站、农家书屋、文化大院等场所，而据《宁夏年鉴》(2016)显示，宁夏约667万人口中，回族约占241万，超过了三分之一。文化网络电视进清真寺的实质是将公共文化服务延伸至宗教场所，扩大公共文化服务的范围和对象，实现"基本公共文化服务均等化"。文化网络电视使广大宗教界人士和信教群众通过宗教场所了解到了中国传统文化、民俗、科技、文艺、文化休闲、种植养殖类知识，娱乐身心，获取致富技能，使宗教界人士和信教群众形成爱国爱教、守法尽责，文化互鉴、平等团结、互助和谐、共同发展的价值取向。①

位于宁夏银川市金凤区上海西路的罗家庄清真寺，每周五都会组织参加主麻的信教群众200多人观看文化网络电视的养生保健、科普视频节目。该清真寺李玉杰阿訇介绍，回族历来重视养生保健，现在人们生活水平提高了，对养生保健更加重视，周围群众休闲的时候就会来观看视频节目，这些资源很受大家欢迎。而且这种文化服务方式对于平时忙于生产生活无暇观看直播的群众，随后可以通过点播功能观看，确实很方便。

图4　阿訇组织参加主麻的信教群众观看文化网络电视节目

（四）中华各族文化与本土文化双向传播融汇的一种渠道

文化网络电视平台上设置了地方频道，通过平台展示了各地优秀的地方文化，展现了中华文明的魅力。设备的双向互动功能，可通过平台上传本地资源，清真寺工作人员可将阿訇宣讲的内容录制下来，上传经过审核后推送到播出平台，形成课堂辅助阿訇讲经，让更多的群众点播；也可以将宁夏分中心近年制作的地方特色资源进行推送，通过这种渠道使各民族文化传播融汇，增强民族凝聚力和创造力。

---

① 王立平：《民族地区公益出版模式研究：以宁夏"文化图书进宗教场所"公益出版项目为个案》，载《出版科学》，2012(2)。

【专家点评】

文化共享工程宁夏分中心依托发展中心推出的文化网络电视新媒体服务平台，结合宁夏回族自治区回族群众居多，信仰伊斯兰教的实际，通过认真调研、网点选择、资源配送、培训保障等有效措施，在民族地区的清真寺、敬老院等穆斯林聚会和开展公共活动的场所实施文化网络电视服务项目，将公共文化服务延伸、扩展至宗教活动场所，扩大公共文化服务的范围和对象。通过传播宣传党的民族宗教政策、社会主义核心价值观、中国优秀传统文化、科技生活、种植技术和文化娱乐等正能量先进文化数字资源，对引导穆斯林宗教界人士以及信教群众形成爱国爱教、守法尽责、文明和睦、民族团结、互助和谐、共同发展的价值取向，抵制极端思想，无疑发挥了积极的作用，有利于增强民族认同感，同时也丰富了穆斯林群众的文化生活。这一公共数字文化服务项目对少数民族聚居的西部地区也有较好的示范效应，为实现"基本公共文化服务均等化"这一目标做出了有益的尝试和探索，并取得了较好的成效。

（点评人：徐欣禄，原广西壮族自治区图书馆馆长）

“文化一点通”是面向基层群众的阅读资源应用终端，一是指向明确，二是简单易用，三是推送便捷，四是普及方便，很好地解决了基层群众公共数字文化利用问题。

25.“文化一点通”：福建城乡公共数字文化服务系统建设

为了让城乡基层群众均等、便捷地享受政府提供的数字文化服务，探索解决公共数字文化服务“最后一公里”问题，福建省图书馆与文化部全国公共文化发展中心联合申报了国家文化科技提升计划课题——农村地区公共文化数字资源和传播渠道建设研究项目。2013年，根据国家公共文化数字支撑平台建设的部署和要求，结合前期文化科技提升计划项目的部分研究成果，福建省图书馆提出了城乡公共数字文化服务系统——“文化一点通”建设的特色应用项目。

一、情况背景

基于我国城乡基层公共文化体系建设的现状和文化资源的分布状况及信息网络技术的发展趋势出发，福建省图书馆于2012年下半年提出了建设“文化一点通”的概念模型，并研制出了样机，于2012年度在福建泉州召开的全国资源建设工作会议上亮相。当时主要出发点是缓解基层群众的“三难”问题（读书难、看报难、看电影难）。随着现代信息技术和移动App技术的迅猛发展，对信息资源服务方式和展示手段进行了提升，引入文化快拍、文化快递和文化WiFi概念。

“文化一点通”项目针对省内公共文化基层服务点的硬件条件、网络条件、服务方式和手段及当地群众的文化需求进行初步调研。对福建省图书馆的信息资源、信息系统进行优化整合，通过对不同载体内容资源（如音频、视频、文字、图像）进行加工、管理和发布，制作热门信息资源，并利用“文化一点通”向全省推行，使得数字资源“时时可学，处处可看”。

“文化一点通”项目由综合服务平台和应用终端两个部分组成。综合服务平台包含资讯管理，图书、报纸、期刊管理，福建记忆管理三大子系统，平台管理具有数据编辑、内容审核、信息发布等功能；应用终端包含46寸触摸屏终端服务机向用户提供公共文化服务宣传、数字阅读体验、文献信息检索和共享等服务，同时还有“文化一点通”App应用移动终端服务，用户可以通过手机、平板电脑、手持阅读器等移动终端访问“文化一点通”提供的数字资源。

“文化一点通”终端服务机设置了文化动态、图书、期刊、报纸、视频、文化记忆、文化场馆等栏目，主要起宣传展示和资源服务的功能。《文化动态》栏目主要是向读者提供资讯、活动、讲座、展览、演出等方面的信息，方便读者获取文化方面的信息资源；《图书》《期刊》《报纸》等栏目，主要是提供热门图书、期刊推介和国内主流报纸浏览；《视频》栏目主要提供福建省自主建设的资源成果及文化共享工程的资源，有热门推荐、文化专题、知识讲座、舞台艺术、大众生活、少儿科普、聚焦三农等板块；《文化记忆》栏目主要展示福建省自主组织的图文、视频等特色资源。

图 1 “文化一点通”终端服务机

图 2 边防官兵浏览“文化一点通”资源

二、创新举措

“文化一点通”项目的创新意义主要体现在以下两个方面：一是可以有效弥补图书馆、乡镇文化站等基层实体建设不足带来的数字文化服务问题，可有效拓展公共数字文化的传播空间，提高公共数字文化的辐射力与影响力；二是可以打造不受时间、空间限制的“虚拟公共电子阅览室”，实现 24 小时不间断地为城乡居民提供数字文化资源服务，有效解决公共数字文化服务“最后一公里”问题。主要的创新技术如下。

(一)文化快拍

结合二维码技术阅读各类书报刊，使用智能移动终端即拍即读，随心阅读。通过移动终端扫描信息资源的二维码(包括新书推荐、精彩图集、精品视频等)存放到移动终端，满足读者利用碎片时间阅读的需求。

(二)文化快递

宣传公共数字文化服务的基本内容，将最新的文化资讯传递给用户，还可以传递包括地方特色资源建设成果和展览、讲座、演出等资讯。用户可以通过分享，将关注的文化资讯内容传递给朋友。

(三)文化 WiFi

终端具有无线路由功能，采用文化 WiFi 为读者提供云端服务，形成小范围无线网络覆盖。用户通过 WiFi 连接“文化一点通”终端展示机，可免费使用流量。

三、主要成效

“文化一点通”已经完成终端服务系统及手机安卓、苹果版本的研发工作，并进行了试验展示和推广。2015 年，为配合三明市创建公共文化服务示范区建设，福建省图书馆在三明市各县(区)的文化单位、街道社区部署了 60 台“文化一点通”大屏终端，进行服务应用推广。同年 10 月，为配合福建省边疆万里数字文化长廊建设，省分中心在对台先行实验区——平潭综合实验区公安边防支队、平潭县图书馆和文化馆试点部署了 5 台“文化一点通”大屏终端进行推广试用。同时，在支持部队文化建设方面，福建省因地制宜，根据部队官兵的学习需求，通过建设数字分馆，配备“文化一点通”终端服务设备，整合一批普适性和文化共享工程资源，通过个性化的资源导航服务页面，为官兵打造军营数字文化学习空间。在近三年的福建“4·23”世界读书日活动及各级领导来福建省调研期间，该设备的服务展示获得福建省政协副主席陈绍军、时任福建省文化厅厅长陈秋平、时任三明市副市长张丽娟、省发改委数字办等领导及基层图书馆同行和读者的肯定。下一个阶段，福建省分中心拟与文化部全国公共文化发展中心合作，在福建海防部队开展“边疆万里数字文化长廊”军民合作试点，进一步推广“文化一点通”的落地应用。

福建省目前正在策划“海上丝绸之路数字文化长廊”项目，该项目已列入《福建省 21 世纪海上丝绸之路核心区建设方案》和《福建省“十三五”文化改革发展专项规划》。“十三五”期间，将进行“海丝文化资源服务协同网”试点建设，先期计划构建 10 家数字体验馆、56 家数字展示馆及 300 家基层服务驿站，“文化一点通”拟通过“海丝文化资源服务协同网”向基层提供数字资源服务，初步建立海丝数字文化长廊服务带。

【专家点评】

福建省图书馆设计开发的“文化一点通”，是在福建省图书馆和文化部全国公共文化发展中心共同承担的 2013 年度国家科技提升计划课题“——农村地区公共文化数字资源和传播渠道建设研究”基础之上，依托国家数字文化支撑平台和本省数字文化资源优势，针对解决数字文化服务“最后一公里”问题而设计研发的面向基层群众，实现“时时可学，处处可看”的阅读资源应用终端。

第一，“文化一点通”的设计最突出的特点，是具有非常明确的指向性。在终端应用上，分别针对本省基层文化服务机构现状和智能手机的发展趋势，设计了适合物理空间应用的触屏终端服务机和方便手机移动应用的App，针对不同的实际情况采取切实有效的应用，既可以解决基层文化服务机构服务资源不足的困境，拓展基层文化服务时空，又可以结合智能手机App，实现文化资源个性化移动服务，方便基层群众结合自身不同情况，可学、可看国家数字文化支撑平台资源与本省特色文化资源，并且收到了明显的成效，给人留下了深刻的印象。

第二，“文化一点通”包含了期刊、图书和讲座、专题片等各方面的数字资源内容，以内容为划分，单独列出栏目，简单明了，便于使用。

第三，“文化一点通”采取快拍、快递、提供WiFi服务等方式，力图解决基层群众在使用系统资源时可能遇到的各种问题，增强资源推送与应用的便捷性，反映出设计者强烈的服务意识。此外，在对于本省特色文化资源的整合、保护和推送方面，也具有鲜明的特点，令人称道。

希望“文化一点通”继续在“信息多、发布快、质量好、操作省”上下功夫，不断丰富数字资源内容，增强服务型信息的内容、比重和信息的时效性，在与用户的双向互动方面实现突破，积累用户使用数据，为提升服务的精准程度奠定基础。

（点评人：谢林，原陕西省图书馆馆长）

通过数字服务传播的“生活化”、数字服务活动的“节庆化”、数字服务终端的“集成化”，使得读者随时随地享受公共文化服务，实现“网络为基、内容为王、阅读为本、服务集成”。

26. 灾后重建　数字跨越：绵阳数字图书馆建设新篇章

2012年灾后重建的绵阳市图书馆以崭新的面貌重新迎接广大市民读者已近一年。静静等待、默默服务已不再适应新形势下的公共图书馆服务，在这样一个时期启动的数字图书馆推广工程项目，对绵阳市图书馆来说具有承前启后的重大意义。绵阳市图书馆在前期数字化建设的基础上，获得了全国首批数字图书馆示范点建设的资格。推广工程的实施让绵阳市图书馆从机房建设、服务存储、网络宽带等方面大大改善，也为绵阳公共数字文化服务推广提供了有力的平台支撑。

一、情况背景

绵阳位于四川盆地西北部，是党中央、国务院批准建设的我国唯一的科技城，我国重要的国防科研和电子工业生产基地。截至2016年12月，辖区面积2.02万平方千米，总人口481.09万，辖5县3区1市。城市建成区面积103平方千米，城区总人口109万。境内三国文化、李白文化、文昌文化、大禹文化、嫘祖文化特色凸现，是有名的历史文化名城，自然及文化底蕴深厚，科技、文化、艺术资源丰富。但同时因地处西南，很多先进理念和技术未被推广应用，在经济飞速发展的今天，人们精神文化生活需求大大提高，更是渴望共享公共文化、数字文化的阳光雨露。

二、创新举措

（一）微信平台催化数字文化服务加速发展

在数字图书馆推广工程延伸到新媒体服务方面，绵阳市图书馆采用网站、微博、微信同步推进的模式，全方位发布服务公告、服务动态、资源提供等信息，准确、即时地为读者提供服务，这样的新型服务探索对阅读推广，尤其是数字阅读推广服务起到了积极作用，弥补了传统服务因地域、时间限制所带来的不便。

2013年，“绵阳市图书馆”微信公众订阅号（官网：www.mylib.net）正式注册开通使用，其关注程度从起初的几十人到几百人，再到几千人，从单向推送到服务交互，从独自经营到合作推广，从随机获取内容到专栏深度挖掘，绵阳市图书馆一直在探索，时时留意读者反馈，并即时解答读者在线提问，保证信息通道畅通，成功搭建起了读者与图书馆之间良好沟通的桥梁。

“绵阳市图书馆”微信平台基于馆藏书库和电子资源库，运用移动互联网技术，在开展图书馆业务移动服务的同时，用不同模式进行微信阅读推广。其中，移动业务服务对接图书馆 OPAC 系统的馆藏数据和读者数据，读者可随时随地查找文献、查询借阅状态、办理图书续借等服务；馆藏书库阅读推广包含经典好书、新书推荐和本馆借阅排行榜发布，提供全面系统的文献服务，引导读者阅读。

“绵阳市图书馆”微信平台每月推出“荐书”；不定期向读者推荐热门图书；“荐读”栏目由读者推荐好书、好文或原创书评，给读者提供交流、分享平台，也为图书馆采购新书提供读者参考需求。电子资源库阅读推广方式是整合专题数字资源库，介绍数字资源的特色、收录范围及其使用方式；微信提供接口供读者收集、组织和利用资源，实现移动式阅读分享。“绵阳市图书馆”微信平台的做法是微信设置“数字资源”一级菜单，包含移动图书馆、微阅读、微视频、儿童乐学、有声听书，并不断增加新的数字资源供读者检索、阅读和下载；不定期向读者提供数字资源专题信息推送服务。

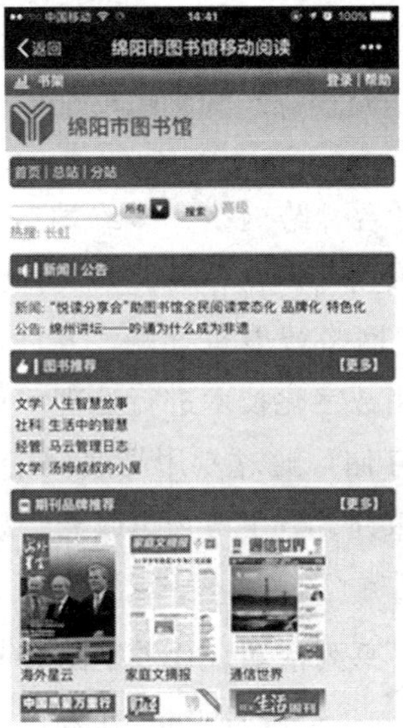

图 1　绵阳市图书馆微信平台“掌上绵图”栏目

“绵阳市图书馆”微信平台设立了多个服务专栏，其中，“活动公告”以推送图书馆最新活动动态，让读者能第一时间获取图书馆新书上架、闭馆日及各种活动的最新资讯；“幸福美丽绵阳”以“李白出生地　中国科技城”绵阳特色文化为主，在充分展示绵阳文化特色与品牌中，不断增加大家热爱家乡、热爱祖国的情怀，积淀文明素养，弘扬社会主义核心价值观，进而提升地方文化软实力，强力助推国家科技城和幸福美丽绵阳建设；“绵州讲坛”侧重推送“科技城绵州讲坛”服务内容，全年讲座涵盖国学、教育、艺术等领域 30 场以上；“微信荐购”则为读者提供了每月一次直接参与图书采购的机会，让买到的每一本图书都是读者需要的，有效提高了图书流通量，此栏目解决了读者的具体需求，深受读者好评，同时，绵阳市图书馆承诺荐购图书在两周时间内实现采购、编目、上架并流通，其高效率的服务方式也被读者广泛点赞；“图书漂流”栏目主要以绵阳市图书馆“图书漂流”公益项目为依托，为读者提供最新漂书信息、流动服务时间表及每月一期的“悦读分享会”活动，通过平台实现公告、报名、现场互动、活动回顾等内容，有读者参与的宣传推广效果事半功倍；“阅·经典”栏目是2016年12月才开设的栏目，目前已推送6期，目的是想把那些“我们真正需要读而没有读的书”搬上线，并通过白话文或故事的形式，深入浅出，降低经典阅读的难度，让大家都能理解经典的意义，从而激发市民对经典阅读的主动性。

(二)科技城文化云建设，解决文化服务“最后一公里”问题

绵阳是中国科技城，为充分发挥绵阳科技城优势，结合“宽带中国”“智慧城市”等国家重大信息工程建设，推进现代公共文化服务体系建设，绵阳市图书馆按照绵阳市文化广电新闻出版局的总体部署，结合数字图书馆推广工程建设，着力参与构建标准统一、互联互通的公共数字文化服务网络，加快推进公共文化机构数字化建设，整合全市文化资源，并于2013年起，在区域试点基础上，按照现代公共文化服务体系建设要求，绵阳市已经基本建成“中国科技城·绵阳文化云”平台，让广大城乡群众共享科技与文化融合的成果。

“绵阳文化云”实现了“一平台、跨网络、多终端”，充分利用三网融合基础设施，高效、全面、无缝覆盖各地各级用户。在各级公共文化服务阵地安装专用融合性终端，集成有线数字电视、4K超高清网络智能机终端、互联网图文视频浏览、电视节目录制、实时信息发布等功能，利用数字化技术进行处理，集成绵阳各级图书馆、文化馆、博物馆等数据库内容，集中云存储，通过专用高速网络传输，提供基于绵阳文化云的数字图书馆服务、数字文化馆服务、数字博物馆服务、数字视频服务和WiFi热点上网等服务满足用户的多样化需求。

(三)通过“网络书香过大年”系列活动，让数字图书馆服务惠及更广泛民众

数字图书馆推广工程举办“网络书香过大年”活动以来，绵阳市图书馆特别结合“书香绵州·美丽绵阳”全民阅读系列活动，并携手绵阳三区六县(市)图书馆共同开展多层次读书活动，进一步提升绵阳数字图书馆推广工程的影响力。

绵阳各县市区图书馆统一开展了国家数字图书馆数字资源系列展览，将详细介绍国家数字图书馆数字资源种类、使用方式及几大网络线上活动安排，并手把手辅导读者使用。同时，在2017年春节期间还特别推出了“丹凤来仪·金鸡报晓”VR新春体验项目，绵阳市图书馆采用与商家合作的方式，先后在绵阳51C+创新创业俱乐部、绵阳市图书馆、绵阳安州区图书馆分地点、分场次开展了三场集中体验活动，让更多的群众享受VR体验带来的乐趣，感受不一样的中国年，燃放不一样的春节“烟火”。绵阳是中国科技城，把有科技含量的公共文化服务带给市民读者是图书馆努力的方向，本次VR体验除了中国年场景，绵阳市图书馆还特别为大家准备了滑雪、海底世界、过山车、音盾等有趣好玩的VR游戏体验，让市民乐此不疲。网络书香活动是全民阅读的重要组成部分，除规定活动外，绵阳市各市(区、县)图书馆以网络书香活动为平台，结合幸福美丽绵阳建设以及自身的特色服务项目，先后还开展了迎新春“你选书　我买单”“猜灯谜”“书海寻宝”“开心歇后语”“成语大比拼”“巧吸乒乓球”“趣味九宫格”“囧字大辨析”等系列活动，有趣味、有年味、有品位，深受读者欢迎。

图 2　“网络书香过大年”活动中，小读者现场利用 VR 体验虚拟“放鞭炮”

除以上活动以外，绵阳市图书馆还充分利用“基层图书馆数字资源提升活动”资源和文化部全国公共文化发展中心下发的移动播放资源，开展“绵州讲坛”“图书漂流”“公益培训”“非遗剪纸”“悦读分享会”等形式多样、内容丰富的推广活动，把公共文化数字服务与传统服务相结合，以达到互为补充、相互促进的目的，收到良好的效果。

三、主要成效

(一)微信平台让数字文化服务随时掌握在市民手中

绵阳市图书馆微信公众平台经过四年时间的运行，目前关注人数近 8 000 位，2016 年推送图文约 300 条，对图书馆服务起到了很好的宣传和促进作用，对公共数字文化服务方面起到了较强的催化作用，在四川省内地市级公共图书馆中具有先进性和代表性。

(二)文化云平台让数字文化服务随时停留在市民家中

“绵阳文化云”把文化资源置入电视栏目中，积极推进基层公共文化资源数字化建设，解决了文化下基层“最后一公里”的问题，也有效地缓解了基础文化专业人员不足而带来的服务受限问题，目前绵阳市已开通各县市区超过 500 个服务点，2017 年年底将完成 1 000 个站点的建设。

图 3　绵阳市图书馆数字图书馆资源展览吸引读者驻足关注

(三)“网络书香过大年”系列活动让数字文化活动随时深入到市民心中

绵阳市图书馆“网络书香过大年”活动已经持续了三年，成了联合各区县馆从上至下一起联动的系列活动，把每一个节假日、把每一次活动都变成了绵阳市图书馆数字文化服务的“大年”，进一步提升了绵阳数字图书馆推广工程的影响力。

绵阳市图书馆的数字文化创新服务如一朵朵涟漪，在绵州大地上荡漾开去，改变着人们对图书馆的认识，创新着人们打开图书馆的方式，极大丰富了广大市民的精神文化生活，提高了市民综合素质，对促进地区政治、经济、文化、军事和谐发展，维护社会稳定和长治久安，发挥着迫切的现实作用和深远的历史影响，受到了广大市民的高度赞誉。

【专家点评】

公共图书馆要拓展服务半径、提升效能，数字化服务是“性价比高”的一种方式。绵阳图书馆服务创新点在于：一是数字服务传播的“生活化”。对于与城乡居民生活休戚相关的微信，丰富其栏目，深挖其功能，“线下”和“线上”互联互通，阅读服务不受时空的阻隔。二是数字服务活动的“节庆化”。开展的“网络书香过大年”活动，把每一个节假日作为重要时间节点；图书馆还提供滑雪、海底世界、过山车等 VR 游戏体验，让每一场活动都变成数字文化服务的“大年”，使读者乐于参与。三是数字服务终端的“集成化”。利用三网融合基础设施，集成有线电视、手机、平板、PC、一体机等终端，通过“中国科技城·绵阳文化云”平台覆盖各地各级用户。四是数字服务内容的“多样化”。“菜单式服务”“超市化供应”为读者提供多样选择，内容还融入绵阳本地元素和特色。

绵阳图书馆数字化实践的启示：“网络为基、内容为王、阅读为本、服务集成”。公共图书馆不再是单一功能的“设施孤岛”，而成为城市的公共空间，让城乡居民有更多的获得感、幸福感。

（点评人：阮可，浙江大学城市学院现代公共文化研究基地主任）

灵活利用宽带互联网、移动互联网、广播电视网等现有渠道，提供网络图书馆、移动图书馆、电视图书馆服务，实现公共文化服务线上渠道全覆盖；积极推动“悦读书亭”进社区，建立公共数字阅读点，方便居民利用。

27.“三馆一亭”走进家庭：宁波市图书馆开启数字阅读服务新模式

如何让读者便利地使用图书馆的数字阅读服务，无论读者身处工作空间、居住空间或社交空间，都能使用不同的设备或载体，自由获取图书馆的数字文献和服务，这是宁波市图书馆近年来在数字图书馆建设和推广上的努力方向。

针对传统互联网、移动互联网、数字电视网的不同特点和用户使用习惯，宁波市图书馆相继推出了网络图书馆、移动图书馆和电视图书馆服务，实现图书馆公共文化服务在不同网络环境下的全覆盖。2016 年，宁波市还积极推进“悦读书亭”项目建设，将 15 个结合了数字阅读与纸书交换功能的实体书亭送入城市社区，在百姓家门口建立阅读服务点，为数字阅读推广探索出了一条新路。

一、情况背景

宁波网络图书馆建立于 2008 年，是一个主要服务于 PC 用户的一站式信息资源检索平台，实践了“数字文化市民共享”的设计初衷，为满足读者网上阅读需求、享受现代图书馆服务做出了有益探索，较大程度地发挥了公共财政的作用。

面对移动阅读迅猛发展的趋势，移动图书馆服务也应运而生。它的目标人群是手机等移动设备持有者。随着新技术的普及，宁波市图书馆针对移动用户的服务一直在探索当中。微博、微信、手机阅读 App 三者构成移动图书馆服务矩阵。

而宁波电视图书馆项目是由宁波市图书馆与宁波华数广电网络有限公司合作开发、联合建设的。该项目利用数字电视技术对图书馆信息资源进行处理，把数字电视作为一个 24 小时开放的服务窗口，让老百姓足不出户就可以点播节目，享受到各类图书馆服务。

“悦读书亭”是一个集数字阅读和纸书交换于一体的现代化书亭。2016 年内完成了宁波市 15 个书亭的落地安装和地面推广。悦读书亭有室内型和室外型两个样式。室外机型主要放置在城市社区，包括海曙区天一家园社区、江东区丹顶鹤社区、鄞州区钟公庙街道金海嘉园等。室内机型主要放置在轨道交通和商业广场内，包括宁波地铁 2 号线火车南站、地铁 2 号线鼓楼站和丰创意广场创意楼等。

二、创新举措

(一)网络图书馆：传统互联网环境下的PC阅读总入口

主要服务于PC用户的网络图书馆的主要做法如下。

1. 资源采集：建立电子资源保障体系

目前，宁波网络图书馆的数字资源分为电子图书、电子报纸、电子期刊、视听多媒体、综合数据库五类，存储在图书馆本地的资源容量超过94 TB。从资源采购和建设情况看，以满足用户需求为出发点，多类型的资源库群已基本建成。

截至2016年年底，宁波网络图书馆共有数据库44个。其中外购(含共享)库29个，自建库6个，搜集网络数据库10个。现有数据库中，有以文献保障为目的的基础文献库，如以电子图书为主要收录对象的“书生之家”“中华数字书苑”，这两项数据库分别收录电子图书125万种和70万种，电子书种数超过馆藏纸质书种数；如以电子期刊为主要收录对象的“中国知网学术期刊网络出版总库”“万方数据”“维普期刊”数据库，三者收录期刊种数超过12 000种，这一藏量是宁波市图书馆纸质期刊收藏种数的4倍。电子文献和纸质文献一样，成为宁波市图书馆馆藏的重要组成部分，两者互为补充。另有以文献研究为目的的资源库，如以收录古籍为主的“中国典藏古籍库”以及专收方志的“中国数字方志库”；以决策参考为目的的数据库，如以收录宏观经济、行业经济、区域经济类信息及数据的“中宏领导对策支持系统”和“国研网”数据库等；以满足市民审美需求与终身学习为目的的数据库，如“超星学术视频”等；有以少年儿童为主要服务对象的据库，如“少儿多媒体图书馆”“天方有声”等。

2. 资源推广：吸引用户利用网络图书馆

宁波市图书馆利用线上和线下渠道，多样式推广宁波网络图书馆数字资源。从线下渠道看：宁波市图书馆注重对全市一线图书馆员的数字阅读技能培训。2016年，宁波市图书馆组织开办全市公共电子阅览室基层骨干培训班，向100余名区县、乡镇(街道)、村(社区)业务骨干培训网络图书馆使用方法，编印《宁波市图书馆数字资源使用手册》1万份，在各类活动中宣传分发。全年结合新春阅读活动、423世界读书日、未成年人读书节、宁波读书周等系列活动，面向读者推出数字阅读培训班和推广活动共计16场，参与人数3 495次，用集中辅导、用户试用、互动答疑等方式让馆员和读者熟悉宁波网络图书馆的数字资源，引导读者体验宁波网络图书馆中的海量数据库。

宁波网络图书馆的资源目前已经接入了市委组织部宁波干部党员学习网，宁波报业集团内网、宁波文化网、文化宁波公共服务平台、宁波市各县市区图书馆官网，让宁波市党员干部、媒体从业人员、文化工作者、广大读者能便利地使用图书馆海量信息。这是宁波网络图书馆向互联网用户推送资源的有益尝试。

图 1　开展网络图书馆资源使用培训，让读者试用，为读者答疑

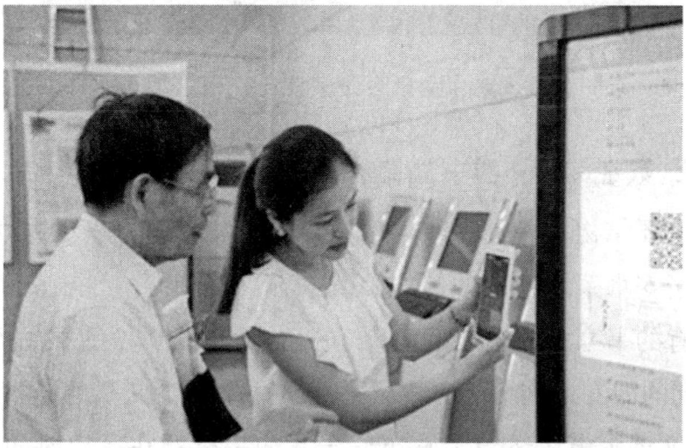

图 2　读者尝试使用“书香甬图”App，把电子书带回家

(二)移动图书馆：移动互联网环境下的线上线下服务集合地

利用移动平台的影响力打开服务局面，也是新形势下数字图书馆的服务发展方向。宁波市图书馆策划了一系列基于移动平台的服务，深受百姓欢迎。譬如“你选我买”阅读服务是宁波市图书馆 2016 年 4 月 23 日推出的一项惠民工程，以互联网技术的发展、微信的宣传与服务，缩短了借书流程，使读者从原来到图书馆办理外借手续变为从书店专柜直接借走。宁波市图书馆的微信公众号菜单中设有“扫码荐书”按键，直接点击后出现扫码框，读者将其对准图书条形码后能迅速获知是否能够借阅这本图书，大大增加了读者参与的便捷度。从 2016 年 4 月 23 日正式推出“你选我买”活动，截至 2016 年年底，读者从新华书店(书城店)借走了 16 948 册图书，这项新的服务举措受到了读者喜欢，选购人次与图书册数也在不断平稳增加。

(三)电视图书馆：数字电视网环境下的家庭用户体验点

宁波电视图书馆设有 10 大板块内容，包括天一约读、天一展览、天一讲堂、天一音乐、少儿天地、特色资源、甬上风物、电子图书、读者空间和东亚文都，可为市民提供高清影视、精彩讲座、高雅音乐、休闲娱乐等服务，打破时间和空间的限制，做到随时随地可点播查阅，实现视频播放的个性化功能，主动性更强，学习效果更好。目前已投入播放视频、漫画573部，其中视频累计上线372部，漫画累计上线201部，形成每月定期更新视频资源的良性运行机制。

图3　天一音乐·迷你音乐会是宁波电视图书馆里的特色资源

(四)悦读书亭：数字阅读和图书漂流的社区试水

“悦读书亭”的主要结构是一屏一架。“一屏”是指“悦读书亭”的左边有一块42寸的液晶显示屏。它是基于安卓系统开发的综合信息资源发布平台，核心功能是两个：App安装和图文展示。现有的书亭中，预装的App包括内含3 000种图书的电子书借阅机App、内含近3 000种期刊的博看期刊App、内含适合3～12岁少儿看的绘本读物和视频故事的乐于学App等。图文展示模块适合于发布广告，如果机器在一定时间内没有感应到前面有人操作，电子屏就会自动播放预先设置好的图文节目，在现有的15个悦读书亭中，每月都在推送宁波本地的热点文化活动。“一架”是指“悦读书亭”右边书架，主要用来让读者进行图书交换，按照规则，由读者自主带书，放入一本，取走一本。

图4　家有闲置书，不妨来交换

(“悦读书亭”为居民提供了一个图书交换的场所)

在“悦读书亭”落地后，宁波市图书馆同步开始做项目维护和推广活动。

首先，和书亭落地单位签订协议，约定双方的权利义务，让书亭配套的设备、电力、网络有人管理，落实经费，明确责任。并且落实本馆的技术人员负责指定设备、远程维护和故障维修，把“悦读书亭”设备管好。

其次，调动落地单位的积极性，将“悦读书亭”的维护与社区文化建设(商业广场文化建设、地铁文化建设)结合起来，发挥书亭的功能。比如天一家园社区，这个社区居民构成有明显的特点：知识分子多、白领族多、高学历多，社区内一直以来就有图书交换的活动传统，在“悦读书亭”进驻后，社区就把活动场地放到了悦读书亭内，发动社区居民自主带书来书亭交换。

最后，图书馆联合落实地单位共同开展书亭的推广活动。通过讲座、展览、现场找书、安装 App 有奖活动等形式，引导周边居民发现“悦读书亭”的丰富资源。在近期开展的天一家园社区、塘雅苑社区、孙家丽园社区的推广活动当中，有意识地针对居民的不同年龄段和兴趣点去推荐不同的数字阅读资源，尤其注重对社区老年人和未成年人推荐适合的资源，为老年人的休闲阅读和未成年人的识字资源提供资源，绝大多数居民均表示出对于数字阅读的兴趣和对“图书交换”理念的认可。

三、主要成效

宁波市图书馆数字资源服务的“3＋1”模式落地以来，收到广大市民的普遍认可和媒体的广泛关注。其中，宁波网络图书馆自 2008 项目开通的 8 年来，经过用户积累和线上线下结合的资源推广，积累了 44 万名用户。2016 年，宁波网络图书馆访问量超过 730 万，日均访问量超过 2 万次。其中读秀学术搜索、中国知识资源总库、万方数据、维普期刊等数据库月访问总量超过 50 万次。而电视项目自 2015 年 10 月份上线运营，2016 年重点推进电视图书馆视频资源建设、用户体验优化等工作。目前日均访问量在 1 万人次左右。

当前，宁波市图书馆移动阅读服务吸引用户人数最多的是微信图书馆。截至 2016 年年底，宁波市图书馆微信用户超过 31 000 位，在宁波市新媒体研究中心发布的微信公共服务号影响力排名中，长期位居“宁波市市民公共服务号类”排名前十强。策划的微信主题活动人气颇高，比如通过微信开展的“寻找最美阅读空间”活动，图文推送阅读量为 12 593 次，转发量为 1 009 次。新春活动“行摄宁波最浓年味　微信随手拍比赛”有近千人参赛。针对图书馆读者这一特定人群，推出的与阅读方法和阅读习惯培养为主题的图文一般有超过 2 000 的阅读量。

【专家点评】

书藏古今，港通天下。宁波是一座有着爱书、读书基因的历史文化名城。宁波探索数字图书馆建设推广“3＋1”模式，不断推进智慧阅读，在方便市民阅读方面走出了创新之路。

一是“三屏合一”，实现公共数字阅读在不同环境下的全覆盖。以传统互联网、移动互联网、数字电视网为载体，推出网络图书馆、移动图书馆、电视图书馆三大数字阅读服务平台，确立了“电脑屏、手机屏、电视屏”三屏合一的发展方向。

二是线上线下互动，提高读者阅读兴趣。通过线下举办数字阅读培训和推广活动，将读者吸引到线上网络图书馆；利用移动图书馆集合线上线下服务，让读者成为阅读的主导者。

三是“悦读书亭”线下提供数字阅读，又让图书“漂流”起来。满足了社区居民阅读需求，实现了社会阅读资源共享。

宁波图书馆通过这种“3＋1”模式极大地方便读者，无论身处工作空间、居住空间或社交空间，都能使用不同的设备或载体，自由获取图书馆的数字文献和服务。

（点评人：金武刚，华东师范大学信息管理系教授）

第三篇　实体空间数字文化拓展

实体空间数字文化拓展，是指在公共文化设施中，以数字设备和数字技术为媒介，构建新型的公众交互式体验场所，在公众体验中拓展服务功能，提升服务效果。它强调从个人体验出发，使公众获得感官体验和心理认同，通过场景和文化的交汇融合，成为一个别具一格的公共文化服务空间。

积极拓展实体空间，一是因为实体空间是公共文化服务的载体，通过空间升级改造，公共文化设施可以更好地发挥场所作用，拓展服务功能，提高服务效率。二是为了顺应数字时代的发展要求，实体空间承担了服务公众交流和创造的义务，肩负消除信息鸿沟和数字鸿沟的责任。三是实体空间的改造升级，可以提升公众到馆率，公众能够以空间为依托开展或参与到相应的公共文化活动。

实体空间数字文化拓展，可以重点集中在以下四个领域：新型实体空间体验、公共电子阅览室升级、数字文化广场建设和边境文化建设。

（一）新型实体空间体验

公共文化设施可以通过数字投影技术、数字成像技术、动作感应捕捉技术、现实增强技术等数字技术的运用，营造现实和虚拟相融合的场景，可以让公众获得新奇、有趣的交互式体验。新型实体空间体验将数字交互体验与资源展示信息、艺术体验教学等相结合，有效提高公共文化服务效果。

（二）公共电子阅览室升级

开展公共电子阅览室建设，是为广大人民群众特别是未成年人提供公益性上网场所，但在新的时代环境下，移动客户端的普及，使得公众可以随时随地接入网络，公共电子阅览室已完成其使命，需升级改造。电子阅览室可进行环境升级，即构建有线网络和无线网络相结合的网络环境和建设注重现代感、人文性的空间环境。设备升级，即提供多种数字阅读终端设备、影音欣赏专用设备等。功能升级，即基于数字资源、环境、设备的全面升级，具有网络信息获取、数字阅读、影音欣赏、文化普及等多种功能。

（三）数字文化广场建设

数字文化广场是群众文化广场的升级版，是基层综合性文化服务中心的延伸，是基层公共文化服务体系的重要组成部分。数字文化广场是将室外群众活动的文化广场融合数字化服务，通过无线网络或广场LED屏幕终端等设备与线上服务连接，实现远程同步辅导培训、下载数字文化资源、收看点播高清电视节目、播放文化宣传片、开展政策宣讲等功能，为公众提供全天候、跨时空的公共数字文化服务。

(四)边境文化建设

长期以来，边境地区特殊的自然条件和历史因素的影响，与其他地区的文化发展水平存在一定差距。边境文化建设是成为公共文化设施建设的难点也是重点之一。通过提供数字云服务，边境文化设施升级改造，流动服务，与公安边防融合，推动文化稳边、固边、兴边；通过鼓励文化交流推广，促进“民族认同、文化认同、国家认同”。

实体空间的数字文化拓展，是公共文化设施建设工作的重点之一。但目前才刚刚起步，在功能设置、技术应用、设备研发、区域划分、环境营造等各方面，都有待积极探索和创新。本篇在全国范围内选取了10家在实体空间数字文化拓展方面有所创新实践案例，以期带来些许启示和点滴借鉴。

一是在交互体验的方面，多家公共文化设施做到了有效的创新。苏州市名人馆的时光隧道，参观者只需简单的肢体动作，就可进行问题的回答。马鞍山市文化馆的“超级主角”项目，将体验者实际行动产生的视频嵌入。保亭县数字文化馆作为海南省第一个建成并投入使用的数字文化馆，将数字网络技术与文化馆基本服务相结合，打造实体数字文化艺术服务交互体验空间，如体感网球的互动体验。贵州民族文化数字体验馆利用先进的现代科学技术手段，将丰富的民族文化呈现给观众，既能欣赏，又能互动，让观众感受到科技与文化的完美结合，感受到文化共享工程先进的服务手段。

二是在电子阅览室升级方面，几家单位的经验值得借鉴。海南省图书馆以公共电子阅览室为基础创新建设的“椰树下小书屋”项目，将城市闲置文化资源、图书馆海量的数字资源引流至乡村，从而解决了边远地区公共文化资源供给不足的现状。北京延庆农村公共文化设施资源整合建设工程使农村数字影厅成了资源共享的多功能厅与传播先进文化的服务平台，为农村信息化建设发挥着重要而独特的作用。天津空港经济区文化中心以公共电子阅览室为中心，大大拓展馆外阅读空间，配置各类电脑终端、阅报机、电子书借阅机等多样化设备。

三是在数字文化广场的建设方面。东营市科学规划、分步实施，实现了“群众文化广场—乡村剧场—数字文化广场”的“三连跳”，建设配备高清摄像头和话筒的培训教室，与数字文化广场进行视频连接，“线下服务”与“线上服务”融合，让公共文化服务真正打通“最后一公里”。

四是在边境文化建设方面。黑龙江数字文化长廊将公共文化服务覆盖到边防、边海各区域，促进文化资源传输、共享立体化。山东将文化部门和公安边防部门结合建设“双线”建设模式，优势互补，在设施、队伍、资源、活动等方面共建共享。

从拓展信息资讯的现代化传播服务、丰富虚拟空间的响应式自助服务、提升实体空间的数字式交互体验服务三个维度开展公共数字文化建设，以提升用户体验为追求不断改进公共数字文化服务，以强化线上线下互动为亮点提高公共数字文化服务效能。

28.“数字文化生活体验馆”：苏州市公共文化中心数字化建设三维度实现

苏州市公共文化中心(以下简称“文化中心”)成立于2011年9月，由苏州市委市政府将原有的文化馆、美术馆、名人馆等8家机构整合而成。自成立以来，文化中心以现代公共文化服务为核心，将人力、物力、财力资源进行了协调统筹，打破框架、形成合力，为市民群众提供高品质、多元化的公共文化产品和服务。

作为现代化水平高度发达城市的公共文化机构中的排头兵，文化中心高度重视现代公共数字文化服务，开展了一系列先行先试的探索与实践。2014年文化中心策划实施的“数字文化生活体验馆”项目，成功入选文化部科技创新项目。2015年8月，文化中心数字文化馆试点申报喜获文化部批准，成为全国首批10家数字文化馆试点单位之一。

一、情况背景

随着信息、数字、网络等现代科技手段在公共文化服务建设中的广泛应用与深入发展，当前的公共数字文化建设，丰富多彩，但又错综繁杂。从用户体验融入类型来看，现代公共数字文化服务形态，可从三个维度上来加以全方位建设。

第一个维度：信息资讯的现代化传播服务形态。聚焦于公众对公共文化服务信息的获取与反馈，可通过互联网络、移动网络、有线电视网等各类信息渠道加以实现。

第二个维度：虚拟空间的响应式自助服务形态。聚焦于公众对公共数字文化资源的远程获取与提供，可通过互联网络等媒介，跨越时空限制，实现24小时不间断服务。

第三个维度：实体空间的数字式交互体验形态。聚焦于公众对公共文化设施实体空间的数字文化服务，提供公众喜闻乐见、寓教于乐的数字交互活动，提升现代公共文化服务效能。在潜移默化中，传承优秀传统文化，弘扬社会主义核心价值观。

二、创新举措

文化中心基于对三个维度全方位建设的认识，从三个维度上逐步实施数字化建设，为率先构建现代公共数字文化服务创新形态，探索实践之路，做出应有示范。文化中心实施数字化建设的主要举措有：进一步拓展信息资讯的现代传播，进一步丰富虚拟空间的自助服务；进一步提升实体空间的创新体验。

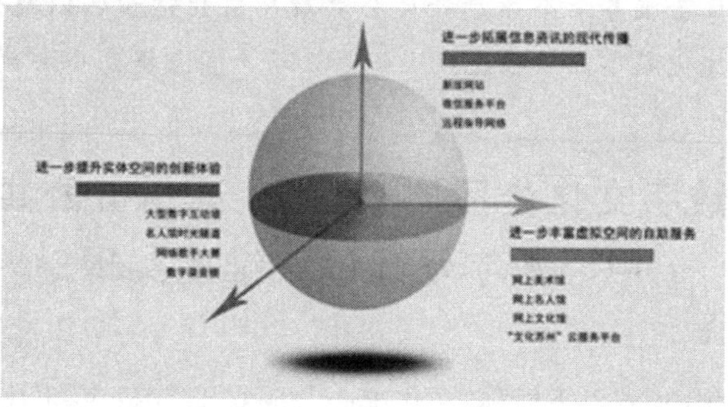

图 1　三维度实现“中心”数字化建设

(一)信息资讯的现代传播

以新版网站、微信服务平台、远程指导网络等为主构建的方便、立体、快捷的现代公共文化传播体系已成为市民群众获取公共文化资讯的重要窗口，成为市民群众提升文化艺术素养的重要平台，成为市民群众文化需求表达的重要途径，成为传播社会主义核心价值观的重要方式。

1. 新版网站

图 2　slider 滑控操作的网站页面

文化中心新版网站以提升用户的访问体验为主要目标，采取最新的 slider 滑控操作模式，适用于不同大小、尺寸的浏览器。市民群众使用电脑、手机、平板等终端均能获得良好的视觉及体验效果。

2. 微信服务平台

文化中心微信服务平台，能让市民群众及时获取信息资讯，了解近期发生的文化新闻，第一时间掌握文化活动的时间、地点。平台还具备展览作品欣赏、语音点播、掌上参赛、预约报名等功能。

(二)虚拟空间的自助服务

文化中心利用虚拟现实技术和网络技术打破了实体场馆的局限性，扩展了文化场馆的延伸空间和社会职能，让市民群众足不出户就可以享受到现代公共文化服务。

1. 网上美术馆

网上美术馆整合苏州美术馆、吴作人艺术馆、颜文樑纪念馆、苏州版画院(苏州桃花坞年画博物馆)、苏州粉画艺术院等美术馆资源，为市民群众打造一个无边界的网上虚拟美术馆。文化中心利用多媒体和网络技术，将美术展览、美术作品及相关信息资源以数字化的形式进行展现，实现美术馆的展览、研究、教育功能。

2. 网上名人馆

网上名人馆运用虚拟现实技术、立体显示系统等，以三维立体的方式将名人馆完整呈现于网络上，实现名人资料的检索查询、特色专题展览等功能。市民群众可在虚拟名人馆中随意游览，观看“中国的美国英雄——罗伯特·麦考利·肖特史料展”“正义的使者——倪征燠史料展”等网上全景虚拟展览，按需查阅先秦至今的苏州历代名人资料。

3. 网上文化馆

文化中心通过数字化、网络化、虚拟化的表现形式，突破传统的时空和区域限制，为市民群众提供场馆介绍、活动预告、免费开放项目、展览讲座、视频欣赏、电子期刊、在线指导等功能，实现全人群全覆盖。

4.“文化苏州”云服务平台

“文化苏州”云服务平台实现了对苏州市优质文化资源收集、整理及数字化制作的功能。市民群众可通过高清有线电视或者下载“文化苏州”App，点播欣赏相关图片、音频和视频。该平台涵盖了文化讲座、戏曲、非遗、动漫等内容，共计 15 TB、视频 5 200小时左右的资源。

(三)实体空间的创新体验

文化中心着力打造具有优质创新体验的实体空间，吸引全社会市民群众积极参与，在潜移默化中提升文化艺术素养。

1. 大型数字互动墙

大型数字互动墙是文化中心以凸显实体空间的创新体验为目的，依托免费的无线网络环境，在苏州美术馆内建成的重要项目。大型数字互动墙由 16 块高清液晶屏分上下两层拼接而成，可供 8 人同时使用。凭借墙体中部上方安装的“雷达眼”，以及人体感应、多点触控等技术，实现了数字墙与观众的双向多功能互动。观众可采用挥手、手指停留等方式进行隔空操作，观看作品；也可以通过扫描二维码，把作品“带”回家观看。

2. 名人馆时光隧道

以 447 人为展示对象，采用传统与现代相结合的多种艺术表现手法，通过纱幔投

图 3　大型数字互动墙

影、LED 拼接显示系统、仿真投影系统、投影成像互动演示系统等技术的应用，营造了集知识性、欣赏性、教育性、趣味性、参与性于一体的实体展馆。

图 4　名人馆时光隧道

3."我爱唱歌"网络歌手大赛

文化中心着力探索引入现代科技和互联网、打通线上线下的创新性群众文化活动模式。大赛活动提供网站、微信、微博等多种方式参与，针对复赛、复活赛、决赛等环节强化线上线下的宣传力度，扩大线上线下的互动参与。

三、主要成效

文化中心的数字化建设，旨在充分利用场馆统筹协调建设的体制优势，重心在于进一步挖掘、共享各场馆文化资源，从三个维度上进行现代公共文化服务体系的全方位建设，着力将传统的公共文化设施，打造成为具有思想引领、艺术提升、社会交往的现代公共文化服务空间。主要成效如下。

（一）利用现代科技和数字化技术，解决部分传统模式中的瓶颈问题

以文化中心的美术馆为例，传统展览模式很难同时展示所有馆藏作品，也无法让观众回看错过的展览，严重制约了美术馆社会效益的最大化。通过搭乘全媒体“快车”建成的“大型数字互动墙”，巧妙地解决了上述问题，拓展和深化了馆藏资源的利用，让画展永不落幕。该墙还实现了多人同时互动操作，与多种移动终端无缝融合，大数据采集、分析等功能。

（二）通过打通线上线下的创新性群众文化活动模式，吸引更多社会力量参与数字文化馆建设

由文化中心主办的“我爱唱歌”网络歌手大赛共吸引了40余万人次参与投票，300多名歌手入选复赛。从大赛脱颖而出的十多位歌手成了文化中心志愿者。文化中心特请专业老师对歌手进行辅导提高，根据其特点和意向进行重组及编排，并参与公益巡演。让歌手在提高自身水准的同时，把声乐的魅力分享给市民群众。

（三）以成功经验积极带动各县（区）文化馆推进数字文化建设

自文化中心策划实施“数字文化生活体验馆”以来，迎来全国各地文化馆学习交流团队数十批，与县（区）文化馆的互动则更频繁。文化中心运用“我爱唱歌”网络歌手大赛的模式，对接常熟尚湖特色文化“王庄戏曲”，为其量身定制了“2016尚湖百姓戏曲大舞台”线上平台，细化了网上参赛、网上试听、网上投票等功能设置。作为镇一级的戏曲文化活动，网络投票已突破33万人次，集聚了人气。

（四）吸引了国内广大媒体的关注

《中国文化报》《新华报业》等主流媒体均刊登了文化中心数字化建设的专题报道。“新华网”“国家数字文化网”“凤凰网”等互联网媒体也多次发布相关报道。

【专家点评】

苏州市公共文化中心在公共数字文化建设与服务方面起点高、思路新、方法多、效果好，整体走在了全国前列。其特点有以下几点。

一是从三个维度入手同步开展公共数字文化建设。苏州市公共文化中心充分发挥自身资源优势和功能优势，加强整体设计，从拓展信息资讯的现代化传播服务、丰富虚拟空间的响应式自助服务、提升实体空间的数字式交互体验服务三个维度全方位开展公共数字文化建设，完善了公共数字文化的服务形态。

二是以提升用户体验为追求不断改进公共数字文化服务。苏州市公共文化中心加强对新技术、新手段的应用，不断改进用户使用新版网站、微信服务平台、远程指导网络、“文化苏州”云服务平台的视觉及体验效果，提升了公共数字文化服务的品质。

三是以强化线上线下互动为亮点提高公共数字文化服务效能。苏州市公共文化中心在苏州美术馆建成大型数字互动墙，观众可采用挥手、手指停留等方式随意查看馆藏美术精品及往期展览作品，并可以通过扫描二维码，把作品“带”回家观看。此外，他们还组织开展“我爱唱歌”网络歌手大赛，线上线下互动，扩大了群众文化活动的公众参与度。

（点评人：戴珩，江苏省文化馆党总支书记、副馆长）

线上服务平台和线下实体体验空间同步推进，结合当地文化传统与特色，不断创新文化馆的空间数字化、智能化建设，在我国数字文化馆建设中起到先行、开创、示范和引领作用。

29. 线上线下　共享文化：马鞍山数字文化馆创新实践

马鞍山作为首批国家公共文化服务体系示范区和国家公共文化服务标准化试点城市，自2014年7月启动数字文化馆方案设计、论证和评审等工作，数字文化体验馆于2015年1月开工建设，历经一期开发、二期升级，2015年11月正式建成并对公众免费开放。

以数字文化体验馆的建成为契机，马鞍山市文化馆持续创新，不断丰富数字文化服务内容，在拓展体验馆服务内涵、探索服务方式的同时，积极开展数字文化线上服务，真正打造出一个“没有围墙的文化馆”。

一、情况背景

随着数字技术、网络技术的飞速发展，新型、高效数字文化传播形态正在逐步影响并改变基层群众的文化消费行为习惯。基层群众已经不满足于传统文化馆所提供的公共文化服务，在传统的读书看报、唱歌跳舞、写字画画、听广播看电视之外，对网络环境下的服务空间、服务内容、服务方式提出了新的要求。建设数字文化馆，正是对群众迫切需求的回应。

自2014年以来，马鞍山市文化馆通过不断探索，将互联网互联互通、共建共享的内涵特质与公共文化服务有效嫁接、融合，使公共文化服务的运行体系全面现代化、信息化、便捷化，使公共文化空间在互联网世界全面延伸和拓展，该文化馆也为市民提供了更多优质、快捷、实惠的公共文化服务。

二、创新举措

(一)数字文化馆主要功能

1. 线上服务平台

通过互联网络提供数字文化服务。目前主要的服务功能包括：

(1)市民文化需求预约服务平台。市民通过该平台可以预约市文化馆、各区县文化馆、乡镇文化站(活动中心)以及教育系统等行业的文化志愿者，向公众提供免费的文化辅导，还可以预约文化馆(站)的活动场地，预约文化参观、文化活动、文化展览等。场馆和活动的预约，该平台在线即时分配，并短信告知市民预约成功与否；市民预约文化辅导成功后，通过平台自动、即时反馈给市民和市文化志愿者协会秘书处，秘书处统筹、协调文化馆业务人员和文化志愿者的专业、辅导时间，同时组织安排对口辅导。

图1 文化志愿者远程辅导平台界面

(2)文化志愿者远程辅导培训平台。该平台以市县区文化馆业务人员和文化志愿者为实施主体，以广大市民为辅导培训对象，通过互联网开展远程培训和辅导。市民登录该平台并以“学生”身份注册后，既可以在线观看马鞍山市文化馆自行制作上传的、长达100多小时的舞蹈、书法、中国画、非遗保护、心理健康讲座、器乐教学等专题电教片，也可点击进入某个文化志愿者老师的在线课堂，就文化艺术相关知识、技能进行即时咨询、问询和接受培训。该平台还实现了一对多和多对多的远程培训功能。

(3)全景式体验在线服务。马鞍山市文化馆网站的“文化馆全景在线体验”和“720全景旅游”，则是把文化馆、旅游景点搬到互联网，不仅让广大网民足不出户就能全方位了解马鞍山的特色群众文化和旅游资源，还为实体参观、游览提供了便利。

图2 马鞍山文化馆全景在线体验

2. 线下体验馆

马鞍山市文化馆在国内率先开展数字文化馆建设工作，系全国首批十个“数字文化馆”建设重点项目之一。数字文化线下体验馆于2015年1月在市文化馆正式开工建设，

9月建成并试运行。马鞍山数字文化体验馆建筑面积660平方米，共有文化驿站、渊源流传、大师指路等十大区域，以虚拟场景、裸眼3D、全息投影、影像捕捉和微信分享等现代技术手段，将诗城文化信息展播、诗词吟诵互动、非遗民俗展示、美术书法临摹、电影主角呼唤、戏剧场景模拟、器乐即时培训、舞蹈体验学习和在线远程辅导等有效融合。

(1)文化驿站。此区域放置了公共文化服务一体机和文化信息共享工程·中国文化网络电视，为参观者提供点播服务。公共文化服务一体机不仅载有文化共享工程的海量音视频和图书资源，还增加了马鞍山市文化馆自行开发并上传的集本地原创音视频和图书的“马鞍山文化”。市民通过一体机自带WiFi，既可下载感兴趣的数字资源，也可将资源分享至朋友圈。

(2)渊源流传——诗词吟诵互动。此展项结合“诗城”马鞍山的文化渊源设置，运用拼接LED大屏，展示历史文化名人在马鞍山留下的著名诗词，参观者不但可以通过隔空点击收听诗歌朗诵，观看诗词对应的视频画面，查看诗歌的写作背景、诗人介绍、诗词赏析等，还能“点赞”以及扫描二维码下载、分享。该屏可同时供8名市民进行诗词点击欣赏。

此展项在无人体验时，会循环播放马鞍山的由来及本地著名的旅游景点图片、简介、门票价格等信息，向民众展示本地的旅游文化，还可以播放文化馆最新文化动态、文化地图、天气等便民信息。

(3)民俗风情——非遗民俗展示。该系统由两块屏幕组成，下方小屏为可触控操作屏，参观者可在该屏浏览、选择非物质文化遗产民俗项目，播放内容会实时投影到上方大屏，参观者可通过大屏观看国家级、省级、市级非物质文化遗产代表性项目视频和安徽历史文化名城宣传片，对感兴趣的视频资源可扫描二维码下载并分享。

(4)大师指路——美术书法临摹。该系统由两块屏幕组成，下方小屏为可触控操作屏，参观者可在该屏选择不同的字帖、字体，并选择不同粗细的虚拟毛笔，参照字帖摹写文字，所写文字实时在大屏中显示；也可自由书写创作书法作品。完成后，可扫描二维码下载到个人手机或平板电脑。

(5)超级主角——电影主角互换。借助该互动项目提供的多个经典电影和数十个美图场景，以及数字抠像技术和动态图像融合技术，体验者既可用自己的形象和动作替代电影主角，“参演”经典电影，也可以参加著名历史文化景点的剧照拍摄。体验者可以将最终生成的趣味短片下载到自己的移动设备中。

(6)经典再现——戏剧场景模拟。该项目与“超级主角”类似，体验者更能够亲身穿上现场提供的戏服，通过屏幕跟名家学习戏曲，并能将自己的演唱视频进行录制，还能通过扫描二维码下载。

(7)舞动青春——舞蹈体验学习。该项目运用体感动作捕捉技术，体验者可跟随屏幕中播放的教学视频进行舞蹈学习，体验者的动作也实时在屏幕中显示，可与教学视

图 3 “经典再现”体验馆

频对照，修正自己的动作；还可以跟着系统提供的舞曲进行自由舞蹈。系统同时也对体验者的舞蹈全程录制，供体验者下载。

(8)指尖天籁——器乐即时培训。该项目运用动作红外感应技术，体验者通过手部动作虚拟拨弹“光弦琴”，数字虚拟乐器根据体验者动作实时发出相应声音，实现乐器演奏的虚拟体验。

(9)在线远程辅导培训教室。马鞍山文化馆数字文化体验区的辅导培训教室，不但可以实现中心馆培训在各分馆的实时在线直播，同时还能将这些培训视频进行录制，上传到网站供公众回溯学习观看。而在线辅导系统能够实现专职教师和基层文化工作者的视频交流，并随时进行业务辅导。

图 4 在线远程辅导培训教室

3. 体验互动大数据统计分析系统

为更好地反映市民在体验馆中参与互动体验的行为和喜好，马鞍山数字文化馆在体验馆的出口处分别设置了电子问卷调查表、电子签名留言触摸屏，同时在出入口处均设置电视大屏，通过大数据统计分析技术的运用，实时显示体验馆每日进馆人数、各展项互动体验人数、展项资源的微信分享人数、体验点赞人数、各展项互动体验人数比对等相关数据信息，从而为文化管理者和技术人员提供参考。

(二)文化马鞍山云平台

图 5　文化马鞍山云平台界面

文化马鞍山云，是以马鞍山市文化馆网上服务平台为基础打造的全市综合性公共数字文化服务平台。它以市文化馆的数字服务为基础和纽带，横向整合图书馆、博物馆、美术馆的资源，纵向延伸至乡镇综合文化站和社区文化活动中心，初步实现了全市数字文化资源的共建共享。文化云平台可向群众提供各类场馆、演出、培训的在线预约服务，解决了所有公共文化机构的场馆、活动信息与市民文化需求的有效对接。截至目前，全市 55 个公共文化机构均通过该平台实现自行发布场馆免费预约信息和群文活动信息，广大市民通过 PC 端和移动端(安卓和苹果两个 App)实现“文化有约”，日均发布场馆和活动信息近百条，参加预约市民近千人次。

三、主要成效

(一)探索了现代信息技术运用于文化馆服务的实现方式

作为马鞍山市现代公共文化服务体系建设的重要内容之一，马鞍山数字文化馆建设是马鞍山推动文化创新和公共文化服务标准化、均等化的重要项目。马鞍山数字文化馆通过整合文化馆、图书馆、博物馆数字资源，实现共建共享，为全体市民提供统一的数字化服务入口，有利于文化馆充分发挥在宣传教育、群众文艺创作、文艺培训、民族民间文化遗产保护等方面的基础性作用，有利于文化馆通过信息技术、数字技术、网络技术等现代科学技术和传播手段拓展公共文化服务空间，顺应新生代群体对文化馆的新期待，破解公共文化服务“最后一公里”难题，为充分满足群众多样化文化需求探索了新的实现途径。

(二)创新了文化馆的服务方式和手段

马鞍山数字文化馆，使传统的文化馆从实体空间拓展到虚拟空间，成为“没有围墙的文化馆”。通过从线下体验到线上分享，开拓了文化服务新路径，既改变了信息化时代下文化馆免费开放的形式，创新了服务方式和手段，拓展了传播途径，使地域特色文化的传播从“宣教灌输式”升华到“私人订制式”，也激发了青年人走进文化馆的热情，创新了传统意义上的文化馆服务模式，阵地服务和线上服务人数从之前的100余人上升至500余人次，体现了文化馆在信息时代的新发展。

(三)提升了文化馆的服务效能

数字文化馆的建设，使传统文化馆的阵地服务、流动服务得以有效延伸。线上服务平台、文化有约、远程辅导、网上展厅、视频点播等功能的强化，实现了文化馆24小时不间断服务，不仅扩大了服务半径，还延长了服务时间。此外，通过互联网长期、有效的征集和反馈群众文化需求，使得文化馆在供给侧改革方面实现了新的突破，大大提升了文化馆的服务效能。

(四)促进了文化馆人才队伍结构的变化，锻炼了队伍

数字文化馆的建设、管理和运行，促进文化馆的人才结构发生了变化。马鞍山市文化馆信息技术部的成立与数字文化馆的建设同步，使得信息技术、计算机应用和影视编导人才也成为文化馆业务人员的骨干。信息技术部人员不仅承担体验馆日常开放、维护和网站、微信、微博的信息发布，负责馆内全部群众文化活动的音视频采集、摄制、编辑、上传，还完成了体验馆非遗、文物全息投影资源建设的制作、公共文化一体机本地资源的编辑上传、文化云平台的维护、远程辅导培训平台的维护等工作，初步形成了文化馆与提供数字文化服务相适应的人才队伍，完善了文化馆的人才队伍结构。

【专家点评】

马鞍山是我国最早开始数字文化馆建设的城市之一，他们的探索实践开启了我国数字文化馆建设的发展之路。

数字文化馆的线上服务平台应该具备什么主要功能？马鞍山开发的信息提供、需求预约、远程辅导培训、全景式线上体验等功能，体现了文化馆服务的特点，为后来的数字文化馆网上服务平台建设起到了借鉴和示范作用。线下实体体验空间是近年来我国数字文化馆建设的重点内容之一，马鞍山在我国率先建成了规模较大的数字文化线下体验馆，结合数字体验的特点和马鞍山的文化传统与特色，开发出了文化驿站、诗词吟诵互动、非遗民俗展示、美术书法临摹、影视主角体验、戏剧场景模拟、舞蹈体验学习、乐器即时培训、在线远程辅导等体验空间，对文化馆的空间数字化、智能化建设具有开创之功。“聚山纳川，一马当先”是马鞍山城市精神的提炼概括，马鞍山在我国数字文化馆建设中的先行、开创、示范和引领作用，生动诠释了“一马当先”的马鞍山精神。

(点评人：李国新，北京大学教授，文化部国家公共文化服务体系建设专家委员会主任)

数字文化馆结合地域民族特色，建立全方位的交互式体验空间，以开放式平台跨越“城乡鸿沟”达到服务零距离，促进区域、城乡、群体的均等化。

30. 人机互动　别样体验：保亭数字文化馆跨越发展

为了进一步拓展海南省保亭县公共文化服务免费开放的领域和空间，真正把文化馆打造为老百姓的精神家园，保亭县在2009年12月新建的基础上，将保亭文化馆A幢一层100平方米、二层300平方米，B幢一层350平方米、三层350平方米(两幢楼共1 100平方米)区域间建成数字文化馆，于2016年4月15日落成，并正式对广大群众开放，群众可免费入馆，现场感受数字信息化的别样文化体验。

一、情况背景

文化馆作为现代公共文化服务体系建设的重要载体，承担着丰富群众精神文化生活，实现群众基本文化权益，让群众广泛享有基本公共文化服务的任务。在大力发展网络文艺的大背景下，如何适应新常态赋予的新任务，不断创新文化馆管理模式，推动文化馆数字文化服务，满足广大群众日益增长的精神文化需求，是当今网络时代创新公共文化服务的一个重要而紧迫的新课题，也是数字文化馆建设需要努力的方向。

图1　保亭数字文化馆外景

二、创新举措

为适应新常态下群众文化工作的新要求，保亭数字文化馆结合海南省保亭县实施精准文化扶贫部署，创新现代型文化馆服务模式，加强数字文化馆建设，对群众免费开放，让群众在业余时间享受不一样的文化体验，成了海南省第一个建成使用的“数字文化馆”。

(一)确立明确目标，丰富交互式数字体验空间

保亭县以创建示范区为工作抓手，以保障人民群众基本文化权益为出发点，以数字文化为创新手段，进一步完善公共文化设施网络建设，提升公共文化服务效能。数字文化馆将数字网络技术与文化馆基本服务相结合，打造实体数字文化艺术服务交互体验空间，馆内设有舞蹈教学体验区、书法教学体验区、音乐教学体验区、摄影教学体验区、互动拍照体验区、上网冲浪休闲区等。在此基础上，建成连通城乡、实时同步开展艺术辅导的"中央课堂"远程培训系统，一举打通城乡公共文化服务资源、培训、服务等多重壁垒数字，初步形成了符合保亭实际，广覆盖、高效能、可持续的公共文化服务体系，有效推动了保亭公共文化服务体系跨越式发展，让群众尽享"文化福利"。

(二)坚持地域特色，拓展数字文化展示平台

数字文化馆的11个互动体验区内，展示了独具保亭地方特色的民族文化元素项目。例如，保亭黎苗族文化找茬、保亭知识问答、竹竿舞、诗词填空等，均能实现人与电脑的互动。将学习文化和休闲游乐融为一体，实现了寓教于乐的文化教育意义。使广大市民真实地感受互联网信息化时代下数字文化活动的乐趣和互动体验的魅力，同时也为来保亭旅游的游客提供了展示和体验保亭特色文化的平台。

由保亭县文体局牵头建设"海南保亭文化"网站和微信公众号，进行日常动态信息报道，在"文化服务"栏目中设置"保亭文化馆"进行专题报道，设置公告通知栏，预告本馆近期将要举办的活动以及公示文件等各类重要信息；设置"保亭文学""影像资源"栏目，展示地域特色数字文化。逐步完善的数字文化馆展示平台，在功能和作用上日趋完善，让广大民众可以快捷地了解、参与到公共文化服务活动中来。

图2 群众正在使用触摸屏学习书法

保亭县文体局局长吴凌云表示："保亭数字文化馆是保亭县创建国家公共文化服务体系示范区规划纲要的一项重要内容。保亭数字文化馆通过数字网络＋公共文化服务，来打造数字文化的一个艺术体验空间，吸引更多的群众体验文化的魅力，也为群众提供一个文化艺术的学习平台，让更多的群众能够享受到创建带来的文化福利。"

图 3　体感网球互动体验

(三)数字课堂，开展基层专业技术培训

为满足基层群众，打通城乡公共文化服务资源、培训、服务等多重壁垒，实现全民艺术普及的便利和即时性，保亭县数字文化馆使用了“中央课堂”远程培训系统，通过网络向文化馆从业者、文化志愿者、广大基层群众提供辅导、咨询、答疑等服务，该系统投入使用以来，共举办 1 期黎苗民族舞蹈编导培训班、1 期第三批海南原创广场舞培训班、1 期全县青少年暑假美术书法培训班、2 期全县少儿国标舞培训班、1 期全县摄影业余作者培训班、1 期全县民间故事搜集整理培训班，共 7 期(含乡镇远程辅导教学系统培训)980 人参加；举办 3 期美术书法摄影展览，参观人数 15 300 人次。

三、主要成效

保亭数字文化馆不断适应信息技术发展步伐，努力打造数字文化馆，建立统一的公共文化资源和服务提供平台，提高公共文化资源数字化水平。完善公共文化服务信息管理体系，真正让数字文化融入每个人的日常生活，共建共享文化发展成果。

(一)创建海南省基层文化馆现代公共文化服务新模式

保亭县数字文化馆通过建设传承地方特色文化、展示现代文明的数字化资源，并运用新型信息虚拟技术向社会传播，集成了教育、交流、休闲等多项文化服务功能，成为一个可以让广大市民、游客全面了解保亭的文化服务窗口。作为海南省第一个建成并投入使用的数字文化馆，同时也承载着为海南省基层文化馆开展数字文化馆模式建设的实地学习交流功能。

(二)拓展基层群众提供数字文化产品新渠道

数字文化馆的建设和投入使用，将传统的文化馆从实体活动空间延伸到虚拟空间，开拓文化服务新渠道，改变了信息化时代下文化馆免费开放的形式，提升了服务效能，使群众文化活动和传播由“灌输式”转变为“参与式”，激发了基层群众特别是广大青少年走进文化馆的热情，创新了文化馆服务模式。

(三)展示基层群众文化事业发展时代新成果

保亭县作为国家级贫困市县，数字文化馆建设是创建国家公共文化服务体系示范区规划纲要的一项重要内容，对推动地区文化创新和公共文化服务标准化、均等化有重要意义，在宣传教育、民族民间文化遗产保护、群众文艺活动等方面充分发挥了不可替代的基础性作用，用数字技术的传播手段拓展了公共文化服务空间，提升了服务效能。数字文化馆是破解公共文化服务“最后一公里”难题，切实保障基层群众的公共数字文化权益的积极尝试。

【专家点评】

作为海南省第一个建成使用的“数字文化馆”，保亭的数字文化服务具有“全方位、开放式、民族性、均等化”特点。一是线下体验空间的全方位。设有舞蹈教学体验区、书法教学体验区、音乐教学体验区、摄影教学体验区、互动拍照体验区、上网冲浪休闲区等功能区，让群众能全情境、浸润式体验全民艺术普及的各项数字服务。二是平台的开放式。网站、微信及其他平台，都能动态发布信息，实现精准供需对接，特别是“中央课堂”远程培训系统，实时开展艺术辅导，有效发挥远程服务能力，跨越“城乡鸿沟”达到服务零距离。三是资源和活动的民族性。建有“保亭文学”等本土资源栏目，体验区内有竹竿舞等黎苗族的数字文化活动项目。四是通过数字文化服务促进区域、城乡、群体的均等化。

保亭样本的启示：欠发达地区开展数字化建设可快速提升公共文化服务水平，实现“弯道超车”。

（点评人：阮可，浙江大学城市学院现代公共文化研究基地主任）

利用现代科技手段，以民族文化为特色，以体验互动为吸引，以数字资源建设为后续支撑，打造民族文化数字体验馆，成为对外文化宣传平台。

31. 民族文化　互动体验：贵州民族文化数字体验馆建设

为认真贯彻落实中共中央办公厅、国务院办公厅印发《关于加快构建现代公共文化服务体系的意见》中有关推进公共文化服务与科技融合发展，发挥文化和科技相互促进的作用，推进公共文化服务创新手段、提高效能和实施一批公共文化服务科技创新应用示范项目的指导精神，贵州省委省政府要求，将贵州省丰富多彩的民族文化资源用最先进的科技手段呈现出来，并为其提供服务。在文化部关心支持和文化部全国公共文化发展中心（以下简称发展中心）的具体指导下，贵州省文化厅在多彩贵州文化创意园建设了贵州民族文化数字体验馆，并于2015年7月24日正式对外开放。

一、情况背景

为了贯彻和落实好《贵州省非物质文化遗产保护发展规划（2014—2020）》的文件精神，贵州省图书馆将加大民俗文化资源数据库及网络共享平台的研发和利用力度，搭建数据库及网络共享平台，建立了贵州省文化艺术研究院、贵州省非物质文化遗产保护中心、文化享工程贵州省分中心，通过创建集文字、图片、影像、音视频等于一体的文化信息资源数据库，采用传统展厅展示和电视、网络、手机终端、投影等各种现代传播媒介结合的传播方式，积极宣传贵州省丰富多彩的民族文化，推介和弘扬贵州省神秘而灿烂的非物质文化遗产。

公共文化数字支撑平台旨在以文化共享工程和公共电子阅览室覆盖全国的六级服务网络设施设备为基础，运用云计算、大数据等新型技术模式和架构，通过发展中心和全国32个省级分中心在软、硬件系统和特色应用系统等方面的协同建设，为公共文化机构提供开放互动、共建共享的统一服务平台，从而提高数字文化服务网络设施的综合利用率和提升数字文化资源的整体共享能力与传播服务效率，增强公共数字文化服务的针对性、便捷性、时效性。

贵州省作为第四批数字支撑平台建设的省份，2015年5月初，按照发展中心要求申报了公共数字文化支撑平台项目，其中硬件系统和软件系统严格按照国家中心规定和要求，地方特色文化资源应用系统结合贵州实际情况进行开放式建设，分布式完善，最终打造成贵州文化信息资源的大数据中心平台，为广大老百姓提供方便、快捷和海量的文化信息，为现代公共文化服务体系提供数字文化资源保障，满足群众的基本文化需求。

贵州有丰富的民族文化资源，贵州省委省政府和省文化厅高度重视公共数字文化支撑平台建设，为了做好这项工作，在贵州省委相关领导的关心和支持下，为贵州省公共数字文化支撑平台提供了专门的场地用于平台的搭建。在项目资金还未到位的情况下，贵州省已经提前启动平台建设，300平方米机房和部分硬件系统采用垫资的方式已经基本建设完成，地方特色文化资源应用系统目前规划建设为三个子系统，分别为数字文化体验中心子系统、移动应用子系统和数字图书进农家服务平台子系统。

二、创新举措

2015年7月24日由贵州省分中心建设的贵州民族文化数字体验馆作为国家公共文化数字支撑平台特色应用体验基地正式开馆，体验馆利用最先进的现代科学技术手段，将丰富的民族文化呈现给观众，既能欣赏，又能互动，让观众感受到科技与文化的完美结合，感受到文化共享工程先进的服务手段。

体验馆分为5个体验区，具体如下。

(一)呈现区(包括虚拟迎宾＋HD数字矩阵＋非接触式互动数字沙盘)

图1 呈现区

呈现区展示贵州各地非遗项目、文化类项目总揽及视频图片文字介绍。在“气象万千呈现区”，右边墙上镶嵌着一张非接触式互动数字沙盘，两道金光勾勒出整个贵州省的轮廓，当游客用激光笔划过版图时，每一块经过的市级版图都会从地图中升起。沙盘对面是一排镜框一样的HD数字矩阵显示屏，上面以精美的图文滚动播放贵州苗、侗、布依、仡佬等17个世居少数民族的介绍。

(二)点播区(物体识别联动系统)

点播区包括民族乐器布艺等传统手工技艺的视频、图片、文字介绍。在“触手可及点播区”。圆形桌面上有3台物体识别设备，当你将带有二维码的物体放在触摸屏上时，由物体散发出一圈圈波纹，波纹上穿插的小球一颗颗的弹出，每颗小球代表一个要展示的艺术类别：八音坐唱、傩戏、蜡染技艺等。点到每一项，便会伴随着波纹弹出简介、工艺、模型、视频 4 个按钮，为你完整呈现每一项民间文化瑰宝。

（三）音乐区（多点触控视听系统）

分类欣赏民族音乐，多点触控视听系统一级界面分为三个内容：民族之声、MV、乐器之音；二级界面有三个内容的具体歌曲，选中歌曲点击进入三级播放界面。

（四）视频观赏区（沉浸式体验空间）

图 2　视频观赏区

视频观赏区包括大型歌舞、节庆、民族特色生活等场景展示。这是一个 270°的环绕视觉的沉浸式体验空间。利用全视角的视觉冲击力感受贵州的宣传片。观众会被安排在最佳的观看点，以达到完美的体验流程。除了视觉的震撼，观众还可以通过空间内的智能触控桌，选择空间内播放的内容，也可以参与到剧情的发展之中，让传统被动式体验变为互动式体验。

（五）影视互动体验区（AR 平板电脑＋增强现实体验系统）

利用增强现实（Augmented Reality，AR），参观者可以不受到空间大小的限制，在一个空白的桌台上，手持一对一的平板设备，观看少数民族的 3D 建筑模型。参观者可以在平板设备的虚拟空间中从不同角度观摩村寨、建筑。同样利用增强现实，地面粘贴一张 3D 透视梵净山景区画面，作为识别卡片。当观众走进该区域，屏幕中会呈现观众影像，同时屏幕中会出现几只金丝猴在观众身边打闹嬉戏，并和观众互动，让观众感到十分欢快。

图 3　互动体验区

三、主要成效

数字体验馆自投入使用以来，坚持为群众提供免费的公共数字文化服务，截至2016 年 11 月，累计接待包括韩国及中国台湾和香港等国内外观众近 6 万人次，已经成为贵州对外文化宣传的重要平台，在 2015 首届多彩贵州文博会和首届多彩贵州少儿艺术节期间，平均每天接待人数均达上千人次，在 2016 年 6 月至 11 月这段时间配合多彩贵州创意园区举办了首届“多彩贵州文化艺术节非遗周末聚”活动，活动期间每天接待近 500 人参观体验。除了日常接待周边游客和来自全国各地的大型旅游团体，展厅还为贵州民族大学的老师和学生提供了丰富的民族文化资源，方便老师同学们的民族文化研究，并多次接待了来自台湾的交换生和许多来自海外的学习团体。

【专家点评】

全国文化信息共享工程贵州省级分中心以贵州丰富的民族文化资源为依托，利用现代科技手段，建设贵州民族文化数字体验馆。该馆有这样几个特点：

一是以民族文化为特色。贵州是一个多民族共居的省份，全省共有 56 个民族。贵州民族文化数字体验馆着力呈现和彰显贵州多姿多彩的民族文化，使更多的人通过体验馆了解贵州，热爱贵州。

二是以体验和互动为吸引。贵州民族文化数字体验馆充分利用现代科技手段，设置了模拟主持、互动体验区、民族音乐、沉浸空间等空间和项目，加强体验性、互动性、娱乐性，吸引观众广泛参与，深层次接受。

三是以数字资源建设为后续支撑。为了使贵州民族文化数字体验馆始终保持吸引力，贵州省级分中心不断开发和建设新的民族文化数字资源，以优质资源为该馆的长期运行提供支撑。

（点评人：戴珩，江苏省文化馆党总支书记、副馆长）

保障农村少年儿童基本文化权益，探索公共文化服务均等化创新模式，提升公共电子阅览室的品牌影响力。

32.“椰树下小书屋”：海南探索公共电子阅览室新形态服务

海南省图书馆自2013年开始在本省全面开展公共电子阅览室建设，依托省内各级图书馆、文化馆、街道、乡镇、社区的文化中心(站、室)，加大对中华优秀数字文化资源的建设与利用力度，建成了内容健康、服务规范、环境良好的公共电子阅览室，解决了基层未成年人的上网问题，使优质的公共文化资源传输到基层，丰富了基层公共文化服务内容，提高了公共文化资源共享水平。为广大人民群众提供健康、便捷的网络文化服务，使其成为网络环境下公共文化服务的新平台、新渠道。

一、情况背景

公共电子阅览室的建设与推广加快了公共文化服务体系建设，保障了基层群众的文化权益，但由于传统公共电子阅览室所提供的是普适性公共文化服务，这种服务对于农村地区的少年儿童来说相对缺少针对性。

当前，公共文化的基础设施和文化产品多集中于城市，城市的青少年享有丰富的文化资源、良好的文化生活氛围，而一些经济水平较差的农村地区，由于文化基础设施薄弱，家庭收入有限，无法顾及孩子的精神文化需要，看书、看电影等对他们来说都是一种奢侈，但他们对外面的世界充满憧憬和好奇。这一问题的存在，阻碍了城乡居民基本文化权益的实现，扩大了城乡差距，增加了社会不稳定因素，不利于社会的发展。

随着经济社会的发展，人们以志愿者身份参与到公共服务中体现自身价值的热情日渐升温，社会捐赠活动日趋活跃，而在当前公共文化服务中仍普遍缺少社会力量参与的渠道。

基于这个现状，海南省图书馆提出建设“椰树下小书屋”服务模式，在五指山水满乡先期建设、运营全省示范点。

二、创新举措

针对城市文化富集而农村文化资源相对匮乏的问题，在文化部全国公共文化发展中心(以下简称发展中心)的大力支持下，海南省图书馆于2015年年初开展“椰树下小书屋”项目试点工作。“椰树下小书屋”旨在吸引、聚合社会公益力量，将城市闲置的图书、光盘、文化设备、玩具等文化资源引流至乡村，从而解决边远地区公共文化资源供给不足的现状，帮助偏远地区青少年阅读高质量图书、提升文化素养。在对全省所有市县进行摸底排查后，将五指山市水满乡作为“椰树下小书屋”的首家服务试点，由海南省图书馆组织图书馆捐赠，并通过配送体系将有关图书配送到五指山市水满乡“椰树下小书屋”服务点。

海南省图书馆椰树下小书屋具备以下五个亮点：一是以海南省图书馆为中心，搭建并面向社会开放的数字化公益服务平台；二是组织社会公益力量多元参与；三是根据供需，依托调度体系进行人员、物资的调度；四是具备完善的评估、激励及回报流程；五是品牌化管理，搭建相应的数字平台，制订专业的小书屋制度管理，设计专业的 LOGO、捐赠证以及牌匾。

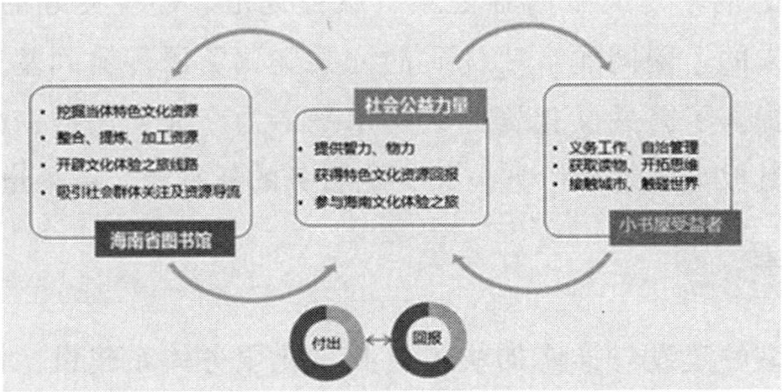

图 1 “椰树下小书屋”组织架构

(一)数字化公益服务平台

海南省图书馆多部门联合搭建数字化公益平台，面向全社会开放，并将省图书馆海量的数字资源融入其中，该平台实现了图书、数字资源、志愿者、物资等文化资源及社会公益力量的统一调配、流动及管理；实现了图书、资源及活动的跟踪、评估；实现了城乡服务网上配对；实现了线上线下阅读分享、城乡儿童帮扶互动。

(二)多元参与

通过海南省图书馆的招募，整合城市个体家庭、公益组织、有意愿的社会厂商、政府单位等群体，在海南省图书馆的协调组织下，参与到项目的建设运营中，各群体根据任务的领取或分配，各司其职，各出其力。通过宣传引导招募社会公益力量介入，多家机构踊跃参与，分别提供小书屋装修、空调设施、图书期刊的捐赠等。

(三)评估激励

1. 针对社会群体公益力量

个人可领取图书捐赠赠书、企业和机构入选爱心捐赠榜，并根据任务领取完成状态，凭借积分获得活动优先参与资格，获取经省图书馆加工后的当地特色文化资源，享受文化体验之旅的回报。

2. 小书屋受益读者

根据义务管理书屋的时长，获得换取图书物资的权利。

(四)调度体系

根据海南省图书馆出台的“椰树下小书屋”建设标准和业务需求，包括功能空间、阅读环境、人员配置、设施设备、业务平台等进行全面打造。依托数字化公益服务平台流程，将本地社会公益力量及城市家庭，在系统内领取配送任务，经过调度实现专职人员管理，物资、智力有效进行配送。

(五)品牌化管理

依托发展中心支持20万建设资金搭建了椰树下小书屋数字平台，由省图书馆制订专业的小书屋制度管理，在小书屋醒目位置分区域张贴，设计了高辨识度的具有海南元素的LOGO标志，制作活动配套的捐赠证书以及牌匾。

图2 “椰树下小书屋”跳蚤义卖市场

“椰树下小书屋”开办以来，先后借助图书捐赠募集、跳蚤市场义卖等形式多样的公益活动，获得社会各界的广泛关注。各方公益力量纷纷加入进来，形成了多元参与的良性发展态势。2015年1月1日，在海南省图书馆少儿部广场，举行了“椰树下小书屋”首次图书捐赠活动，当天共向社会募集了图书近300本。3月21日、5月31日在海南省图书馆正门广场举办了两期“椰树下小书屋”跳蚤义卖市场，共募集到图书3 438册、文具680套。基于前期图书募集、跳蚤市场义卖活动的社会影响，社会各家机构单位主动与海南省图书馆进行沟通，积极表达参与到椰树下小书屋的建设过程中。已经募集到社会机构的无偿资助有：五指山水满乡椰树下小书屋的装修工程、数字资源播放设备以及价值2.7万元共计1 472册定制捐赠图书等。同时还有数家本地机构如海南旅行团、校友会及自驾游协会等，表达了物资配送的意向。

在发展中心的帮助下，海南省图书馆搭建数字化公益平台，面向全社会开放，并将省图书馆海量的数字资源融入其中，该平台实现了图书、数字资源、志愿者、物资等文化资源及社会公益力量的统一调配、流动及管理；实现了图书资源及活动的跟踪、评估；实现了城乡服务网上配对；实现了线上线下阅读分享、城乡儿童帮扶互动。为做好“椰树下小书屋”项目的数字化点单、配送与评估激励工作，海南省图书馆正开发

图 3 海南省首家乡镇级“五指山水满乡——椰树下小书屋”开展服务活动

建设“椰树下小书屋”数字化公益服务平台，如图 4 所示。其中，社会力量管理子平台用于对捐赠者进行管理，通过该平台捐赠者可获取需求信息、浏览系统中需要帮扶的儿童资料，并可选择需要帮扶的儿童进行“一对一”结对子，对其进行专项资助，根据捐赠者的捐赠数量、价值、频率等相关指标系统将自动向其发放会员积分，积分可用于兑换当地景区门票、美食代金券及当地土特产品等。

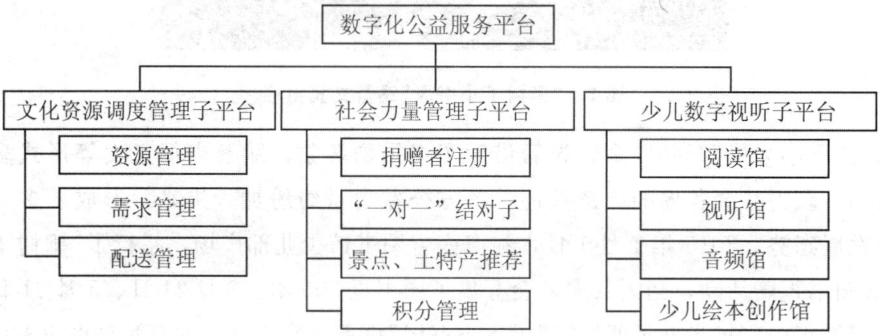

图 4 数字化公益服务平台架构

三、主要成效

(一)探索公共文化服务均等化创新模式

随着社会发展和城乡一体化进程的不断推进，农村少年儿童追求精神生活的热情日益高涨，而文化权益正是农村少年儿童追求精神生活并从中获得利益的权利，是广大农村少年儿童的基本权益之一。均等化是《关于加快构建现代公共文化服务体系的指导意见》中的重要内容，保障特殊群体基本文化权益也是均等化实现的重要方面之一。不论是国家层面，还是各个文化内容的提供者，都要将不断提升农村少年儿童的文化生活水平，满足农村少年儿童的文化生活需求视为应有之义。

(二)保障了农村少年儿童的基本文化权益

“椰树下小书屋”以农村少年儿童为主要服务对象，通过分析他们的行为特质、使用习惯等特点，有针对性地进行软件、硬件、场所，以及运营机制的设计开发，起到了保障农村少年儿童基本文化权益的作用，在一定程度上促进了公共文化服务的均等化。项目的实施不仅能够丰富农村少年儿童的精神世界，而且能够使他们在文化获取的过程中更多地感受到社会对特殊群体的人文关爱，有利于凝聚包括农村少年儿童在内的广大人民群众的精神力量，进一步加强社会主义核心价值体系建设，激发出更多的社会正能量。

图 5　海南省首家村级“椰树下小书屋”在红明农场十九队开放

(三)提升公共电子阅览室的品牌影响力

该项目平台的建设通过对特定人群的个性化服务和资源配送服务等方面的创新和推广，提升了公共电子阅览室在我国公共文化服务体系中的品牌影响力，改变了公共文化服务中长时间存在的公共资源利用率不高、公共资源基础建设粗放型发展等问题，实现公共电子阅览室服务的专业化、品牌化和社会化转变。

图 6　“椰树下小书屋”数字资源展示平台

（四）探索了多元主体参与的公共文化服务体系建设模式

“椰树下小书屋”项目建设是海南省首个将社会力量引入公共文化服务体系建设的案例，在项目实施过程中，形成了多元主体共同参与建设、共同提供资源的供给模式。第一，财政资金进行平台建设、企业赞助书屋装修，公益组织、社会公民定向捐赠图书，使政府与社会力量的关系得到持续良性发展；第二，通过数字化平台，实现文化资源的目录呈现、点单式服务、捐赠者与受捐者的互动交流以及服务的跟踪、评估和激励；第三，资源配送渠道有效拓展。下一步海南省图书馆将通过与有关方合作，开展捐赠资源的社会化配送，并通过数字化平台，跟踪和管理配送进程，实现线上调度与线下配送的有机结合。

截至2016年年底，五指山水满乡“椰树下小书屋”服务约3 500人次。2016年9月13日首家村级“椰树下小书屋”在海口市琼山区红明农场十九队正式开放，目前已累计接待读者近5 000人次。文化强，则民族强。文化的力量深深熔铸在民族的生命力之中，民族前进的每一个印迹都闪耀着文化的光芒。公共文化服务体系的累累硕果必将激发全民族文化创造的激情，助力实现全民共有的文化中国梦。

【专家点评】

海南省图书馆以保障农村少年儿童基本文化权益为出发点，探索建设“椰树下小书屋”，其做法有诸多创新和可取之处。

一是服务对象明确。“椰树下小书屋”明确以农村少年儿童为主要服务对象，项目的硬件建设、软件建设、资源供给、活动开展全部紧贴农村少年儿童的兴趣、喜好和需求，从而保证了“椰树下小书屋”能够真正受到农村少年儿童的欢迎，切实发挥作用。

二是多元主体参与。在项目实施过程中，财政资金进行平台建设，企业赞助书屋装修，公益组织、社会公民定向捐赠图书，形成了多元主体共同参与建设的模式，集聚了社会爱心，推动了基层公共文化服务社会化发展。

三是数字服务优化。“椰树下小书屋”是以公共电子阅览室为基础建设的。海南省图书馆将省图书馆海量的数字资源融入其中，并通过多种方式和手段，实现城乡服务网上配对、线上线下阅读分享、城乡儿童帮扶互动，使数字文化服务更好地惠及农村少年儿童。

四是运行机制完善。“椰树下小书屋”不仅有建设标准，还建立了较为完备的运行、管理、评估、激励及回馈机制，保证了“椰树下小书屋”健康发展，长效运行。

（点评人：戴珩，江苏省文化馆党总支书记、副馆长）

充分利用不同系统提供的各种文化设施，勇于创新，改善农村公共文化服务空间，提高农村公共文化服务效益，强化农村公共文化服务意识。

33. 一站集成　效能提升：北京延庆农村数字文化大院建设

为落实党中央关于加强公共文化服务的指示精神及北京市“1＋3”公共文化政策，延庆区结合区情，创新服务，聚焦资源，着力打造农村文化阵地，不断丰富基层群众业余生活，进一步加强基层公共文化建设。自2015年3月起，延庆区文化委员会扎实开展延庆区农村公共文化设施资源整合建设工程，整合优势资源，进一步提升了农村文化阵地服务效能，改善了农村公共文化设施使用环境，保障了群众文化权益，营造了文明、和谐、向上、健康的基层文化氛围。

一、情况背景

延庆地处北京市西北部，截至2017年6月，全区下辖15个乡镇、376个行政村；3个街道办事处、30个社区。常住人口31.9万人，其中农村常住人口18.81万人，占总人口的59％。全区农村公共文化设施覆盖率达100％，涵盖了村级图书室、数字影厅、文体活动室、信息共享播放室、党员电教室、培训教室、陈列室等文化功能室。

(一)全国文化信息资源共享工程

全国文化信息资源共享工程(以下简称文化共享工程)是由文化部、财政部共同组织实施的公益性工程，它将中华优秀文化信息资源进行数字化加工与整合，依托互联网、广播电视网、无线通信网等传播载体传输到各个乡村，从而实现中华文化信息资源在乡村的普及。延庆区借助391个文化共享工程基层点，定时通过北京市文化共享工程信息资源内容传输平台向基层站点提供文化共享工程有关的网络媒体传输服务，实现了文化共享工程全覆盖。

(二)农村党员电教

农村党员电教是由延庆区组织部发起建设的农村党员干部现代远程教育系统，依托于延庆区的电子政务网，运用计算机、多媒体、现代通信等先进、有效的信息技术和手段对农村党员干部进行教育和培训，是加强基层党组织建设，提高党员队伍素质的重要形式。

(三)数字电影放映

数字电影放映是北京市文化局组织建设规划实施的，北京市委市政府将农村数字影厅建设列为为民办实事工程，延庆区已实现了村村都有数字影厅。为了一步提升农村文化阵地服务效能，解决基层站点服务压力，稳定基层服务水平，延庆区文化委员会结合延庆区农村公共文化设施冬季采暖试点建设工程，对以上系统进行资源整合，严格按照“资源整合、一室多用”的基本原则，建立了多效合一的“一站式”文化服务中心。

二、创新举措

延庆农村公共文化设施资源整合工程建设本着可管、可控、简单易行的原则，开展村级网络系统的基础设施整合。文化基础设施的整合以数字影厅为核心区域，在对数字影厅进行保暖改造的同时，将现有文化共享工程和党员电教信息系统迁移至此，配备和使用统一的电脑终端；将数字电视高清交互信号引入到数字影厅，安装高清交互机顶盒并开通电视院线；将现有的系统并入 4 进 1 出 DVI 加音频切换器，实现文化共享工程、党员电教、高清交互点播、数字电影在数字影厅幕布上播放的一键切换功能，简化和方便村级文化组织员的使用，形成了多网协同、多室合一的格局。

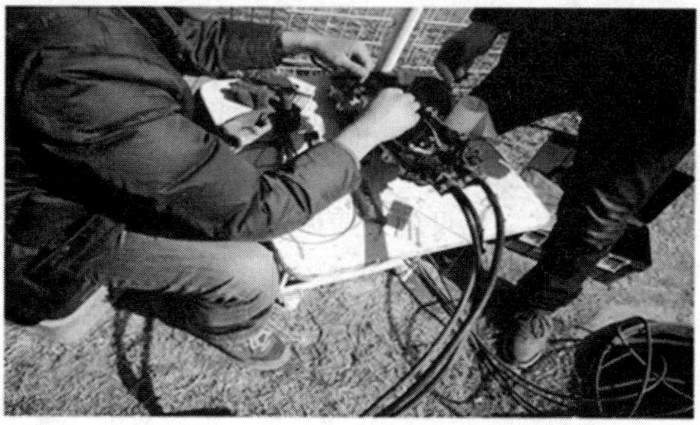

图 1　工作人员进行设施安装

(一)文化共享工程传输数字化和双向化

2015 年，借助市政府相关惠民政策，依托文化共享工程原有硬件设备，延庆区文化委员会将高清交互电视系统引入农村文化大院，通过对农村有线电视网络进行改造，免费为农村文化大院发放高清机顶盒，使得在原有的传输模式上，还能够通过数字电视收看北京市文化视频专有栏目，实现了文化共享工程的数字化和双向化。

(二)通过电视院线丰富文化共享工程和数字影院的节目内容

收费的有线电视在农村家庭并不能广泛普及，数字文化大院的整合，通过政府购买服务，有效地突破了这个瓶颈。在农村文化大院，村民们除了通过高清交互机顶盒可收看 170 余套直播电视频道、22 套高清频道、108 套频道的时移回看外，还可以收看上万小时的影视剧视频点播等丰富多彩的视频服务。

在电视院线的点播上推出了点面结合的观影方式，日常由村级文化组织员负责播放新上映的电影，同时根据中国的传统节日、国家大事、重点时期等推出有特色的影片进行集中放映。

(三)文化组织员专职服务

为用好农村文化设施，组织好农村文化活动，做好农村文化宣传，培育好农村文化人才，延庆区在全区招聘文化组织员，实现了延庆每个行政村都有1名专职的文化组织员。

延庆区制订了群众文化组织员管理办法，赋予文化组织员村级公共文化设施管理、文化活动组织、文艺人才培养、益民工程推进和文物保护管理等9项职责。每位文化组织员要求会做群众工作、会指挥唱歌、会舞蹈编排、会乐器演奏、会计算机技能、会组织活动，且熟练掌握各系统的管理及使用技能。同时，区、镇两级对组织员的上岗履职情况等进行计分式量化考核，提供给每位文化组织员700元补贴，以调动他们的积极性，真正实现村村文化专人管。

三、主要成效

延庆区农村公共文化设施资源整合建设工程使农村数字影厅成了资源共享的多功能厅与传播先进文化的服务平台，充分利用大家喜闻乐见的形式将传统中国文化、国史党史、正能量传播到群众当中，为农村信息化建设发挥着重要而独特的作用。

图2　农村文化大院数字影厅

(一)改善了农村公共文化服务空间

延庆区农村公共文化设施整合工程结合延庆区冬季采暖试点建设工程，极大地改善了公共文化设施服务环境，提高了文化设施空间利用率。延庆区沈家营镇八里店村文化组织员说："因为文化活动室内太冷，原来只要一到冬季就会停止一部分文化活动。现在室内安装了暖气，室外加装了保温层，冬季可以在室内开展活动，尤其是区里组织的春节活动和元宵活动，更是受到周边老百姓的积极参与和热烈欢迎。"

(二)提高了农村公共文化服务效益

每月两场的文化讲座，吸引了基层群众集体观看；每月一次电子图书、电子期刊推广活动，使基层群众对数字资源有了认知；各级组织部门从农村党员电教系统后台收集学习信息，了解农村党员的学习情况，督促和指导村级党支部的学习；高清交互电视系统使基层百姓足不出村就可以收看到最新上映的院线影片，弥补了农村地区电影院线缺乏的情况，使基层百姓享受到和城市居民同样的文化生活。

(三)强化了农村公共文化服务意识

2012 年延庆区开展了“群众文化组织员社会文化艺术中专班”，紧紧围绕农村群众文化活动内容和农民的需求，为文化组织员开展声乐、舞蹈、图书管理、电影放映等 20 余门课程。文化组织员在学习中不断升级，在提升自身知识文化水平的同时，积极组织群众开展各项文化艺术活动，增加服务层次和多样化，增强了公共文化服务水平，使群众从文化的受益者到文化的管理者、创造者和传播者，调动了群众的积极性。

【专家点评】

提高公共文化设施的利用率，是开展基层文化服务的基础。延庆区充分利用不同系统提供的各种文化设施，勇于创新，统筹规划行政村的场地、设备、资源和人才力量，形成多效合一的一站式服务，减轻了基层工作人员的服务压力，提升了基层公共文化服务水平，通过“资源整合，一室多用”，在创新服务、资源聚焦、打造农村文化阵地方面取得了很大的实效。

“文化组织员”制度的建立，有效地解决了公共文化服务体系建设与服务中人才缺失的问题，为基层公共文化服务提供了队伍保障，使得基层文化设施有人用，文化工作有人抓，使基层公共文化服务有了聚合力。

延庆区公共文化设施改造是公共文化服务体系建设过程“最后一公里”的优秀案例，它因地制宜开展了农村公共数字文化的一站式服务，整合了不同系统的资源，打破了公共文化信息资源在宣传利用过程中条块分割的现状，形成了拳头效应，对于其他地区开展农村文化服务有积极的借鉴意义。

（点评人：倪晓建，原首都图书馆馆长）

以外来建设者为服务主体，营造优良的公共数字文化服务环境，建设内容健康、服务规范、环境良好的公共电子阅览服务平台，解决外来建设者如何缩小“数字鸿沟”，促进其社会主人翁意识的建立。

34. 服务外来者　共享新成果：天津空港公共电子阅览室建设

天津空港经济区青年公寓建筑面积11.5万平方米，可容纳外来务工人员1.5万人。公寓配有职工文体中心，包含图书阅览室、电子阅览室、电影放映室等，年均服务用户8万余人次。青年公寓电子阅览室作为空港经济区公共电子阅览平台基层电子阅览室于2012年经天津港保税区管委会拨款，由空港经济区文化中心负责建设并投入使用，开放至今已经成为员工的学习阵地、信息窗口和娱乐平台，在活跃区域文化、丰富员工生活方面发挥重要作用。

一、情况背景

天津港保税区、天津空港经济区是天津滨海新区和天津自由贸易区的重要组成部分，目前已聚集企业20 000余家，其中世界五百强项目200余个，形成了航空航天、装备制造、新一代信息技术、健康产业、大众消费品等优势产业，外来建设者已达20余万人。随着区域产业和人员的聚集，空港经济区管委会着眼打造宜居宜商的现代化新城，构建三级公共文化服务体系，积极完善配套环境。针对外来建设者的特点，积极建设内容健康、服务规范、环境良好的公共电子阅览平台，使其成为网络环境下公共文化服务的新平台、新渠道，让外来建设者享受天津市民“同城待遇”，感受“第二故乡”的温暖，焕发创业激情。

为全面落实文化部《“公共电子阅览室建设计划”实施方案》(文社文发[2012]5号)要求，针对区域外来建设者快速聚集、年轻人较多、精神文化需求旺盛、熟悉网络传播媒介的特点，把建设公共电子阅览室纳入区域空间和产业规划，作为提升区域公民素质、驱动区域科学发展的重要抓手。本着服务区域经济发展、服务外来务工人员、服务企业文化需要的原则，管委会明确了公共电子阅览室的建设目标。即以区内企业、职工公寓的外来务工人员为重点服务对象，把区域文化中心建设、社区活动中心建设及企业文化活动室建设结合起来，逐年加大投入，努力构建内容安全、服务规范、环境良好、覆盖广泛的公益性互联网服务体系，使之成为满足各类群体数字文化需求的学习中心、信息中心，为区域科学发展奠定基础，实现公共电子阅览室的全区覆盖。

二、创新举措

(一)优先保证财政投入

作为公益性文化服务设施，管委会在人力、物力、财力等方面对公共电子阅览室给予倾斜，将公共电子阅览室建设纳入费用总体预算，由财政全额负担。开放至今，项目建设及运行维护总体投入资金160余万元。

(二)多样化设备配置

现各网点共配置各类电脑终端、阅报机、电子书借阅机300余台，初步形成了一个覆盖全区的公共电子阅览平台。为加强管理，各公共阅览室均部署全市统一的管理系统，配备身份证识读设备，后台统一记录各网点阅览信息并提供数字资源服务。青年公寓、福光公寓、社区文体活动中心、社区卫生服务中心4个公共网点的终端设备，通过裸光纤接入文化中心后台的无盘站服务器，互联网出口资源由文化中心网络中心统一调控，因采用裸光纤连接可直接访问文化中心数字资源平台，是中心电子阅览室的馆外空间扩展，为后期升级扩展为文化中心分馆奠定了基础。其余网点均通过互联网与专用账号结合的方式实现访问文化中心数字资源平台。

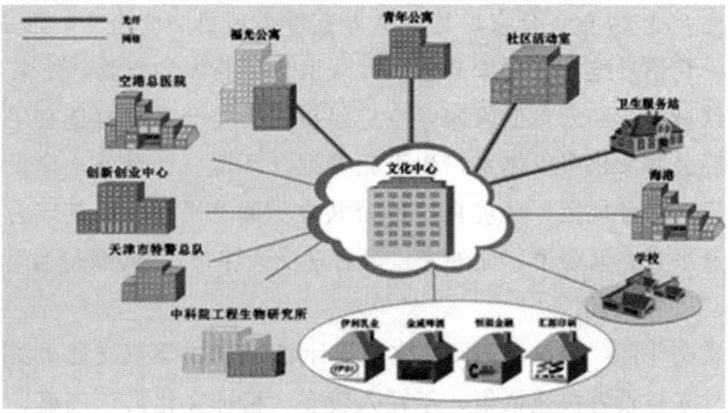

图1　空港经济区电子阅览室拓扑结构图

(三)丰富数字文化资源

针对数字化阅读的发展趋势，文化中心加强数字图书馆资源建设，积极拓宽合作渠道，丰富资源类型，更好地向区域建设者服务。经过两年多的建设，文化中心数字图书馆已能提供包括：读秀中文学术检索、百链云图书馆、博看电子期刊、书香中国、环球英语多媒体资源库、贝贝国学、新东方在线中小学数字图书馆、奇才特色库、中国标准数据库、塔塔经济统计数据库、中国学术期刊网络出版总库、超星学术视频、超星法源、多纳智慧魔方、中国国家数字图书馆等多达500 TB近300万种的图书、期刊、教学课程及各类行业数据分析。

(四)社区阅览室与企业阅览室分类管理

空港经济区公共电子阅览室可分为两大类：一类为青年公寓、福光公寓、海港服务中心、社区文体活动中心等财政全额投资的公益场所阅览室，另一类为各大企业投资建设的职工活动中心。对第一类阅览室，管委会通过公寓物业管理公司相关人员和社区社工，依托天津市统一的公共电子阅览室管理平台进行身份识别和使用登记，由文化中心制订统一规章制度，严格管理；对企业职工活动中心的阅览室，则要求企业设立专业管理人员，自行建立规章制度，明确开放时间，形成政企合作、共建共赢、职工得益的工作格局。实践证明，在人力资源紧张、人才流动性加剧的大形势下，企业舍得在服务职工上下功夫、投成本，企业阅览室窗明几净，环境优雅，对员工具有很大的吸引力。

(五)加强技术服务保障

公共电子阅览室建立以来，管委会每年投入专项维护费用，聘请专业管理团队，对后台服务器、终端设备、网络设备、软件管理系统、光纤数据链路每周进行维护巡检，对于损坏设备及时进行维修，不断完善管理手段，与天津市图书馆紧密合作，部署全市统一的管理系统，配备身份证识读设备，后台统一记录各网点阅览信息，确保各公共电子阅览室安全可靠运行。

数字资源和纸质图书紧密结合。纸质图书作为传统阅读方式，在部分外来务工人员中仍有很大需求。管委会在提供丰富数字文化资源的同时，还将纸质图书与数字资源一并考虑并投资建设，各阅览室不仅设有电脑，还配备了一定数量的图书资源，由天津图书馆、空港经济区文化中心定期更换，为职工提供阅读便利，受到了职工的欢迎。

大力开展丰富多彩的职工活动。文化中心与区工会等部门联合，对青年公寓日常活动进行整体部署。每天安排免费电影放映；每周办一次免费卡拉 OK 专场；开办包括瑜伽、吉他、书法、日语、篆刻、姐妹淘、健美操、太极拳、电工等在内的公益培训班；结合文化中心数字资源定期组织数字深度游；日常举办羽毛球、篮球、足球、趣味运动会等体育赛事。通过以上活动，不仅丰富了职工的业余文化生活，也在一定程度上开阔了职工的视野，实现了综合素质的有效提升。

三、主要成效

青年公寓文体中心面积共 8 000 余平方米，包含图书阅览室、电子阅览室、电影放映室、培训教室、多媒体教室、心理咨询室、摄影活动室、书画活动室、心灵宣泄室、舞蹈排练室、羽毛球场地、乒乓球场地、台球室等，是区内职工开展业余文化生活的重要载体平台，年均服务用户 8 万余人次。其中电子阅览室设有电脑终端 90 台，图书 1.5 万册，主要面对公寓 12 000 名外来务工人员，自 2012 年投入使用以来，年均接待读者1.2万人次，在活跃区域文化、丰富员工生活方面发挥着重要作用。公共电子阅览室方便快捷的网络服务，人性化的管理方式，海量的数字资源，多样的服务形式，无不为广大职工所称赞，职工在这里可以学习交流，进行技术讨论，可以与家人视频聊天，可以观看电影休闲娱乐，还可以利用海量教学资源进行自学。

除此之外，文化中心与区工会等部门每年组织观影、培训、体育比赛及各类活动300余场，参与活动人数达1.8万人次。文化中心定期组织超星、中国知网、环球英语、新东方等数字资源厂商对青年公寓读者进行专题讲座，共组织数字图书馆深度游活动20余次，讲解各数据库使用方法，引导广大年轻人积极向上，勤奋学习，努力将空港公共电子阅览平台打造成空港市民的信息中心、学习中心和休闲中心。

文化中心于2016年年初在青年公寓、福光公寓等6个电子阅览室配置歌德电子书借阅机，设备开通月均访问量约5万人次，受到读者极大好评，并被《今晚报》《滨海时报》《渤海早报》等多家媒体报道。

【专家点评】

文化是农民工融入城市的桥梁，对增强农民工的归属感、尊严感和幸福感具有重要作用。外来建设者由于出生背景、文化程度的差异，加之在城市受到一些不公平的歧视，有一些人不能很好地融入城市。他们面临的生存环境，特别是凸显出的精神文化生活短缺，成为当今影响社会和谐发展的重要因素之一。天津空港经济区青年公寓针对外来建设者的特点，树立责任意识、创新意识和关爱意识，建立起良好的为外来建设者文化服务机制；营造了优良的公共数字文化服务环境，建设内容健康、服务规范、环境良好的公共电子阅览服务平台，着力解决外来建设者如何缩小“数字鸿沟”、提高科学文化素质、丰富文化生活，抵制黄、赌、毒等问题，成为为外来建设者提供健康、便捷的网络文化服务，使其成为网络环境下公共文化服务的新平台、信息获取的新渠道。让外来建设者享受天津市民“同城待遇”，感受“第二故乡”的温暖，促进他们从城市社会的“边缘者”意识向城市社会主人翁意识的转变，从而激发他们热爱“第二故乡”，焕发创业发展的激情。

天津空港经济区青年公寓在加强农民工文化工作，建设农民工精神家园，保障农民工享有与城市居民同等的文化权益方面做了有益的探索和示范，值得我们学习和借鉴。

（点评人：徐欣禄，原广西壮族自治区图书馆馆长）

通过数字文化广场的改建为基层公共文化服务供给提供了一种新方式和新模式，极具示范性和推广性，实现了"文化惠民"服务方式的创新突破。

35."数字＋文化广场"：东营打造基层公共文化服务新模式

为健全完善基层公共文化设施网络，进一步提升基层公共文化服务能力和水平，山东省东营市创新思维、积极探索，在传统文化广场的建设上融入"互联网＋"元素，创造性地建设数字文化广场，把"线上""线下"文化服务资源进行有效整合，让群众在家门口就能享受到便捷、高效的公共文化服务，为基层公共文化服务体系建设创出了一条新路子。

一、情况背景

数字化是现代公共文化服务体系建设的重要特征。互联网技术的发展和微信、微博等新媒体的普及，对公共文化服务的提供方式和手段提出了新的、更高的要求。中央在《关于加快构建现代公共文化服务体系的意见》中明确提出"推进公共文化服务与科技融合发展，加快推进公共文化服务数字化建设，构建标准统一、互联互通的公共数字文化服务网络"，这是适应现代社会发展、实现公共文化服务提供方式变革、构建现代公共文化服务体系的必然要求。

自 2015 年以来，东营市推广利津县乡村剧场建设的经验做法，在群众文化广场上建设舞台，配套灯光、音响等设备，选聘文化管理员负责乡村剧场的开放运行，培育壮大基层文艺团体，组织开展丰富多彩的文艺演出、辅导培训、电影放映等公益活动，有效解决了因活动场所不足致使农村基层群众文化需求不能得到有效满足的突出问题。

随着移动互联技术的快速发展，城乡居民的文化生活方式有了很大改变，传统的文化广场和乡村剧场已经不能满足群众的精神文化需求，迫切需要针对城乡居民的文化"焦点"和"兴趣点"，提供相应的公共文化服务。受经济条件等客观因素的制约，许多农村群众还不能享受到免费 WiFi 服务，城市居民虽能在公共场所享受到免费 WiFi 服务，但由于受文化资源的限制，还不能接受到及时方便的广场舞培训等公共文化服务。为适应现代科技的发展，更好地满足城乡居民对于互联网技术的需求，2016 年东营市在部署群众文化广场和乡村剧场建设时，加大了对传统文化广场的改造升级力度，把群众文化广场和乡村剧场打造成了免费 WiFi 覆盖、提供数字化服务的数字文化广场，满足了城乡居民多元化、多样化和高层次的文化需求。

图 1　东营区文化馆内设置的培训教室

培训教室配备高清摄像头和话筒，与全区数字文化广场进行视频连接，专业辅导老师定期利用高清摄像头对文化广场进行“1 对 N”远程同步辅导，可以通过屏幕观看到文化广场的现场情况，并对城乡居民舞蹈动作进行实时辅导。

二、创新举措

(一)统筹规划，分步实施

在文化广场的建设上，东营市科学规划、分步实施，实现了“群众文化广场—乡村剧场—数字文化广场”的“三连跳”。2015 年，全市试点推广乡村剧场建设，在文化广场上以搭建固定舞台为标志，全年共建成 100 个乡村剧场。2016 年，市委市政府确定将再建设 100 个乡村剧场和在中心城建设 100 个群众文化广场纳入年度民生实事。市文广新局制订了《东营市乡村剧场建设实施方案》和《东营市中心城区群众文化广场建设实施方案》，明确要求在建设乡村剧场、群众文化广场的同时，提升打造数字文化广场。按照“试点—推广—普及”三步走战略，2016 年全市共完成 152 个数字文化广场建设任务，2017 已完成 100 个数字文化广场的建设，到 2020 年基本实现全市文化广场数字化提升，把群众性文化广场建成集群众休闲、宣传文化、党员教育、科学普及、普法教育、体育健身和民风展示等于一体的基层综合性文化服务场所。

(二)制定标准，完善功能

数字文化广场是乡村剧场和群众文化广场的升级版。在制订乡村剧场和群众文化广场建设实施方案时，东营市提出了数字文化广场建设的基本标准，对广场面积、舞台设置、无线网络设施设备、文化长廊、健身路径、广场管理、队伍建设等做出基本要求。

随着数字文化广场建设工作的不断推进，在全面总结全市特别是东营区数字文化广场建设经验成效的基础上，2017 年 3 月，中共东营市委宣传部、市文化广电新闻出

图 2　东营市黄河路街道耿井村数字文化广场全貌

（可以看到广场面积、舞台面积、LED 屏幕、文体设施等）

版局、市质量技术监督局联合发布了全国首个数字文化广场建设和服务地方标准——《东营市数字文化广场建设和服务规范》(以下简称《规范》)，为东营市数字文化广场的规范化、标准化建设提供了重要遵循。

《规范》明确提出数字文化广场是具有 WiFi 覆盖功能，能够向群众提供数字化服务的文化广场，是基层综合性文化服务中心的延伸和基层公共文化服务体系的重要组成部分。

要求严格执行“有场所、有队伍、有活动、有展示、有机制”“宣教型、娱乐型、健身型、礼仪型、传承型、科普型”“五有六型”基本功能标准；严格按照“4＋5＋X”标准进行规划布局、设计功能。“4”为 1 个广场、1 个舞台、1 个文化长廊、1 个体育健身区；“5”为免费享用 WiFi、远程同步辅导培训、下载数字文化资源、收看点播高清电视节目、自主播放视频；“X”为其他特色活动板块布局，主要设备包括 WiFi 覆盖设备、LED 显示屏、高清机顶盒、高清摄像头、户外一体机(电子阅报屏)、体育健身器材、照明灯、音响等；内容建设体现“十个一”要求，即有一个统一形象标识的“LOGO”、一则“村规”(“社区居民规范”)、一部村史(社区史)、设置一个四德榜(栏)、展陈一幅“村民(居民)全家福”或“村民(居民)笑脸集成照”、每月放映一场公益电影、每年承接 5 台以上“进千村乐万家”文化惠民巡演、每年举办一台“村晚”(社区春节晚会)、每年开展一次以上健身运动会、建有 3 支以上文体活动队伍。积极开展特色文化服务，广泛开展政策宣讲、国学诵读、传统文化讲述、参军送行李、成人礼等特色文明礼仪活动；积极开展“每月有约”志愿服务，依托驻村干部、大学生村官等根植乡土的人才资源，组建文化志愿团队，每月一日“驻班”数字文化广场，为村民提供志愿服务。

(三)分级投入，PPP 运作

数字文化广场建设是政府主导的一项公益性文化惠民工程。东营市委、市政府高度重视群众文化广场建设工作，2016 年将其纳入年度民生实事，市财政列支 538 万元通过改造建设 100 个群众文化广场和 100 个乡村剧场打造数字文化广场，投资 220 万元在部分数字文化广场配套建设了 31 处电子阅报屏。县区和乡镇(街道)财政采取分级负担的方式，负责广场的基建工作。同时，积极鼓励引导社会力量参与，采用 PPP(Public-Private-Partnership，PPP)运作模式吸纳东营市广电网络公司负责数字文化广场的建设，先期投入近百万元的项目研发和 1 000 万元的广场数字设施设备安装经费，完成了 152 个广场的数字化建设工作。对于广场数字设备的运营和维护，东营区采取政府购买服务的方式委托广电网络公司负责，分期支付无线 WiFi 使用费，自 2017 年开始 5 年内每年支付该公司 68.2 万元 WiFi 使用管理费，5 年之后所需费用根据实际商定解决。

(四)压实责任，强化督查

明确政府是公共文化服务体系建设的责任主体，宣传文化部门是数字文化广场建设的主要责任部门，要求把该项工作列入重要议事日程，细化方案，落实责任，精心组织，统筹安排。同时，发挥协调机制作用，宣传、文化、党建、体育、卫生、科技、司法、共青团、妇联等部门单位协作配合，整合资源，共建共享，确保数字文化广场充分发挥作用。强化督查考核，东营市创建国家公共文化服务体系示范区办公室采取现场督查、跟踪督查、随机督查等多种方式，加大对数字文化广场建设的督查力度，定期通报建设进展情况。建立督导检查和责任追究制度，把数字文化广场建设纳入各县区年度目标责任制考核和公共文化服务体系建设考核，确保建设工作责任到位、投入到位、措施到位。

图 3　东营区数字文化广场与数字信息平台连接

(通过电子屏幕，可对全区数字文化广场进行实时监控管理)

三、主要成效

(一)数字文化广场为基层公共文化服务供给提供了一种新方式

数字文化广场实现了“线下”与“线上”服务的有效融合，通过无线网络，将广场LED屏幕终端与各级文化馆(站)高清视频信号互联互通，文化馆(站)可对多个文化广场开展“1对N”远程辅导培训服务，既节约了辅导培训成本，又提升了辅导培训效果，公共文化服务实现了从“体制内循环”向“社会大循环”的转变。在东营区胜利街道金山社区数字文化广场，社区居民可定期通过广场LED大屏接受区文化馆的广场舞教学辅导。通过摄像头，辅导老师也能看到广场上的动态并纠正学员的动作，真正实现了远程互动学习，得到了基层群众的一致认可。

图4　东营市南王屋村村民到广场接受专业老师舞蹈培训

(村民可以通过高清**LED**屏，观看辅导老师的动作，进行有针对性的培训)

(二)数字文化广场为基层公共文化服务体系建设提供了一种新模式

数字文化广场除了一般文化广场所具有的群众自娱自乐、承载文艺演出等传统功能外，还融入了法规政策教育、善行义举宣传、民风民俗展示、历史文化展览等特色文化内涵，将服务阵地从室内延伸到户外，实现了宣传文化、党员教育、科学普及、普法教育、体育健身、文化遗产展示保护等资源的共建共享和功能整合，将文化广场打造成了一个室外综合性文化服务阵地，成为城乡居民首选的文化场所，为基层公共文化服务体系建设提供了一种新的模式。2016年，通过数字文化广场，开展各类文艺汇演、政策宣讲等活动12 000余次，极大丰富了基层群众的业余文化生活。

(三)数字文化广场为公共文化社会化建设提供了一条新路径

采取PPP建设模式，通过政府购买公共文化服务的方式，政府与广电网络公司合作推进数字文化广场建设，提高了政府财政投入的精准性和高效性。聘请第三方进行品牌规划设计，提升了社会参与度，是吸引社会力量参与公共文化建设的成功实践。

数字文化广场的PPP建设模式，为政府购买类似的公共文化服务提供了可借鉴的经验。

(四)数字文化广场为城乡精神文明建设提供了一个新平台

数字文化广场建成后，群众主动走出家门，观看文化惠民演出，参加各种休闲娱乐活动，接受党和国家的政策、法律教育，社会主义核心价值观得到弘扬，优秀传统文化得到传承发展，社会正能量得到传播。2016年在东营市举办的文艺演出中，通过“文化东营云”微信公众号开展抽取观众参与现场互动、幸运抽奖等活动，极大激发了群众的参与热情，形成了“人人参与文化、人人享受文化”的浓厚氛围，为提升精神文明建设水平提供了有力支撑。

(五)数字文化广场为文化主管部门监督管理提供了一种新手段

按照创建国家示范区的标准要求，东营市每年要组织近百家专业、社会文艺院团完成10 000场次的下乡进社区文艺演出任务。传统的监督管理方式，很难实现对数量庞大的文艺院团和演出节目的有效监管。数字文化广场建成后，演出团体通过免费WiFi登录“文化东营云”数字平台，可现场发送演出视频、图片，文化管理部门可通过数字文化广场上的高清摄像头及时调取文艺演出的现场情况，群众可随时通过手机对演出节目做出评价，这极大地提高了文化主管部门的监管水平，健全完善了公共文化服务监督管理和评价机制。

(六)数字文化广场在全省全国引起了广泛影响

2016年11月，在文化部召开的区域文化联动“互联网+公共文化服务”专题经验交流会上，东营市就数字文化广场建设做了典型交流发言。《光明日报》、《中国文化报》、《大众日报》、文化部官网等许多主流媒体都相继对东营市数字文化广场建设的经验和成效进行了宣传报道。广东、河南和潍坊、威海、德州等省市先后到东营市考察学习数字文化广场建设情况，对数字文化广场的成效和可复制推广性给予了充分肯定。

2016年12月，国家公共文化服务体系示范区(项目)创建工作领导小组办公室在反馈给东营市的创建工作评价和指导意见中指出“东营市在公共数字文化建设等方面形成了具有亮点和特色的创新性做法”，建议“东营市深入探索和完善政府分级投入和PPP模式推进群众数字文化广场建设的做法，在试点的基础上全面铺开，夯实公共文化服务体系基础；根据本地实际，在公共数字文化建设等方面进行创新性探索，重点打造公共文化服务体系建设亮点和特色，形成品牌，发挥示范带动作用”。

【专家点评】

东营数字文化广场做法简便易行、投入少、见效快、性价比高，极具示范性和推广性，实现了“文化惠民”服务方式的重大突破，将引领文化广场发展新趋势。其特点包括：一是无线WiFi覆盖广场。在广场上，居民不仅可以开展文体活动，而且可以拿着手机、iPad免费上网、畅游数字文化。二是场地设施“六个有”。即有广场、有网络、有戏台、有LED屏幕、有文化长廊、有体育健身设施。文化广场成为一种新型的基层综合性文化服务中心。三是“线下服务”与“线上服务”融合。通过LED屏实现文化馆对若干文化广场“1对N”的培训，打破了时空界限。居民在广场上可享受“零距离”的实时、远程辅导，让公共文化服务真正打通“最后一公里”。四是建设模式实现“政府+社会”。广电网络公司负责无线WiFi覆盖的前期建设，后期维护使用费由政府购买服务来承担。

东营数字文化广场的启示：数字化将文化机构服务的“内循环”转化为社会服务的“大循环”，实现了室内和广场服务的互联互通。

（点评人：阮可，浙江大学城市学院现代公共文化研究基地主任）

文化兴边、文化固边，文化共享服务点、流动分馆和数字分馆建设，共同构筑边疆文化长廊。

36. 文化固边　文化兴边：黑龙江边疆数字文化长廊建设

2007年初秋，当文化共享工程黑龙江省分中心将一大批图书送到祖国“北极”边防部队，为他们建成文化共享工程卫星地面接收站，播放出视频影片的时候，官兵的阵阵掌声，奏响起一个文化兴边、军民共建的崭新音符。2014年仲夏，黑龙江省东宁镇大肚川镇顺利通过验收，被命名为“全国边疆万里边疆数字文化长廊示范点”。从此，祖国东北边陲小镇居民在家门口就能感受到公共数字文化服务的和谐共鸣。时至今日，十年风雨兼程，一路踏歌而行，遍及城乡、村镇、边防哨卡、海关口岸、农垦林区，一个又一个共享工程服务点、流动图书馆分馆、数字图书馆分馆相继建立，黑龙江省分中心奔波在6 000里边境线上，建设边疆文化长廊的脚步从未停止……

一、情况背景

黑龙江省地处高寒边疆，下辖13个地级市(地区)，132个县(市)中有18个边境县，总人口3 833万人，总面积46万平方千米。[①] 辽远的寒带地域环境，造成了全省文化共享工程网络设施建设、基层群体服务及技术保障工作的特殊困难性。从中国最北端的北极村(漠河县)到中国最东部的东方第一哨(抚远市)，6 000多里漫长的边境线处在高纬度地区，人烟稀少，经济与文化发展普遍落后。因为经济与军事等诸多原因，驻守在边境线上的边防团(队)、边防武警部队及边防派出所，很多不能接通互联网。常年驻守边境一线的现代青年官兵们，在信息闭塞、读书看报难、文化娱乐难的环境中，更加渴望共享公共文化、数字文化的阳光雨露。

二、创新举措

(一)统筹建设资源均等的边疆文化长廊服务体系

一是起步早。2007年起，黑龙江省分中心牢固树立全省共享、全民共享、全军共享的理念，制订了“全省边防驻军文化共享服务体系建设实施方案”，开始为全省边防部队建设技术标准、资源均等的文化共享工程服务点、流动图书馆分馆、数字图书馆分馆，配置数量均等的纸本图书和数字资源，在全国率先开始建设边防部队公共文化服务体系。

---

① 参见《黑龙江省年鉴》(2015)。

图 1　黑龙江省图书馆 65951 部队分馆揭牌启动仪式

二是范围广、战线长。从祖国北极大兴安岭漠河，到中国东极抚远“黑瞎子岛”，黑龙江省分中心陆续在 6 000 里边境线上建成 15 个边防团(队)的文化共享工程服务点和流动分馆、数字分馆；自 2014 年起，又在全省 13 个地市、128 个县区建成数字服务点 156 个，数字文化驿站 1 400 个，连点成线、连线成网，实现了黑龙江全省边疆数字公共文化服务的全覆盖。

图 2　边防某团基层服务点

三是全方位大投入。以文化共享工程、数字图书馆推广工程、边疆万里数字文化长廊资源为基础，整合黑龙江省图书馆购买和自建的海量数字资源，每年为各边防团镜像更新 10 万种电子书，5 000 部优秀电影、电视剧、舞台剧及文化讲座视频。共下发公共文化一体机 1 592 台(套)，累计投放数字资源超过 3 000 TB，投入纸质图书 53 837册、电子书 24 万余种，文化讲座、专题片、电影电视、微学习短片等视频资料达 10 000 部集，投入服务器、电脑、硬盘、中国文化网络电视互动播出终端等设备 1 600套，不断满足边防部队广大官兵日益增长的精神文化需求。

图 3　部队巡逻艇上读书的战士

(二)标准化、立体化的边疆万里长廊数字服务平台

为充分保障边疆万里数字文化长廊的建设与服务效能，黑龙江省分中心立足自身技术优势，进行了一系列技术领域的开发和探索，走出了多举措并举、标准化、立体化的公共数字文化服务平台建设道路。一是创新“全覆盖”远程服务网络，应用 SSLVPN 技术，建设联通全省边疆乡镇、村和社区基层服务点、边防“警营网吧”的 VPN 专用网络，率先实现全省边疆数字文化长廊“服务网络全覆盖”。二是创新数字图书馆服务平台，在每个边防团镜像安装数字图书馆服务平台，大量镜像全团共享的数字资源；为偏远连队投入移动播放器(易播宝)，不断更新视频资源；搭建了以团级政工网为传播主干网，下载共享工程资源为主体，以移动播放器(易播宝)镜像更新资源为补充的全方位、立体化的数字资源服务平台。三是创新建设省军区、省武警边防总队“文化共享云平台”，累计投入 200 万，为黑龙江省军区打造 100 TB 存储、具有云盾高级安全性防护墙、保障全军共享的安全信息网络系统，实现全军文化信息资源的一站式检索和大数据应用。

图 4　牡丹江军分区数图分馆

(三)建设独具特色的边疆万里数字文化长廊服务资源

一是整合中俄特色资源。为适应黑龙江边境地区的文化交流，黑龙江省分中心图书馆应用App技术，迅速整合、加工了一批俄罗斯电影、歌曲及俄文图书；为边境海关口岸共享的中文资源加注了俄文名称；创建了数字文化一体机资源的国际化标准；结合海关、边境口岸工作需求，将中、俄双语的出入境管理条例、规章制度、旅游文化视频等资源统一整合安装到数字文化一体机中，满足了出入境客商便捷下载、移动阅读的个性化需求。

二是提供部队官兵喜闻乐见的个性化资源。在建设边防连队数字文化驿站时，精心加工、镜像了官兵们喜闻乐见的军事、时事、文化讲座、歌曲、影视剧、考试课程等大量数字文化资源。注重为部队服务器定期更新一线指战员关心的新型武器、战争史、军事理论探索等视频资源和相关图书。

三是增加边疆生产、生活特色资源。通过争取黑龙江省财政厅，设立了“数字文化工程”资源建设费，购买全省共享的“农村实用公共数字文化资源”，为乡镇、村及社区服务点配置了大量农、牧、畜、林业技术专题片和农村群众生产生活亟须的“微视频”学习、娱乐资源；黑龙江省财政三年累计投入550万元专项资金，丰富完善了全省共享公共数字文化资源体系。

(四)健全服务常态化、维护日常化、培训个性化的发展机制

一是服务常态化。黑龙江省边疆长廊建设按照长期布局，年度规划的建设原则，每年制订年度发展、服务计划，保证月月有活动，季季在更新，充分实现资源的高效利用。2016年，黑龙江省分中心谋划推出了“数字文化惠农服务年”“结对子　种文化”“边疆万里长廊建设与服务督导检查”等系列活动，组织多支志愿者服务小分队，在黑龙江省分中心主任亲自带领下深入全省边境地区的每一个军、警部队、少数民族乡村、海关口岸、农场、林场、社区等服务点与数字文化驿站，进行设备维护、资源更新、技术培训等全方位的志愿服务。

图5　黑龙江省中心志愿服务队

二是维护日常化。黑龙江省分中心组织精干技术力量和专业人才，组建了资源共享服务部，常年为全省边疆地区基层服务点提供专业化服务。日常的小毛病，通过网络视频会议系统、电话沟通解决，出现设备使用技术难题，工作人员会不辞辛苦，第一时间奔赴一线解决问题。黑龙江地域辽阔，很多基层服务点交通不便，自边疆万里数字文化长廊建设工程实施以来，黑龙江省分中心技术人员累计维护行程 20 000 多千米，完成设备维护和资源更新 1 000 多次，许多技术人员无论走到哪个乡镇、村，都能被老乡叫出名字来。

三是培训个性化。除定期组织种植技术、生产经验、农业经济等内容的网络培训外，面对不同受众群体，黑龙江边疆长廊还组织了多种有针对性的个性化课程培训。第一，对广大官兵指战员，实施“龙江讲坛”进军营，邀请著名专家学者到部队向官兵授课，先后有阎崇年、王禹浪、魏国忠等多位专家深入部队，为官兵解读时事热点，讲授历史精华，深受部队领导和广大官兵好评。同时引领广大指战员积极参与黑龙江省图书馆服务品牌——“阅读助力人生”诵读演讲比赛、真人图书、龙图公开课、艺术展览等活动，让更多的边防官兵共享文化成果，共建公共文化。第二，对边疆农民群众开展文化精准扶贫。组织全省基层图书馆有针对性地开办水稻、玉米、大豆等各类种植培训班和养殖技术培训上千场次，为黑龙江省农村经济发展做出了积极贡献。

三、主要成效

黑龙江省边疆万里数字文化长廊建设，为全省广大边境线上的官兵和农民群众提供了普遍均等的公共文化服务。黑龙江省分中心依托不断建设完善覆盖广泛、系统稳定、高速畅通的数字文化服务网络，形成了“省域云平台·专网共享”公共数字文化服务体系；不断深化技术培训，积极整合本地区特色资源，开展大规模的个性化资源定制服务。例如，乐业镇的乡镇文化站将“两学一做”学习教育内容、中国传统文化、本地新闻、活动图片与视频整合到一体机中，供党员、村民浏览、下载。八岔赫哲族乡制作了赫哲族的历史与文化专题视频，供中外游客观赏与下载，既弘扬了少数民族文化，又扩大了本地区旅游宣传。街津口赫哲族乡通过在一体机中设置“精准扶贫”个性模块，介绍扶贫单位与人员名单，强化了基层政府信息公开的职能和作用。边防派出所、边检站在一体机中添加了为民服务内容及办事流程等个性化服务模块，为驻地民众提供了直接观看和手机下载的便利。

黑龙江省边疆万里数字文化长廊建设对不断满足、丰富边疆军民的精神文化生活，提升边防部队综合管理水平和凝聚力、战斗力，促进边疆地区政治、经济、文化、军事和谐发展，维护边疆地区稳定和长治久安，发挥着迫切的现实作用和深远的历史影响，受到边疆地区广大官兵和群众的高度赞誉。

时任黑龙江省军区副政委的王炳跃参加边疆长廊活动时激动地说：“我们边防部队是雄鹰，文化建设和军事素养建设就是两翼，文化资源共享进部队，丰满了我们军事素养和文化建设的两个羽翼，希望战士们充分利用，展翅高飞。”2016年，中共黑龙江省委、黑龙江省人民政府、黑龙江省军区授予黑龙江省图书馆“双拥”模范单位荣誉称号。

【专家点评】

文化共享工程黑龙江省分中心在推进文化共享工程中的一大突出亮点是在全省党政军民学中全方位、立体开展服务，在各系统中不是一点一面，而是扎扎实实做到位。将文化共享工程的服务理念在设备设施利用上，在数字资源展示中，在服务效能提升上充分体现，将服务的触角遍布城乡、村镇、边防哨卡、海关口岸、农垦林区，让文化共享工程的惠民春光洒满黑龙江的山河大地。

在这些服务中，有一道绚丽的文化风景线，现在为省军区、省武警边防总队创建了“文化共享云平台”。在6 000千米边境线上的15个团(队)，建立了文化共享服务点、流动分馆和数字分馆。体现出黑龙江省文化共享人对人民子弟兵的深情厚谊，也为祖国的边防线筑起了一道“戍边卫国”的文化钢铁长城。

在项目实施过程中，黑龙江省分中心按照文化部文件要求，整合了文化共享工程、数字图书馆推广工程、公共电子阅览室建设计划三大惠民工程，将国家数字图书馆资源通过文化共享平台向部队官兵提供服务。近十年来，累计投放数字资源超过3 000 TB、电子书24万种，文化讲座、专题片、电影电视、微学习短片等视频资源达10 000部集，极大地丰富了广大官兵的精神文化生活。

在项目实施过程中，黑龙江省分中心的领导亲自带队深入到全省边境地区每一支军警部队，精心策划服务站点的布局、设备设施的安装到位、文化数字资源的上线服务。同时为保证所提供服务的可持续发展，分中心还制订了设备维护、资源更新、技术培训等相关的规定以及文化志愿者的全方位上门服务。从开始至今，已陆续完成设备维护和资源更新1 000多次。

各边防哨卡、海关口岸，在充分享受优秀文化资源服务的同时，也利用这些设备设施为边民、为出入境群众提供便民服务，如为民众在出入境管理上提供直观收看和手机下载服务流程的便民措施，深受出入境群众的欢迎。

2016年黑龙江省分中心获全省“双拥”模范单位荣誉称号，这枚奖牌饱含着黑龙江文化共享对人民子弟兵的热爱，也渗透着他们辛勤的汗水。望黑龙江省分中心在建设边疆数字文化长廊的道路上“不忘初心，奋勇前行”！

（点评人：张彦博，原全国文化信息资源建设管理中心主任）

联合文化共享和公安安防两条数字服务线，形成了海疆数字文化服务的车之两轮、鸟之两翼。利用先进的技术支持了具体、精准、区别化的服务，将文化共享发挥到极致。

37. 祖国海疆　连绵书香：山东海疆数字文化长廊建设

在文化部、文化部全国公共文化发展中心(以下简称发展中心)、公安部边防局的关心支持下，山东省文化厅、省公安边防总队密切合作，深入实施“万里海疆·万里书香”数字文化长廊工程，积极探索公共数字文化在沿海地区的建设与服务手段，形成“双线立体”的建设和服务新模式，逐步构建起覆盖全省海防一线，为部队官兵和辖区群众共享的海疆文化服务体系，使“文化软实力”在边海防建设中发挥“硬作用”，受到海疆群众和官兵的欢迎。

一、情况背景

山东是海洋大省，截至2016年，海岸线全长3 300多千米，占全国大陆海岸线的1/6，包括19个县(市、区)，有海岛589个、渔船4.2万艘、渔民14.8万名。由于点多线长、信息和交通不便等原因，所以针对海岛军民和渔民的公共文化服务相对滞后、盲点较多。另外，随着“一带一路”、海洋强国战略的深入推进，山东半岛已成为海上丝绸之路的重要枢纽，每年出入境航班3万余架次、出入境船舶2万余艘次、出入境人员550余万人次，人员经贸文化往来频繁，部分涉外企业打着经济活动的幌子伺机实施渗透活动。

二、创新举措

(一)“双线”建设模式

山东省海疆数字文化长廊建设的“双线”建设模式是指文化部门和公安边防部门结合实际，优势互补，在设施、队伍、资源、活动等方面共建共享，形成文化共享和公安边防两条海疆数字文化服务线路。“双线”建设模式以文化系统建设的文化共享工程基层服务点、公共电子阅览室以及公安边防系统的边防书屋、警营网吧为基础，通过合作共建方式开展深入协作，统一挂牌共建示范点和数字文化驿站近300个，共享海疆数字文化长廊服务资源。两条线路目标一致，优势互补，互相促进，取得了明显成效。

文化共享线：文化部门着眼于推进文化强省，构建现代公共文化服务体系建设这一目标，推进海疆数字文化长廊建设，为沿海地区群众和官兵提供随时随地的公共文化服务，扩大公共文化服务覆盖面，打通公共文化服务“最后一公里”。文化部门结合数字文化建设任务，制订了“跨终端、跨网络、跨空间”提供数字文化资源的新举措。

在山东全省海疆街道、乡镇、海岛，为已建成的文化共享工程服务点和公共电子阅览室新增配备了数字渔家乐、移动数字加油站、摄像机、中国文化网络电视互动播出终端、平板电脑等设备，新建成边疆万里数字文化长廊示范点；在海疆企业、渔港等数字文化服务盲区，配合群众文化活动的开展，也配备了移动 WiFi、公共数字文化服务一体机、网络电视终端等，建设数字文化驿站；利用文化共享工程打造了“海疆数字文化长廊服务平台”，安装到每一个示范点和数字文化驿站，并实现一站式导航，为沿海地区群众和官兵提供随时随地的数字文化服务。

公安边防线：公安边防部门从维护文化安全这一战略高度和长远角度出发，聚焦境外腐朽文化和极端宗教思想渗透给意识形态斗争领域带来的新挑战、新情况，坚持警地共建、因地制宜的原则，聚焦部队官兵和沿海渔民群众对精神文化生活的新期待，实施海疆数字文化长廊，切实增强沿海地区民众的文化意识与国家认同，不断把文化工作向岛屿、渔船、渔民延伸，以文化安全确保边海防安全，确保国家安全。

目前，山东全省公安边防部门已在开放口岸、边防辖区等数字文化服务盲区，新建数字文化驿站，利用这些驿站开办了“海疆书香大讲堂”和“海疆书香广播站”等，开展文化活动、进行政策宣讲等。在文化部门支持下，公安边防部门根据形势的发展和官兵、群众的需求，又进一步扩宽了数字文化驿站的外延，把它打造成了信息传播发布平台、产业转型服务平台和生产效能优化平台，助力沿海地区渔民致富和经济发展。此外，公安边防部门还建立了“警营网吧”“边防书屋”和“图书角”，打造了“海疆书香”在线阅读平台，在丰富官兵和渔民文化生活的同时，开展培训活动，为当地人才培养提供了大力支持。

文化共享和公安边防这两条数字服务线，既相互平行又相互交叉，既各有重点又密切合作，双方联合出台《关于进一步推进“边疆万里数字文化长廊”暨山东省“万里海疆·万里书香”建设的意见》等三个规范性文件，明确工程建设原则、服务内容、实施步骤等，并逐步建立健全“四项机制”。一是联席会议机制。建立与各级文化部门的工作协调机制，每半年至少组织召开一次工作联席会议，总结讲评工作开展情况，研究谋划推进工作措施。二是综合保障机制。积极向驻地党委政府汇报，协调各级文化部门将工程纳入驻地文化建设整体规划，争取专项经费和政策支持。三是考核评比机制。每年双方组成联合考核组，对沿海各地市工程建设情况进行考核检查。曾先后 6 次开展联合调研检查，实现了省市县乡四级部门协作联动。四是宣传推广机制。在中央和省级媒体进行宣传报道 100 余篇次，形成了集中宣传效应，工程影响力和知名度持续扩大。双方相辅相成，相互促进，形成了海疆数字文化服务的车之两轮、鸟之两翼，为在山东全省海疆打造立体化的服务模式，打通海疆数字文化服务的“最后一公里”奠定了坚实的基础。

(二)"立体化"服务模式

海疆地区公共文化服务的弱点和盲点较多、差异化显著，文化和公安边防部门立足实际，确定以偏远海岛、渔村和外来务工人员为重点，填补海疆文化服务差异化显著、需求多样、弱环和盲点较多、场合复杂的弱点；以海上流动服务为重点，填补海疆文化服务的盲点。山东省文化厅和省公安边防总队有效整合服务资源，因地制宜，突出重点，在资源整合、资源传输、终端服务、日常运行等方面实现了全方位、立体化的服务与管理。

1. 服务内容立体化

传统媒体和数字媒体都有各自特有的受众群体，传统媒体资源包括图书、报刊等，满足了群众特别是老年、妇女等人群的一般阅读需求；数字媒体资源包括各级文化共享中心资源、警营文化资源、地方文化资源等。云端视频 4 万部、海疆专题视频 1.1 万部、数字渔家乐等终端视频 9 948 部、音频 10 276 部、电子书 13 471 册，深受青壮年群众的喜爱。为此，探索以数字资源为主，两者兼顾，实现了服务资源的立体化提供，使得渔民和官兵不管是在书屋还是在海上，不管是在警营还是在巡逻，都可以随时接收。同时，还通过"悦享"资源共享平台征集来自群众的各种资源，最大限度地扩大资源途径，提升服务资源的立体化。

2. 资源传输立体化

建立省级云服务平台，实现了海疆数字文化资源的统一管理。在资源更新和分发上，实现联网自动更新、按需手动更新，资源点播和利用记录自动上传，资源与服务的互动与需求反馈，由此实现对服务资源的交互式立体化管理；在资源服务终端上，初步建立起全媒体终端服务体系，包括面向个人媒体终端的手机图书馆 App、微信，以数字渔家乐为代表的个人移动终端服务器，以共享一体机、电子借阅机为代表的智能媒体终端，以"警营网吧"、基层公共电子阅览室为代表的互联网终端，以文化网络电视、数字电影放映机、广场大屏为代表的众媒体终端。这些终端根据不同的服务需求进行部署，实现了资源传输的立体化服务。

3. 服务范围立体化

建立完善的分众服务机制，对重点群体如沿海居民、海岛居民、边防官兵、外来游客、捕捞养殖人员等，采取针对性的资源配置和传输方式，实现了服务对象全面覆盖。山东省文化厅和省公安边防总队还按照服务模式的不同，因地制宜，分类建设服务场所，逐步形成了海疆数字文化服务的社区模式、海岛模式、渔港模式、警营模式、企业模式、景区模式、海上模式等。其中，海上模式特色最为显著。工作在广阔海域的渔船、客货轮船、石油平台以及海军舰船、海警船、海监船、渔政船等流动性强，网络不通，是海疆文化服务的盲点。文化和边防部门有针对性采取送书刊上船、送便携式服务设备上船的方式，尤其是创新开发应用了便携式移动 WiFi 服务器，即数字渔家乐，其内置的存储硬盘可容纳 2 000 部视频节目、1 万部有声电子书、5 000 余种文本电子书刊，即便是没有互联网的茫茫大海，也可以方便地通过手机、WiFi 等便携设备在线访问这些资源。日照、青岛、威海、烟台的各大中心渔港通过数字渔家乐，实现了服务范围的立体化，最大限度地覆盖广大群众和官兵。在中国第三支赴利比里亚维和警察防暴队设立文化共享工程数字文化驿站，实现了文化共享工程第一次走出国门，既服务了维和官兵，又有力传播了中国文化，赢得了联合国和中国驻外官员高度赞扬。

三、主要成效

海疆数字文化长廊建设被纳入全省公共文化服务体系、军民融合发展、双拥共建规划以及沿海地市发展整体规划，为现代公共文化服务体系建设闯出了一条新路。良好的政策优势、地域优势和共建优势，使文化和公安边防部门在海疆文化建设上能够深度融合，产生“1＋1＞2”的叠加裂变效应，推动海疆数字文化长廊建设得以迅速落地开花、结出硕果。

(一)顶层设计、共建共享是工程成功的前提

在工程实施之初，山东省文化厅和省边防总队就把它纳入山东全省现代公共文化服务体系建设和沿海部队文化建设，并联合制订了详细的实施意见，签订了共建共享协议，建立了协作共建、军民共享的工作机制，服务平台共建，日常运行共管服务规范统一，两次召开全省现场会部署工作，确保了顶层设计的客观、科学、准确，为工程的深入实施奠定了坚实的基础。

(二)因地制宜、实事求是是工程成功的关键

针对海疆地区千差万别的实际情况，分门别类、因地制宜、针对性地开展服务，在陆地上以乡镇文化站、村文化中心和部队军营为依托，结合群众文化活动开展阵地服务；在海岛以边防书屋为重点，主要为驻军和游客开展服务；在海上以便携式流动服务为主，确保了服务效果。在工程的实施步骤上，山东省文化厅和省公安边防总队统筹规划，从易到难，从简到繁，从点到面，逐步推开，使工程的实施一步步深入。

(三)不断探索、开拓创新是工程成功的动力

海疆数字公共文化服务从服务理念、服务资源到服务方式，都是一项全新的服务工程。在具体工作中，山东省文化厅和省公安边防总队注重传统媒体与数字媒体、阵地服务与流动服务、资源提供与活动开展、服务驻军与服务群众有机结合，创新设置了海上便携式服务设备，使海疆数字服务方式不断提升，为工程的不断深入提供了强大活力。正是因为这几点，山东全省上千万的沿海居民、海岛居民、广大边防驻守部队才享受到了海疆数字文化长廊建设的全方位服务。

【专家点评】

山东省实施“万里海疆·万里书香”数字文化长廊工程，有效解决了该省海岸线长、海岛众多、渔船及渔民日常生活流动性大、出入境和经贸活动频繁、信息通讯和交通不便等问题，将公共文化服务覆盖到边海各区域，为边疆、海疆地区的公共文化服务提供了很好的借鉴与参考。

其亮点和创新点在于：一是理念先进的顶层设计，文化部门与公安边防部门“双线”联合，优势互补，打破不同部门、不同系统、不同层级间的阻隔，文化共享线与公安边防线交织成覆盖沿海广大地区的服务网络；二是将文化共享发挥到极致，既利用了文化共享工程已有资源(包括数字资源和基础设施)，又开拓了数字文化驿站、数字媒体资源等新资源；三是先进的技术支持了具体、精准、区别化的服务，省级服务云平台、手机图书馆App、数字渔家乐等技术开发，实现了服务内容、资源传输、覆盖空间的立体化；四是在制度设计上，建立联席会议机制、综合保障机制、考核评比机制，保障该项目的有效实施和可持续发展。

建议：建立资金保障制度或专项基金，对建成的各类型服务点和服务设施持续投入；拓宽与服务对象的双向互动渠道，更好地了解边防官兵、渔民等大众需求；继续加大资源建设力度，注重挖掘、制作、保存边疆特色文化资源。

(点评人：李东来，广东省东莞图书馆馆长)

第四篇　数字文化资源建设与推广

公共文化服务，资源建设是根本。产品的创作和生产是资源建设的源头，只有创作和生产出一大批思想性、艺术性、观赏性有机统一的优秀公共文化产品，公共文化服务的资源丰富多彩，才能充分满足人民群众的精神文化需求，“以文化人”的目的才能真正实现。

数字文化资源建设是现代传播条件下公共文化服务推广的新形式，因其易保存的特点，有利于优秀文化的保存、传承和弘扬，推动了文化资源的共建共享；因其易获取的特点，打破了地域，使公众获取服务更加便捷，获取成本更加低廉，将会有力地促进基本公共文化服务均等化的实现；因其具有很强的互动性，适应了数字化时代发展的需要，突破了传统保存方式所不能达到的展示要求与保真效果。

数字文化资源的建设是核心，但数字资源建设的最终目标是数字文化的服务与推广。我国在21世纪初开始实施的全国文化信息资源共享工程，文化资源总量已经达到几百TB。为实现数字文化服务和推广的目标，需要在此基础上创新地利用数字文化资源，深入挖掘其内涵、价值。

一是充分发掘地方传统文化资源，在对地方文化、非遗文化等优秀文化的抢救性保存的同时进行了宣传推广；二是开辟数字文化资源展现的新形式，与新兴载体实现有机结合，将传统文化以新颖的方式推广，实现资源在更广泛的范围内推广；三是创新推广方式，线上线下双向结合，促进数字文化资源的大范围传播；四是数字文化资源的建设与推广要便于实现定制化服务，以公众的需求为导向，特别关注基层群众和特殊群体；五是加强边境地区数字文化资源的建设与推广，促进文化交流，加快文化走出去的步伐，实现文化认同。

本篇围绕数字文化资源的建设和推广中的五个领域选取12个案例。

(一)地方文化、非遗文化的抢救性保存

“福建文化记忆专题资源数据库群”项目充分运用广播电视和数字图书馆技术，以非物质文化遗产为重点，优先抢救记录福建省濒临消失的传统文化技艺，让数字文化资源帮助福建人“记住乡愁”。西藏积极建设《格萨尔史诗》多媒体资源库，将格萨尔精品说唱、格萨尔音乐唱腔、格萨尔精品赞歌、格萨尔精品赞舞、格萨尔艺人口述史、格萨尔文化遗迹专题片等内容数字化，有助于格萨尔文化的保存与传承。

(二)开辟数字文化资源展现的新形式，与新兴载体实现有机结合

过去，数字资源的建设主要采取多媒体资源库、文化专题片的形式。近年来，结合互联网用户信息获取的特点，各地加大了动漫、微视频等新资源的建设力度，将文化与动漫结合起来，以贴合时代的呈现方式，广泛推广。湖南组织戏曲动漫进校园活动，以动漫承载戏曲故事，形成了以戏曲体验课和戏曲教学课为主要形式的推广模式。全国公共文化发展中心开展红色历史动漫资源建设，用栩栩如生的动漫人物形象和生动的革命故事来推广红色文化。微视频是当下一种主流的视频形式，其微时长、微投入、微制作、快速传播且互动性强的草根特性，能更好地满足基层群众对文化内容建设的需求，上海抓住“微”传播时代的特点，通过视频大赛收集数字资源，建设微视频多媒体资源库，实现了上海文化的保存与推广。

(三)创新推广方式，促进数字文化资源的大范围传播

数字文化资源内容丰富、形式多样，如何创新推广方式，将“沉睡”的资源“唤醒”，扩大传播范围，成了公共数字文化建设的重中之重。安徽将拍摄的文化专题片通过文化网络电视、电信网络电视 IPTV 平台、高校资源共享服务平台、党员远程教育平台以及公共电子阅览室等渠道实现点播放映，并配送光盘到共享工程基础服务点，实现了徽派文化的大范围传播。山西在拍摄《山西村落》电视专题片的基础上，发起了“共享工程·山西地方特色文化专题片展映活动”，一是每周在报告厅播放电视专题片，供有条件来现场的观众观看；二是将专题片中的精彩片段整理成文字形式，通过线上平台进行推送，供没有条件来现场的读者阅读。

(四)关注特殊群体和基层群众，实现定制化服务

数字文化资源的建设与推广要关注未成年人、残疾人等特殊群体。文化部全国公共文化发展中心“三馆”项目中的心声·音频馆则是专门为我国视障人群打造的公共文化服务平台；基层文化资源相对缺乏，将数字文化资源向基层推送，可以有效解决文化资源地域分布不平等、师资缺乏等问题，在“三馆”项目中，社区文化生活馆就是专门为社区居民推出的文化资源服务与共享平台；“三馆”海量的数字文化资源为不同层次、不同群体的受众提供了相应的定制文化服务，满足了多层次的文化需求。吉林针对朝鲜族群众开展了朝鲜语的译制工作，建设朝鲜语视频资源，定制农业知识文化资源。四川开展汉藏文化交流项目，深入藏族地区，建立汉藏文化交流基地，建设文化信息资源共享工程基层服务点，开发建设汉藏双语数字平台，在藏族地区推广数字文化资源，促进了优秀文化在藏族地区的传播，起到了促进民族团结的作用。

(五)加强边境地区数字文化资源的建设与推广，促进文化交流

在我国的边境省份主动进行数字文化资源的建设，用文化资源充实交流内容，有利于实现文化融合、边民相亲，维护边境的稳定。广西利用边疆数字文化长廊工程，搭建数字文化“微聚”系统，整合数字文化资源，打造了一系列具有中越边境特色的数字文化服务。黑龙江省绥芬河整合适合俄罗斯读者阅读的俄文原版图书、数字资源，使俄罗斯的群众能够通过数字文化资源全方位、立体地了解中国传统文化，促进了中华文化的对外传播。

创建资源建设联合共建机制，充分发挥各级文化部门积极性，鼓励引导社会力量参与，培养锻炼一支专业人员队伍，推动传统文化国际交流，是地方文化特色资源建设的有效途径。

38. 举全省之力　融文化之髓：福建文化记忆专题数据库群建设

文化共享工程福建省分中心（福建省图书馆）积极认真探索地方特色文化资源建设的方法和方式，根据福建区域文化特点，充分运用广播电视和数字图书馆技术，以闽南文化专题资源数据库建设为起点，逐步摸索，积累总结，继而提出建设“福建文化记忆数据库群”的概念。

“福建文化记忆专题资源数据库群”是集图、文、影、音为一体的福建地方特色文化数据库群，是福建地方特色文化信息资源数字化的汇总，是福建省文化共享工程和非物质文化遗产保护工程以及福建各类地方特色文化的综合产品。福建省分中心始终着眼于“福建文化记忆专题资源数据库群”的探索与实践，并形成了“举全省文化系统之力、融文化记忆之髓”，创建“福建文化记忆专题数据库群”的工作格局。

一、情况背景

福建是名副其实的文化遗产资源大省，丰富多样的文化遗产为福建省地方特色文化资源建设提供了源源不断的素材。福建省分中心适时提出了实施福建文化专题资源数据库建设工作的“提升”——从图书馆单独建设数据库，提升为以文化行政主管部门为主导，以省图书馆为建设骨干的全省四级文化信息网络，举全省文化系统之力，联合建设以图书馆为平台的富有特色的文化信息数据库群。同时，进一步确认了将资源建设内容的重点定位在特色文化资源上。

经过几年的探索实践，积累研究，福建省分中心最终将“福建文化记忆专题资源数据库群”建设列为重点，并以福建省文化遗产和当代文化艺术产品为主。具体而言，以世界级、国家级、省级物质与非物质文化遗产为重点，优先抢救记录福建省濒临消失的传统文化技艺与现象。明确了资源采集定位，根据福建地方特色资源建设纲要和福建区域文化特点，福建省分中心制订了地方特色文化资源建设项目的整体规划。

首先，按照规划，福建省分中心以非物质文化遗产保护和福建区域文化为重点，应用广播电视技术和数字图书馆技术，重点开展由闽南文化、客家文化、妈祖文化、畲族文化等 36 个地方特色文化构成的“福建文化记忆专题数据库群”建设，运用数字技术留存福建特色地域文化。

其次，“福建文化记忆专题资源数据库群”既要面向广大不同层次的读者，又必须

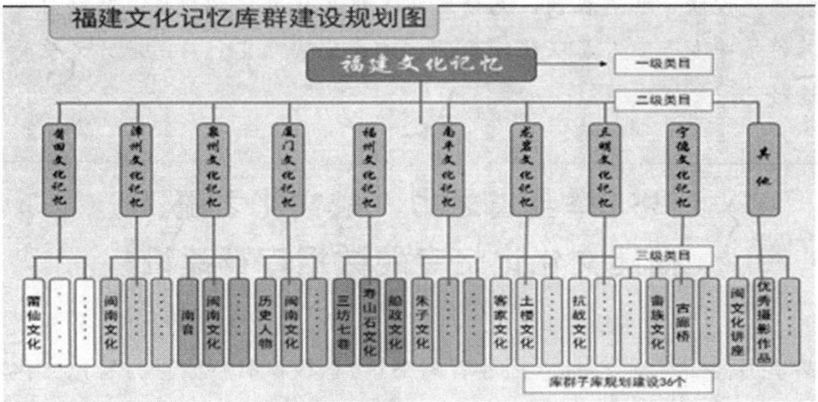

图 1 “福建文化记忆”资源建设规划图

为文化研究提供翔实完整的资料，因此，“福建文化记忆专题资源数据库群”的建设必须集观赏性、史料性、学术性于一体。“福建文化记忆专题资源数据库群”中的电视文献纪录片，在遵循电视节目制作规则的同时，既要保护与弘扬文化遗产，又须集知识性、文化艺术欣赏性、可视性于一体。

从 2000 至 2016 年，经过十多年的工作实践和积累，福建省分中心实现了阶段性的建设成果。目前已有 28 个项目获得文化部的批准立项，申报的电视专题片 309 集，完成了《闽南文化》《客家文化》《妈祖信俗》《寿山石文化》《畲族文化》《福建古村落(一)》《船政文化》《闽台宗祠文化》《福建工艺美术(一)》《海西历史人物——郑成功(动画)》《福建地方戏》《福建古廊桥》《泉州南音》《福建春节(一)》等 15 个项目共 148 集文献专题片的采集、制作任务；初步形成闽南文化、客家文化、妈祖信俗、寿山石文化、福建文化记忆——非物质文化遗产、泉州南音、海西红土地党建信息库、福建地方志全文数据库、福建家谱联合目录数据库、福建家谱提要数据库、馆藏台湾文献介绍、福建省外文期刊联合目录等数据库产品。《畲族文化》《船政文化》《莆仙文化》《福建工艺美术》《福建春节》《福建舞台艺术》《福建古廊桥》《福建古村落》《寻访老艺人》等专题数据库正在推进建设。

图 2 “福建文化记忆”采集组

二、创新举措

(一)创建联合共建运作机制，提高资源采集效率和水平

本着“联合共建”的理念，福建省文化厅成立以分管厅长为组长的建设领导小组，在福建省文化厅的组织领导与协调下，有效推进全省地方特色文化资源建设。领导小组之下设专家顾问组、采集摄制组和数据库制作组，同时联合全省文化系统图书馆以及其他文化单位成立“福建文化记忆数字资源建设协调委员会”，负责合作单位的协调和项目建设的日常业务指导工作，共建专题文化资源数据库群。

为确保“福建文化记忆资源数据库群”建设得以顺利开展，为协调好与各地市文化部门的关系，福建省文化厅在多方征求意见的基础上，制订了“福建文化记忆资源数据库群”合作共建方案，明确规定了参与合作的各方职责，也明确提出了各方权利：福建省分中心负责资源的征集、采拍制作和数据库建设工作；地方文化局负责协调当地与省分中心资源收集相关的各方关系，并负责推荐专题权威专家；地方文化部门可在国家中心许可的权利范围内享有对“福建文化记忆资源数据库群”一定的知识产权。这种共建、双赢的合作方式受到了各地文化局的欢迎，也调动了他们的积极性，使项目建设达到事半功倍的效果。

(二)在实践中不断创新工作方法，形成较为完善的资源建设管理工作机制

在项目建设的过程中，福建省分中心建立了方案预先审议、计划事先安排、进展实时跟踪、质量层层把关的运行机制，重点把握了人力资源组织、标准规范选用、软硬件建设与管理、资源采集与版权处理、资源后期转化整合建库、成果验收与档案归总等重要环节的实践，形成了较为完善的组织、管理与运行体系。

1. 人力资源组织环节

人力资源组织包括建立领导决策组织、专家顾问组织、专业技术人员组织这三个组织机构。福建省文化厅负责项目的审议、监督和协调，组建专家顾问组；福建省分中心负责资源的征集、采拍制作和数据库建设工作；地方文化局负责协调当地与省分中心资源收集相关的各方关系，并负责推荐专题权威专家。

2. 项目方案论证机制

工程建设中所需的各类方案设计的质量如何，直接关系到所建成专题数据库的质量高低。方案设计的科学与否，还关系到建设过程中能否少走弯路。为此，福建省分中心对各类建设方案的论证工作，给予了较大的关注。从专题数据库的选题方案，到专题数据库的结构方案，乃至检索点的设置方案等，都经过了相关人员的反复讨论和修订才初步确定。在项目策划和实施过程中，还聘请相关领域的权威专家全程参与，每个项目均需召开项目立项评审会、专家研讨会、专家论证会和项目验收会，确保项目顺利实施。

图 3 《福建文化记忆·寿山石文化》专家研讨会

3. 标准规范环节

在项目建设过程中，省分中心始终注意收集、参照、执行国家有关部门颁发或国家中心推荐使用的标准与规范，接受国家中心指导，在项目组织、资源建设、资金使用等方面严格执行相关标准规范，提高项目建设的科学性。

4. 经费管理环节

在实际工作中，根据财政部《中央补助地方公共文化服务体系建设专项资金管理暂行办法》(财教[2015]527 号)和福建省有关财政财务管理制度，制订了《福建省图书馆地方特色文化视频资源建设经费管理暂行办法》，成立了公共数字文化建设经费管理小组，对项目经费的计划与开支进行审议后，报馆务会议通过，并由财务部门按合同执行。管理小组成员由馆领导、财务、纪检、项目负责人等人员组成，严格按章办事，审慎批准各项经费开支，保证了项目建设过程的平稳运行。

5. 软硬件建设与管理环节

在资源采集方面，为保证所采集的资源达到广播级电视标准，福建省分中心陆续购买了索尼 F5、索尼 FS700、佳能 1DC、六轴航拍机等广播级摄像机进行 4K 4096×2160 视频的录制。在资源整理方面，添置了大洋媒体资产管理系统及大洋非线性编辑系统进行多媒体管理及编辑，苹果的达芬奇顶级调色系统进行后期调色，设计并搭建 4+1 讯道高清演播室系统(采用松下 AK-HC2500MC 高清演播室摄像机与索尼 PXW-X500 高清摄像机结合无线微波传输)，AV-HS410MC 数字切换台，索尼 PDW-HD1200 高清光盘录像机，BMD 专业硬盘录像机等。为规范软硬件的管理，福建省分中心聘专业技术人员管理设备库房，要求摄制组在拍摄前制定设备方案交由库房管理员审核，审核通过后方可出库；摄制组应派专人进行设备管理，每天拍摄完成后，管理员应对照设备清单清点设备；摄制任务完成后，设备管理员应协助库房管理员根据设备清单清点设备，确保设备无损的情况下方可入库。

6. 资源采集与版权处理环节

在“福建文化记忆专题资源数据库群”建设中，福建省分中心既采用自己采拍的资源，又采纳社会征集、采购获得的授权资源，但由于省分中心采集的一些民间技艺、工艺或暂未授权的作品是不便对外公开访问的。这就要求数据库技术应能对资源发布方式进行设置(可公开或不可公开)，以保障对资源访问方式的控制，对不涉密、无版权问题的资源开放使用；对知识产权暂未解决的或涉密性较低的资源，只对少数专家学者授权使用；而对一些涉密的工艺、技艺，则只做典藏，不公开使用。

7. 质量控制环节

将图书馆学中的主题词标引技术应用于“福建文化记忆专题资源数据库群”的建设中，引用主题词标引与主题词规范、版面文字审校等方面工作的质量控制，是福建省分中心在数据库建设过程中始终坚持的一条原则。对于质量控制过程中发现的问题都毫不犹豫地要求立即整改，决不让有质量问题的半成品流入下一道工序。

8. 资源后期转化整合建库环节

在“福建文化记忆专题资源数据库群”建设中，福建省分中心采用了 TRS WCM 内容协作平台、TRS Server 全文检索系统并以知识库的形式来组织与管理资源，将资源组织的体系结构定义为三层：上层为 Web 浏览页面、中间层为元数据、底层为基本资源库和辅助资源库。其中基本数据库的主体是地方文化相关专题的全文数据，辅助资源库是对基本资源库的补充与支持，各辅助资源库之间及与基本库之间，通过字段或热词两种方式建立连接，使专题资源形成一个完整的有机整体。

9. 成果验收与档案归总环节

“福建文化记忆专题资源数据库群”建设伊始，福建省分中心就注重抓资料收集建档工作。收集的重点包括：发文与来文、项目建设可行性研究报告、立项申请书、项目建设合同书、数据库建设方案与计划、专题资源采拍大纲、脚本与手记、设备采购招标书等以及大量的请示报告和批复件等。

(三)鼓励和引导社会力量参与，探索多渠道合作共建资源途径

在建设初期，福建省分中心主要依靠自身力量完成项目资源的采集、制作。省分中心一直秉承“联合共建”的工作理念，早在 2008 年就成立了以省文化厅领导为组长的资源建设领导小组，在福建省文化厅的组织领导与协调下，联合全省文化系统的兄弟单位，开展资源建设的“联合共建”，有效推进全省地方特色文化资源建设。同时，在全省文化系统参与资源合作共建的基础上，福建省分中心也积极探索引入社会力量参与资源建设的途径和方式，特别是近年来，随着国家鼓励社会力量参与公共文化服务体系建设的政策出台，福建省分中心因地制宜地引入社会力量参与资源建设，成为拓展资源建设途径的有力补充。

1. 充分利用新媒体的平台优势，与电视传媒机构开展深入合作，扩大资源的传播途径

从2015年开始，福建省分中心与福建海峡卫视签订合作共建资源建设项目的协议，双方共同策划项目选题、共同筹集项目建设资金、共同承担资源服务推广。福建省分中心充分借助海峡卫视的平台优势、团队优势及节目可以在台湾落地的独特优势，与海峡卫视组建项目工作组，开展《丝海探源》《丝路百工》《福建春节》等地方特色文化专题片拍摄制作，节目制作完成后将在全国播出。此外，福建省分中心也充分利用互联网的优势，与新华网福建频道开展电视专题片《福建古村落(第三季)》的拍摄制作与服务合作。

2. 引入竞争机制，制定准入规则，招募社会传媒机构参与资源建设

经过充分的市场调研及分析，福建省分中心积极引入社会力量参与《福建文化记忆》专题资源建设，即与市场上有资质有实力的传媒公司合作，各派专业技术人员联合组成资源采集小组，完成资源采集及后期制作。具体做法是：通过公告公开招募、遴选市场上有资质的传媒公司，由评审专家在信誉、业务能力等方面对其进行评审，选出具备进行资源采集能力的传媒公司供福建省分中心使用。之后，福建省分中心认真严肃考核评选出来的公司在实际工作中的业务水平，采取优胜劣汰机制，并择其最优者形成适合的、稳定的合作关系。

(四)运用现代高新技术，保护、开发和利用文化遗产

“福建文化记忆专题资源数据库群”建设的内容定位为以本省文化遗产和当代文化艺术产品为主。在采集某项文化遗产素材时，以文字、图片、视频为载体进行数字化记录和保存，并在此基础上运用多方资源建设文化遗产专题资源数据库，供社会阅读欣赏及研究利用。主要做法有：将文化遗产的产生背景、艺术特征、传播传承、工艺流程、工艺传人等相关内容进行数字化，制作成能够在任何具有多媒体展示设备的条件下进行现场展示与宣传的DVD光盘；综合文化遗产的多种信息，搭建专题资源数据库，只需轻点鼠标，即可清晰而又详尽地浏览数据库里的内容。

(五)传承文化遗产，扩大对港澳台和对外文化交流

福建省分中心在福建省文化厅的领导下，大力实施多层次、宽领域文化走出去战略。“福建文化记忆”先后赴澳门、台湾等地，以图片、视频、多媒体电子书等形式进行展览，以文促情、以文聚心，为增强台湾同胞对中华民族的认同感和归属感尽一份绵薄之力。此外，“福建文化记忆”还依托海外闽侨文化中心，先后赴南非、美国等地积极开展对外文化交流。

图 4　在美国纽约闽侨文化中心设立福建省图书馆数字资源体验区

三、主要成效

在“福建文化记忆专题资源数据库群”建设探索实践中，福建省分中心不仅创建了“联合共建”运作机制、模式，还积累了一笔不菲的财富。

(一)入藏了一批具有科学研究价值的文化资源

2010 年，初步建成“闽南文化专题资源数据库”之时，福建省图书馆数字资源总量仅 37 TB(其中自建地方数字资源 5 TB)，此后，随着地方特色文化资源采集和各数据库建设的逐步深入，截至 2015 年年末，福建省图书馆馆藏数字资源总量已达 151.09 TB(其中自建地方数字资源 73.09 TB)，就自建数字资源数量而言，六年多来，增长近 15 倍。同时添藏了一批较有价值的地方文献资源。这些文献资料包括福建家族谱、福建工艺美术地方文献、船政文化地方文献、莆仙文化地方文献等。以家族谱为例，20 世纪 50 年代，福建省分中心馆藏的家族谱仅有几十种，经过 60 年的长期不懈的努力，截至 2015 年 12 月，馆藏的家族谱资料已达 3 000 种，成为福建省分中心馆藏地方文献的重要组成部分。

(二)培养锻炼了一支熟悉资源建设各项流程的专业队伍

通过“福建文化记忆资源数据库群”项目的建设实践，福建省分中心培养锻炼了一支熟悉福建省地方特色资源建设的专业采编队伍。目前福建省分中心资源建设团队拥有了策划、撰稿、编导、摄像、摄影、美工、数字媒体、网络与数据库等专业技术人员近 30 名。

(三)提升了资源建设的技术保障水平

经过十多年的积累，福建省分中心资源采集与编辑设备实现了专业化的提升，配备有网络服务器、交换机、大容量存储器、扫描仪、光盘刻录机、专业数码相机、广播级高清(2K/4K)专业摄像机、六轴航拍机、6 米/3 米摇臂机、摄像轨道、广播级数字切换台、广播级非线性编辑系统等设备，能够满足福建省分中心地方特色文化资源建设的需要。

(四)鼓励和引导全社会开展地方特色文化资源建设

由于福建省分中心采用了联合各地市县支中心、积极引入社会力量共同建设“福建文化记忆专题资源数据库群”的方式，充分调动了市县支中心及社会力量开展地方特色文化资源建设的积极性。各支中心及社会力量参与建设，一方面使各支中心积累了数据库建设的经验，培养了专业技术人员；另一方面探索社会力量参与公共文化服务多元化和社会化，开辟了合作共建的新模式，对丰富和完善全省地方特色文化资源起了很好的促进作用。

【专家点评】

文化共享工程福建省分中心在全国文化共享工程工作中始终是走在前列的省份之一。无论是在工程启动之初的试点阶段，还是在文化共享资源的自主建设过程中，都是以“先试闯新路”的精神，努力地去探索与实践。

“福建文化记忆专题资源建设”项目，是福建省分中心在资源自主建设上的显著成果之一。该项目集知识性、文化艺术欣赏性和可视性为一体，集中地体现出文化共享工程在公共数字文化服务领域的无穷魅力。

福建省分中心在项目实施过程中，紧紧抓住以下几个方面，使项目的福建特色愈加醒目、突出。

第一，遵循“举全省文化系统之力、融文化记忆之髓”的工作原则，在资源建设上创建了联合共建机制，形成了一套责任明确、行为规范、富有效率的管理机制。

第二，充分发挥全省各级文化部门积极性，确保文化信息资源的多样性、地域性，制造出一批具有中国气派、福建特色和时代精神的品牌资源。

第三，培养锻炼了一支掌握时代技术手段、广播电视制作、熟悉资源建设流程的专业人员队伍，为公共数字文化领域提供了紧缺、合格的人才。

第四，鼓励和引导社会力量参与到公共文化服务体系建设中来，开辟了一条合作共建的道路，推进公共文化服务的社会化与多元化。

第五，按照中共中央办公厅、国务院办公厅《关于加快构建现代公共文化服务体系的意见》，贯彻落实“让中华文化走出去”的战略，发挥福建省地域优势，让中华优秀传统文化走向港、澳、台，走出国门，实现在国际文化领域上多层次、宽领域的交流与合作。

（点评人：张彦博，原文化部全国文化信息资源建设管理中心主任）

推动地方特色资源库建设，充分利用两大平台：西藏公共文化数字支撑平台和西藏图书馆微信服务号平台，并发放光盘到基层，进行多角度的服务，促进了民族特色文化的传承。

39. 非遗项目　群起效应：西藏格萨尔数字资源建设

西藏文化共享工程各项工作从无到有、从有到全、从全到精稳步推进，它在跨越式的发展中缩小了数字鸿沟，构建了西藏公共文化数字化服务体系。文化共享工程一直以来提倡公益性、基本性、均等性、便利性的公共文化服务理念，更好地保障了人民群众基本文化权益。经过多年数字资源建设与服务有了明显的提升，各项设备设施逐一健全。特别是资源建设工作也取得了可喜的成绩，在“十一五”时期制作的《八大藏戏》《西藏舞蹈艺术》多媒体资源库和藏语译制资源等藏语资源，得到广大基层群众的普遍欢迎和好评。此基础上，“十二五”期间，文化共享工程西藏分中心陆续启动了《格萨尔史诗》、《西藏红色歌舞》、《西藏抗英历史文化》、《藏医药文化》、《藏族十明学专题资源总库》之声明学系列讲座等地方特色资源库、《藏族手工技艺大全》之藏纸、藏墨、文化专题片、《西藏自治区国家级非遗传承人系列专题片》、《天籁之音——藏北格萨尔艺人独家说唱音频资源》等具有鲜明地方特色文化资源建设项目。其中《格萨尔史诗》多媒体资源库成了带动一个地区一项事业发展的精品资源。

《格萨尔史诗》多媒体资源库共有六个部分组成：一是格萨尔开篇、征战和结尾完整故事情节的格萨尔精品说唱，二是360首格萨尔音乐唱腔，三是格萨尔史诗中赞美神山圣湖、牛羊家畜、服装服饰的精品赞歌，四是赞美格萨尔的邻国舞蹈，五是藏北格萨尔艺人口述史，六是格萨尔文化遗迹专题片，现有27.36小时的视频、30多小时的音频、500余幅图片、50余万字，资源总量超过1 TB，成了迄今为止内容最为丰富的特色资源库。

一、情况背景

《格萨尔史诗》是世界上最长的史诗，它历史悠久，卷帙浩繁，内容丰富，气势磅礴，是流传广泛的口述史。它讲述了格萨尔王为了救护生灵、降妖伏魔、锄强扶弱，投身下界，完成人间使命后返回天国的富有神话色彩的英雄史诗。它既是族群文化多样性的熔炉，又是多民族民间文化可持续发展的见证。它既是草原游牧文化的结晶，又是人类伟大的口头表达艺术生动鲜活的样本。作为一部不朽的英雄史诗，它以独特的串珠结构，融汇了众多神话、传说、故事、歌谣、谚语等，形成了气势恢宏、卷帙浩繁的“超级故事”。它对于宗教信仰、本土知识、民间智慧、族群记忆、母语表达等都有全面的记载，还是唐卡、藏戏、弹唱等传统民间艺术创作的灵感源泉，同时也是现代艺术形式的源头活水。它不断强化着人们尤其是年轻一代的文化认同与历史连续感，因而堪称藏族文化的“百科全书”，同时也是一部形象化的古代藏族历史，代表着古代藏族文化的最高成就。

2006 年 5 月 20 日，《格萨尔》经国务院批准被列入第一批国家级非物质文化遗产名录。2009 年 9 月，入选联合国教科文组织《人类非物质文化遗产代表作名录》。

20 世纪 50 年代以来，受现代化进程的影响，藏族人民的生活方式发生了变化，职业化的艺人群体开始萎缩。近年来，随着一批老艺人相继辞世，“人亡歌息”的局面已经出现。《格萨尔》受众群正在缩小，史诗口述传统面临着消亡的危险。

《格萨尔》起源于广大藏族地区，但是在蒙古族、土族、裕固族、纳西族、白族等民族地区也广为流传，甚至在不丹、尼泊尔、印度、巴基斯坦、蒙古、俄罗斯等国家也有传播。据不完全统计，现在全国有格萨尔艺人 130 人左右，其中那曲地区就有 71 人(其中国家级非遗传承人 2 人、自治区级传承人 7 人)。2014 年那曲地区行署正式把“羌塘恰青赛马节”改名为“羌塘恰青格萨尔赛马节”，把赛马场改名为格萨尔赛马场，在那曲地区群艺馆挂牌了“那曲《岭·格萨尔》艺人之家”。

二、创新举措

(一)加强资源建设、丰富数字资源

在文化部全国公共文化发展中心和西藏自治区文化厅的大力扶持下，文化共享工程西藏分中心，通过建设具有鲜明特色、内容丰富、面临失传、知识性强，有文化价值、历史价值、教育价值和群众喜闻乐见的地方特色文化资源，还建设了具有历史价值、政治价值、教育价值和促进民族团结的红色文化资源，并且每年对大量的优秀汉语视频资源进行译制，经过多年努力逐步建成了《西藏藏戏》和《西藏舞蹈艺术》等地方特色资源，结束了西藏图书馆没有地方特色数字资源的历史，丰富了西藏文化共享工程开展现代化公共文化服务渠道，也保护了西藏优秀传统文化，并一定程度上满足了广大人民群众的数字文化需求，为保护藏区群众的基本文化权益奠定了坚实的基础。

(二)提升资源建设质量，更好地服务群众

文化共享工程西藏分中心在总结前两期资源制作经验的基础上，再次对地方特色资源建设的群众需求、文化保护需求、社会效益、服务范围、覆盖区域、资源范围等进行了全面调查。通过多次召开专家会议、征求专家意见、了解群众需求等方式，从十几个具有鲜明西藏特色的项目中精选出，被称为藏族民间文化宝库的《格萨尔史诗》作为当年多媒体资源库建设项目。同时注重培养人才，为更好地传承格萨尔史诗和服务当地群众奠定基础。被称作格萨尔艺人之家的那曲，虽然有 70 多位艺人，并且具有丰富的文化底蕴，但是在现代文明的冲击下，保护并传承这一古老的文明，仅靠自然流传已经无法满足传承需求，并且格萨尔艺人文化水平低、生活水平较低等原因也淡

图 1　格萨尔艺人在牧区说唱

化了格萨尔的传承。那曲文化机构没有专门从事格萨尔文化研究的管理机构，使得文化传承与市场开发变得一团乱，西藏分中心为了改变这一局面，通过专门在那曲、拉萨分别举办了格萨尔艺人培训班，跟那曲地区格萨尔文化有限公司合作制作音频资源库等多种方式，培养格萨尔从业人员，提高格萨尔艺人文化素质，传承与保护《格萨尔史诗》文化。

三、主要成效

(一)一个项目带动了一个地区的事业

通过《格萨尔史诗多媒体资源库》建设项目，已带动了整个藏北那曲地区的格萨尔事业，2014 年那曲地区行署正式把“羌塘恰青赛马节”改名为“羌塘恰青格萨尔赛马节”，把赛马场改名为格萨尔赛马场，在那曲地区群众艺术馆挂牌了“那曲《岭·格萨尔》艺人之家”，成立了那曲地区格萨尔文化产业有限公司，建立了藏北格萨尔艺人档案，修建了格萨尔王塑像，以行署的名义确认了 71 名格萨尔艺人为那曲地区级非遗传承人。可以这么说，一个项目带动了一个地区的一项事业。同时文化共享工程西藏分中心协同西藏相关格萨尔研究和保护部门，进一步加大《格萨尔史诗》资源制作力度。通过建设格萨尔艺人独家说唱资源和格萨尔文献数据中心等形式，充分利用现代数字技术和西藏公共文化支撑平台，向广大群众通过网络免费提供服务。

(二)《格萨尔史诗》资源开展多角度服务

《格萨尔史诗》多媒体资源建成后，西藏分中心开展了网络服务、发放光盘和艺人说唱等服务。很多老百姓拿到光盘后说：“这下可以随时听格萨尔说唱了，太方便了!”因《格萨尔史诗》文化内容丰富、艺术形式多样等特点，学习、研究《格萨尔史诗》的人员越来越多，西藏分中心针对这一情况特别向学术界提供资源，并征求西藏大学《格萨尔》研究所、西藏自治区社会科学院格萨尔研究所等专家和机构的意见建议，正在打造以《格萨尔史诗》多媒体资源库为基础，以西藏公共文化数字支撑平台和西藏图书馆微信公共服务号为平台的西藏格萨尔文献数据中心和格萨尔数字文化体验区。《格萨尔史诗》资源已成了西藏文化共享工程资源中受众面广、群众评价好、社会效益好的资源，不同程度推动着西藏公共文化数字服务的发展，也引导着西藏文化共享工程资源建设与服务推广工作的进行。

图 2　格萨尔史诗资源库内容

正是由于不断涌现的大批优秀资源和文化共享工程参与者，才促成了现如今西藏分中心和全区文化信息共享工作的大好局面，坚持舆论正确引导，强化文化信息先导作用，培养公共文化数字服务人员，使西藏基层群众真正从文化共享工程中受益。文化共享工程的实施，开辟了一条不受地域、时间限制的崭新的文化传播渠道，对促进自治区经济社会健康发展、增进民族地区和谐稳定和推动社会主义文化繁荣做出了重要贡献。

【专家点评】

数字资源建设是文化共享工程的核心内容。文化共享工程能否保持长久的生命力，关键在于工程所提供的内容和服务能否最大程度地满足群众的精神文化需求。这一点在少数民族地区更显重要，所提供的资源既要有民族地域特色，易于为少数民族群众所接受；又要有中华民族的文化认同，并体现出社会主义核心价值观的弘扬。西藏自治区图书馆制作的《格萨尔史诗》多媒体资源库建设，就是在少数民族数字资源建设上创造性转化、创新性发展的代表作。

藏族民族英雄史诗《格萨尔》在青藏高原上传唱了上千年，它影响久远，传播广阔，深受广大藏族群众喜爱，在世界文学史上也享有崇高的赞誉。2014 年联合国教科文组织确定《格萨尔》为世界级非物质文化遗产。

西藏自治区图书馆从 2011 年开始打造《格萨尔史诗》数字资源库建设，并取得了可喜的成绩，深受广大藏族群众喜爱。它内容包括总时长 27.36 小时的视频、30 多小时的音频、500余幅图片和50余万文字，尤其是利用西藏公共文化数字支撑平台和西藏图书馆微信平台，搭建了西藏格萨尔文献数据中心和格萨尔数字文化体验区，为《格萨尔史诗》融入了现代科技传播氛围。同时西藏自治区图书馆与那曲地区合作，将格萨尔说唱艺术演录成录像、录音，然后形成文字，再翻译成汉字进行系统的整理保存。西藏自治区图书馆认识到格萨尔文化的根在民间、在基层，用现代技术弘扬、传承这一文化瑰宝，必将起到巨大的推动作用，让各民族群众了解格萨尔，认识新西藏。

愿西藏自治区的公共数字文化建设不断创新，更上一层楼。

（点评人：杨乘虎，中国传媒大学传媒艺术与文化研究中心执行主任）

依托戏曲艺术资源，构建动漫特色人物造型，实现戏曲文化与动漫形式的有机结合，开展校园戏曲体验课和戏曲教学课，推动中国传统戏曲文化在中小学校的普及与传承。

40. 戏曲经典　文化传承：湖南戏曲动漫进校园建设

戏曲动漫进校园项目是文化部全国公共文化发展中心(以下简称发展中心)组织实施的“中华优秀文化数字化建设与传承计划”的先行示范项目。文化共享工程湖南省分中心以动漫的形式推广中国戏曲艺术，为优秀传统文化在广大青少年中推广、普及开辟了有效途径。自2012年开始，湖南省分中心坚持“边建设边推广服务”原则，依托戏曲动漫资源，开展“传承经典，共享文化——戏曲动漫进校园”活动，形成了以戏曲体验课和戏曲教学课为主要形式的“戏曲动漫大课堂”推广模式，受到中小学生和老师、家长的热烈追捧，引起了社会各界的广泛关注。

一、情况背景

(一)传统戏曲文化传播背景

湖南省分中心在原有戏曲动漫进校园的基础上，又打造出一种新模式——戏曲动漫文化体验大课堂。这是一种全新的演出推广模式，它通过戏曲动漫、艺术工作者、学生三者的互动，激发学生学习戏曲的兴趣。以此来打造一个属于学生自己的戏曲文化课堂，一个由同学们自主互动的平台，让同学们在互动体验中逐渐成长。这种演出模式已在湖南省300所学校先期推广，备受欢迎。

(二)传统戏曲文化传播的重大意义

中国戏曲作为民族文化的瑰宝，它犹如一座历史悠久、内容恢宏的古老图书馆，不但见证了我国历史朝代的变迁，包含了丰富的各门类知识，更是以文学、书法、音乐、绘画等艺术形式承载、传续、保留至今并呈现在世人面前，是我国优秀传统文化的精髓和重点所在，蕴含着悠久灿烂的中华文明。

(三)戏曲动漫先行的示范意义

“戏曲动漫进校园”这种传统戏曲文化的推广模式得到了学校的支持，发挥了教师的潜能，增强了学生的学习兴趣，提升了孩子们的综合素质，受到了社会各界的高度关注，并成了文化部全国公共文化发展中心“中华优秀文化数字化建设与传承计划”的先行示范项目。

二、创新举措

“中国戏曲经典原创动漫”创作，以中国传统戏曲艺术的表演形式为基准语言，以现代先进的动漫技术为载体，产生出动漫艺术中的一个新门类。具体创新包括以下几点。

(一)剧本选材上的创新

以戏曲经典折子戏为蓝本，将传统戏文的古文模式进行转化，兼用人们耳熟能详的、广为流传的经典故事和精彩的唱段，并进行整理挖掘，重新创新阐释。在保留戏曲经典表演、唱段、音乐等的基础上，增添夸张、有趣的动漫。

(二)戏曲原创动漫的设计

遵循脸谱、服饰、道具等舞台艺术传统特征，充分展现中国传统文化的韵味，秉承“经典、精致、精美”的创作理念，结合当代先进的动漫造型技法，构建出具有中国文化韵味的、精美的戏曲原创动漫特色人物造型。

(三)戏曲动漫为了传承传统文化艺术的经典性

在原创动漫创作环节，遵循戏曲的表演律动，还原舞台的表演精髓，将戏曲程式化动作演唱时的舞台表演结合到动漫的运动规律中。

(四)动漫人物造型设计的创新

将富有象征意义的想象力，通过绘画线条组成的人物造型传达出来，将戏曲的神赋予动漫人物的形，通过形似而达到传神，再现戏曲舞台人物的灵魂。

图 1 “中国戏曲经典原创动漫”人物——红娘

(五)戏曲故事的完美还原

戏曲动漫在创作中，依照戏曲故事脉络，借鉴戏曲舞台元素，将戏曲故事还原演绎于历史氛围。

(六)精致、精美的画面呈现

来源于戏曲动漫，以传统戏曲故事框架为蓝本，将人物置身于超越现实舞台世界的中国古典氛围中，设计相应的民族场景。

戏曲动漫文化体验大课堂，是一种全新的戏曲文化进校园的演出推广模式，通过戏曲动漫、艺术工作者、学生三者的互动，激发学生学习戏曲的兴趣。例如，以戏曲动漫《三岔口》为主题，通过大课堂让同学们领悟到了《三岔口》中的人文精神、爱国情怀等社会主义核心价值观的内容；在艺术工作者的指导下学习了戏曲的“矮子步”、“弓箭步”、“走圆场”、戏曲脸谱的认知等戏曲知识。

图 2　长沙市高新区明德麓谷学校“戏曲动漫文化体验大课堂”上，戏曲艺术家在给一名学生画戏曲人物“焦赞”脸谱

“中小学校音乐教师传统戏曲素养”培训，创造性地将提升传统戏曲素养作为中小学音乐教师自身素质的一部分。“中华民族伟大复兴必然伴随着中华文化繁荣兴盛”。传统戏曲文化的传承与发展，离不开对青少年群体的培养，培训具有传统戏曲文化素养的教师，使戏曲教育成为音乐教育的一部分，是在校园内传承推广中国传统戏曲文化的必要条件。2013 年湖南省分中心举办了第一期小学音乐教师传统戏曲素养培训班，2015 年 9 月，对全省 300 所小学 300 名音乐教师进行戏曲动漫素养培训。

图 3　湖南省首届《小学生学戏曲》教师培训现场

三、主要成效

2013 年 1 月，湖南省分中心对首批试点 67 所小学的 125 名音乐教师进行了培训。

2013 年 5 月和 7 月，湖南省分中心将戏曲艺术以动漫的形式送进了湖南 60 余所小学课堂，让小学生与艺术专家进行面对面交流学习，使小学生接触到了戏曲艺术，取得了很好的社会效应。

2015 年，湖南省分中心在湖南各小学组织举办了 300 场“戏曲动漫进校园文化体验大课堂”活动，并与发展中心合作建立“中华优秀文化传承基地”。

图 4　2016 年长沙市开福区大星小学“戏曲动漫文化体验大课堂”上，热情高涨的师生一齐学习戏曲“生”行的“亮相”动作

2015 年 9 月，发展中心、湖南省文化厅、湖南省分中心在长沙高新区明德麓谷学校召开了“中华优秀文化数字化建设与传承计划——戏曲动漫”全国推广现场会，“戏曲动漫进校园”模式成了发展中心“中华优秀文化数字化建设与传承计划”的先行示范项目，与会代表一致认为，该项目成为校园深度传承传播传统戏曲的先行示范项目，可切实推广并产生规模性效应。

【专家点评】

传承优秀传统文化，是公共文化服务的重要使命与主要内容。“戏曲动漫进校园”项目依托我国丰富多样的戏曲艺术资源，面向中小学生，以动漫方式为载体，探索了“戏曲·动漫·课堂”三位一体的推广模式，打造了独具特色的“戏曲动漫文化体验大课堂”，形成了具有独特样本意义的全民艺术普及新方式。

一是传统文化与未成年人群体的有效对接。项目立意高远，选取具有深厚文化传统与广泛社会基础的戏曲艺术，创新艺术普及方式，通过课堂观摩、体验与参与，激发广大中小学生了解优秀传统文化的兴趣。传统文化与未成年人群体的有效对接，不仅有利于传承中华戏曲精华，培育传统文化基因，而且有利于提升中小学生的戏曲艺术素养，也培养了一批致力于传播戏曲文化的专业队伍，可谓一举多得。

二是传统艺术与新兴传播载体的有机融合。项目创意巧妙，准确把握了当前未成年人的欣赏与接受心理，创造性地选择了“动漫”这一深受青少年喜爱的传媒艺术样态。古老的传统艺术与时尚现代的新兴载体相融合，碰撞出了“戏曲动漫”的新样态。项目实践所取得的良好效果，为如何借助新兴技术传承传统艺术，创制新型艺术样态，开阔了视野，开启了思路，展示出公共文化服务博采众长、吐故纳新的新常态。

（点评人：杨乘虎，中国传媒大学传媒艺术与文化研究中心执行主任）

定位于对广大青少年的教育，以中国革命和改革为背景，运用中国传统美术手法设计人物形象，加入中国式幽默元素构建故事情节，打造特色动画。以线下红色历史动漫特色主题活动和新闻报道来进行宣传推广，传承红色文化。

41. 用好动漫　讲好故事：发展中心红色历史动漫资源建设历程

近年来，文化部全国公共文化发展中心（以下简称“发展中心”）探索建设了一批红色文化资源，同时指导各省分中心进行相关红色文化资源库的建设。怎样才能让红色文化资源以更清新的面貌呈现，并为广大群众特别是青少年儿童所接受，成为资源建设之初就需考虑的问题。在以往项目经验和成果的基础上，发展中心决定将红色历史用动漫的形式呈现，以轻松的展现方式，弘扬优秀革命历史文化。

由此，红色历史动漫项目应运而生。红色历史动漫是以中国共产党在革命、建设、改革过程中的重要事件、主要人物、历史资料、革命遗址等为主要内容及背景，通过动画技术的多种表现形式，从青少年的视角出发，用栩栩如生的人物形象和生动的故事充分展示中国共产党带领人民走过的光辉历程和取得的辉煌成就，蕴含着丰富的革命精神和厚重的历史文化内涵。该项目于2015年正式启动，目前已建成《双百人物》《和党一起成长》《把鬼子赶出中国》《地球上的红飘带》四个系列共58集动漫作品。

一、情况背景

党的十八大、十八届三中全会提出，要把培育和践行社会主义核心价值观作为引领下一代的根本。习近平总书记曾多次谈到青少年社会主义核心价值观教育的重要性，指出“青年的价值取向决定了未来整个社会的价值取向，而青年又处在价值观形成和确立的时期，抓好这一时期的价值观养成十分重要。”发展中心积极响应国家号召，实施“红色历史动漫”建设，以探索创新青少年历史文化教育的方式，引导和帮助青少年了解红色历史，激活“红色基因”，传承“红色血脉”。

二、创新举措

动漫作为一种老少咸宜的艺术表现形式，获得了国家重点创意文化产业项目扶植。因此，将动漫形式与红色历史相结合，不仅是动漫创作思路的一次开拓，也是文化共享工程资源服务方式的大胆创新。

该项目创作的首个难题，是一方面要唱响、唱好红色历史主旋律，另一方面还要摸清孩子们的心理，做出孩子们爱看、要看的好作品。因此，“红色历史动漫”在选材立意上定位于对广大青少年进行社会主义核心价值观教育，诠释中国共产党的革命精神和坚定信念。以弘扬爱国主义，增强民族自信为核心，选取中国共产党在革命、建设、改革过程中的重要事件、主要人物、历史资料、革命遗址等为主要内容和背景，以真实人物、事件和艺术形象相结合的形式，展现人物命运和历史进程的相互交融。

长期以来，我国少年儿童受到国外动漫的影响，传统国产动漫中高大全的人物形象、陈旧老套的故事情节、宏大主题的刻板表达已经不能吸引他们的关注。因此，红色历史动漫运用中国传统美术技法，使其更加具有中国传统文化特征。人物设计结合其性格特点，遵循时代特征，具有整体性，在充分表现其革命精神的基础上具备一定的艺术夸张度，构建出具有时代特色的人物造型，提升历史文化和红色文化元素。中国式幽默元素的加入使得动画片轻松愉快、张弛有度，更加符合当下青少年的欣赏习惯，潜移默化地给予他们以启迪和思考。

三、主要成效

“红色历史动漫”项目以具有重大意义的标志性历史进程或事件作为切入点，2015—2016年，分别结合“抗战胜利70周年”“中国共产党建党95周年”“长征胜利80周年”等重大纪念日，推出《和党一起成长》《把鬼子赶出中国》《英烈铸就辉煌》《地球上的红飘带》四个系列作品，以高清格式进行拍摄制作，完成资源入库的同时也结合重大历史事件开展活动，进行下发。

(一)系列作品

1.《和党一起成长》

这部分动漫作品将通过个体人物的命运，揭示宏大的中国共产党党史，旨在让青少年感知，个人命运与党和国家的命运走向息息相关。作品参用的叙述方式并不是记录党史，而是有故事情节的历史讲述。将人物的故事同党史紧密结合起来，将每个故事同党史的重要事件结合起来。该系列共创作完成动漫作品12集，单集时长12分钟，共144分钟。

图1 《和党一起成长》样片截图

2.《把鬼子赶出中国》

《把鬼子赶出中国》系列取材自抗日战争时期真实的战例和故事。在尊重历史的前提下，进行艺术创作，围绕共产党领导下的抗日民族统一战线这一主题展开。每集一个故事，以小见大，重述恢宏抗战史。该系列共创作完成动漫作品 12 集，单集时长 12 分钟，共 144 分钟，已于 2015 年发布。

3.《英烈铸就辉煌》

在中国共产党领导下的革命历程中，涌现出无数可歌可泣的革命英烈，每一位都有着激动人心的故事。该系列选择了党在不同历史时期的百位革命英烈，并将他们的革命事迹加以重现，从当今青少年的视角向其致敬，折射出中国共产党开创建设新中国的光辉历史。目前已完成以蒋翊武、林觉民、李大钊、向警予等革命烈士为主人公的 10 集动漫作品，单集时长 12 分钟，共 120 分钟。

4.《地球上的红飘带》(长征日记)

该系列以一名长征小红军的视角，采取真挚生动的日记体形式，通过现实和历史两条故事线索，将当代小学生与当年参加长征的老红军联系起来，讲述红军两万五千里长征中的重大事件。本系列计划创作 48 集，单集时长 12 分钟，2016 已完成 24 集，成片已于 2016 年 10 月在中国图书馆年会上推出；剩余的 24 集将在 2017 年完成。

发展中心就红色历史动漫项目组织了多次专家研讨论证会。会上，从创作思路、创作方式到成片均得到了专家们的建议指导，也获得了充分肯定。为了从孩子们的视角审视这些动漫作品，专家们还特意和孩子一起观看，不管是《把鬼子赶出中国》中的《锄奸记》，还是《弹无虚发》，孩子们都看得聚精会神。

图 2　红色历史动漫项目专家研讨会

中央党校梅敬忠教授在审评《和党一起成长》系列片时认为，本系列以红色历史动漫载体形式，讲述革命历史故事，很有创意与表现力；成片立场正确，主题鲜明，总体构思完整，情节线索清晰，人物角色设置合理；细节颇为丰富，音乐颇有美感，情节发展自然流畅，讲述亲切动人，主旨突出，教育意义凸显，堪称弥补同类主题作品佳作缺乏之憾的成功之作，值得充分肯定并推广。

(二)宣传推广

红色历史动漫内容建设完成后，依靠开展红色历史动漫项目进校园活动、打造红色历史动漫网络电视专题栏目、开展红色历史动漫特色主题活动等多种方式进行宣传推广。具体步骤如下：

1. 制定推广策略

为深入目标受众群体，与青少年学生有效互动，计划采取多种推广方式结合的方式，达到立体、全方位的宣传效果。

2. 开展推广活动

(1)“红色历史动漫走近青少年”推广活动。

2015 年 12 月，发展中心在中国儿童中心举办了红色历史动漫的现场推广活动，活动现场通过动漫作品展映、红色历史知识问答及互动讨论、成片光盘奖励等方式，吸引了不少小朋友和家长的关注和参与。此次推广活动使项目成果直达受众群体，起到了良好效果。

图 3 “把鬼子赶出中国”系列作品发布会暨推广活动现场

(2)开展新闻报道。

红色历史动漫项目推广活动在“新华网—北京频道”进行了宣传报道，此举有助于提升项目的知名度，也有利于成片投放、加强与其他单位的合作。

2017 年，结合项目前期的成果及推行经验，结合“中国人民解放军建军 90 周年”等主题，继续制作一批适应网络时代青少年审美需求的优秀作品，并加强与中国儿童中心等单位的合作，开展服务推广活动，以群众需求带动文化共享工程红色历史题材资源建设。

【专家点评】

文化部全国公共文化发展中心在数字资源建设和推广上坚持创造性转化和创新性发展。一是牢牢把握社会主义先进文化前进方向。将“建党”“抗日”“长征”“英烈”等重大革命题材进行分类建设和传播，有利于巩固全党全国人民团结奋斗的共同思想基础。

二是精准服务青少年群体。比之生硬空洞的说教，“红色历史动漫”无论从内容上，还是从传播上更具亲和力，在“寓教于乐”中让青少年潜移默化接受社会主义核心价值观教育，起到“润物细无声”的作用。三是融入传统文化。在表现手法上运用中国传统美术技法，既有艺术夸张，又有中国式幽默，观看起来轻松愉快，体现了中国气派和文化自信。

文化部全国公共文化发展中心“红色历史动漫”的启示：体现重大革命历史题材的数字资源建设和传播只要做到“贴近实际、贴近生活、贴近群众”，社会主义核心价值观也能落细落小落实。

（点评人：阮可，浙江大学城市学院现代公共文化研究基地主任）

以小见大、草根主体、专业运作、国际参与，打造公共文化资源建设新样板。

42. 文化中国见“微”知著：《“爱上海”微视频》建设

近年来，随着网络视频的高速发展以及覆盖层面的不断扩大，短、精、快的微视频成为一种流行文化。看微视频和用微视频记录社会、生活、时尚和表达自我，成了像博客、网络聊天一样的大众化运用，并且随着宽带的进一步普及和音像设备软硬件技术的平民化，可以说微视频也将同大视频(电影)、小视频(电视)一道，在未来逐步成为主流视频媒体之一。微视频作为一种具有颠覆性意义的传播方式，是媒体结构中一个重要的组成部分，且已广泛渗透到生活的各个方面，影响并改变着人们的交流方式和生活状态，其传播速度和规模也推动着网络“微”传播时代的不断发展。

图1 爱上海微视频多媒体资源库截图

一、情况背景

在“微”传播时代中，以数字信息技术为基础的新媒体也随之得以迅速发展。相对于传统媒体而言，新媒体是报刊、广播、电视等传统媒体以后发展起来的新的媒体形态，是利用数字技术，网络技术，移动技术，通过互联网、无线通信网、有线网络等渠道以及电脑、手机、数字电视机等终端，向用户提供信息和娱乐的传播形态和媒体形态，它具有交互性与即时性，原创性与共享性，多媒体与超文本，个性化与社群化的特点。经过十余年发展，我国视听新媒体用户量已超过美国，成为最大的单一国家视频用户群体。

上海视听新媒体产业的发展一直走在全国前列，产生了一大批在全国领先的骨干企业，如百事通、东方财富网、PPTV、PPS、分众传媒、新文化传媒等。因此，上海市分中心携手上海市网络视听行业协会，对丰富的微视频资源进行整合梳理，从多视角展现上海这座城市独特的文化，力争建成国内有影响的、广受人民群众欢迎的微视频多媒体资源库。

二、创新举措

文化共享工程上海市分中心承接《"爱上海"微视频》多媒体资源库后立即组织专项团队开展项目建设工作。微视频多媒体资源库的制作，主要成员为上海图书馆的馆员，同时聘请多位上海市网络视听行业协会的专家作为智囊团和评审团，从而保证多媒体资源库具有较强的社会影响力。技术保障人员主要以上海图书馆系统网络中心的专家为主，结合馆外优秀的技术力量共同协作完成。

《"爱上海"微视频》多媒体资源库围绕上海城市发展，以城市文化为主脉，以城市风光、城市民俗、城市建筑、城市故事为主题，通过"草根"的微视频拍摄，从多维度、多层次解读上海城市的时代风貌和地域文化特征。该项目以2014年上海微电影创作大赛的参赛影片为主要资源，通过多媒体资源库的构建，展现上海文化创意产业的竞争力和创新力，并通过这个项目的建设，研究整理新媒体微视频资源建设中的相关规范、方法、标准，使得这个项目得以可持续性建设和发展，探索微视频在共享工程范畴内向广大老百姓提供服务的可行性。

上海文化在外来文明和中国传统文明之间，在精英文化和通俗文化之间呈现出开放的姿态，敢于打破成规，锐意革新，广采博纳，"海纳百川，兼容并蓄"成为"海派"文化的精髓，并体现于上海文化的方方面面。该项目就以下几个主题进行微视频的征集，加工和建设。

(一)《上海城市风光》

上海，遍地是风景。这里有中国最活跃的商业文明，也是风光最秀美、人文底蕴最深厚的地区之一。惊叹于自然的超凡力量，醉心于迷人的华灯初上，沉浸于城市的大街小巷，这里有一群居住在上海的、喜欢上海的海内外微视频爱好者，他们用手中的机器记录上海的点点滴滴。以《这就是上海》(*This is Shanghai*)为代表的微视频短片，向观众展现一个全新的上海城市风貌，汇集上海城市商圈、商务中心、城市广场、高层观景房等都市元素，又不乏人文情怀，展现上海城市风光的方方面面。

在这个专题中，上海市分中心收录十余部反映上海城市风光的微视频短片，给观众展现上海市的昨天、今天和明天。

(二)《上海城市民俗》

上海是一个具有深厚历史文化基础与民俗文化传统的城市，即使是在经济文化发达、现代化程度很高的当代上海城市中，传统的民俗文化空间依然存在，它们具体表现在节庆娱乐、季节庙会、景点展示、街区社乐等一些方面。迄今仍存的上海城市传统民俗文化空间从其性质来看，实际上已经是一种传统民俗文化空间再生产的结果，但它对于当代上海城市及其广大的市民来说，仍然具有延续文化传统、保持生态平衡、调整文化心态等多方面的重要意义。

图 2　上海城市民俗微视频截图

在这个专题里，上海市分中心通过现代化微视频的表现手法，记录上海城市民俗，以保护上海市传统民俗文化。

(三)《上海城市建筑》

建筑是城市发展的见证，也是社会发展的产物。上海建筑从各方面来说在全国都是首屈一指的，建筑类型也非常丰富。近代海派建筑作为反映上海历史的一个侧面，对于它的研究可以唤起公众对于上海本土特色文化的关注；现代海派建筑则继承和升华了传统特色。虽然这些建筑出自不同人之手，却不约而同地诠释着上海这个美丽城市的悠远历史和现代风范。

从温馨的老上海记忆石库门、外滩万国建筑博览，到现代的上海环球金融中心、上海世博会中国国家馆等，每个建筑都讲述着上海的故事。本专题通过对上海代表建筑的拍摄，微视频的制作，来展现上海近现代建筑中西合璧、高雅华丽、海纳百川、与时俱进的特点。

(四)《上海城市故事》

上海城市故事将讲述改革开放 30 年来发生在上海的民生故事、城市变迁以及民情风俗的演变。以讲述上海城市故事的方式，对上海 30 年来的某个事件或某个现象进行解读。在微视频的短片内，概述事件发生的过程及前因后果，反映民生民情的演变，注重趣味性和故事性，使节目在有限的时长内，在深度和广度上都有所触及。上海市分中心的重点在于以故事吸引人，以细节感染人，以影像触发记忆。

以上四个专题，每个专题收集 15 部原创微视频片子，《“爱上海”微视频》多媒体资源库一共展现 60 部微视频，所有这些微视频都和原创作者签署授权协议，解决了共享工程在全国范围内播出的版权问题。

图 3　上海城市风俗微视频截图

三、主要成效

上海市分中心自 2014 年承建项目以来，按照计划有条不紊地开展前期调研—制定实施方案—资源采集制作—资源整合包装—省内验收等一系列的建设工作。项目素材来源以“爱上海”——独立导演微电影创作大赛的作品为主体，通过和上海市网络视听行业协会合作，通过向上海各高校及视频网站征集资源。根据项目拟定的《上海城市风光》《上海城市民俗》《上海城市建筑》和《上海城市故事》四个专题，和上海市网络视听行业协会合作，进行微视频资源的征集、选择、编辑并进行适当的二次加工。通过和微视频作者签订素材授权协议，妥善解决微视频资源在共享工程领域使用播放的问题。在资源加工方面，对选择征集的视频素材进行筛选采集整理，并进行元数据加工，建设多媒体资源库，并提供多途径检索入口。召开专家论证会，由专家组对微视频多媒体资源库进行论证，项目组根据专家组意见进行修正，再最终由验收组完成验收。

《“爱上海”微视频》多媒体资源库按照细化资源制作大纲、明确制作脚本、准备素材、拍摄素材、后期制作、成品包装等流程进行。微视频的制作主要涉及摄像设备的准备、数字化设备的准备、数字化视频加工、字幕加工、元数据编目描述文件的处理、数字化保存格式的处理等。具体包括：

采用前期数字拍摄设备和非线性剪辑系统，制作标准基本达到广播级播出标准。

元数据描述：采用《全国文化信息资源共享工程视频资源编目规范》和《专题类节目编目实施细则》进行编目。专题片节目著录主要包括题名项、主题项(关键词)、描述项、责任者项、版权项、语种项、日期项、类型项、格式项、时空覆盖范围项、来源项等。

数字对象描述：按照《数字资源加工标准规范》和《数字资源加工操作指南》进行视频专题片的数字化加工、制作、转换和存储，进行配音、字幕、配乐合成剪辑等。注意层次切分和关键帧抽取。

视频格式标准：参照《全国文化信息资源共享工程视频资源数字化加工格式规范

V2.0》进行制作和提交。格式中注意描述色彩、声道格式、声音质量、画面质量、画面宽高比、载体类型、制式、音频数据码率、音频编码格式、音频采样频率、音频位深度、视频数据码率、视频编码格式、视频取样格式等的视频数字对象描述信息。

资源加工软件采用成熟的产品化视频资源加工制作软件，元数据和数字对象描述的加工系统自行建设，确保将视频专题片的元数据和数字对象编目生成打包为 XML 文件用于数据交换，将视频专题片数字对象进行转换封装为不同码流和格式予以提交。

硬件平台采用发布服务器和视频专用服务器及近线、在线存储予以支撑，采用标准备份系统进行集中化离线备份，按照标准提交格式打包输出至移动硬盘进行数据交换，提交给国家公共文化发展中心。

发布系统平台采用标准的网站发布系统和内容管理系统进行发布，支持标准在线服务，支持兼容多种浏览器和业界目前主流的视频播放插件。

《“爱上海”微视频》项目充分调动社会各方对于微视频的关注和参与度。从输出方而言，各高校、影视制作机构、视频网站等都将获得一个新平台和新渠道进行内容传播，进一步扩大了文化共享工程的社会影响力，并提供给广大百姓受众一个崭新的视角来集中性地了解上海社会发展和民生动态。通过对上海本地的微视频优秀内容的挖掘，从而进一步带动上海地区的文化产业的发展和繁荣。

【专家点评】

快速发展应用的互联网技术，以前所未有的态势，催生了文化生产与消费的数字时代。“文化中国——爱上海”微视频项目，把握潮流，紧跟时代，见“微”知著，探索了公共文化服务数字资源建设的新路径。其创新之处，可以概括为一个核心、二维对接、三种特色。

一是“传承历史·关爱现实”的价值传达。项目以上海的城市文化为主脉，通过城市风光、城市民俗、城市建筑、城市故事的多元主题，在传统与现代的立体影像中，传达出“爱上海”的主旨。在城市历史之美、现实之美、生活之美的呈现中，实现了主流价值的积极表达。

二是“数字技术·新兴群体”的二维对接。数字时代文化传播日益微小化、碎片化，新兴群体文化消费与媒介使用方式日益分众与个性。项目敏锐地把握这一态势，选取了微内容的生产与传播方式，短小精致，文化调性时尚又不乏内涵，实现了主流技术与主流用户的精准对接。

三是“草根主体·专业运作·国际参与”的三重特色。项目以年度微电影的参赛影片作为主要资源，用丰富多元的视角、富有质感的生活故事，体现出鲜明的草根特色。项目与上海视听新媒体的行业组织联手，引入工匠精神的专业理念，调动国际参与的全球视野，深度契合了上海市“海纳百川，兼容并蓄”的城市文化精髓，实现了数字多媒体资源库的特色建设。

（点评人：杨乘虎，中国传媒大学传媒艺术与文化研究中心执行主任）

引入社会力量，成立专业队伍，注重版权管理，采取项目制的方法，开展地方文化特色专题片建设。

43. 徽风皖韵　特色彰显：徽派数字资源建设与创新

文化共享工程安徽省分中心结合地方特色文化资源，坚持以物质文化遗产、非物质文化遗产、历史文化和红色文化为主线，立足原创、打造精品，在人力、经费紧张的条件下，制作了一批低成本、高质量的安徽地方特色资源。截至2016年10月，共制作完成22部，264集安徽地方特色文化专题片，如《徽州建筑》《安徽文化名城》《安徽文化名人》《安徽古建筑》《安徽非遗》等。这些文化专题片成果通过文化网络电视、安徽电信网络电视IPTV平台、安徽高校资源共享服务平台、互联网络、党员远程教育平台以及公共电子阅览室等渠道实现点播放映；通过配送光盘到市县支中心和部分乡镇文化站等文化共享工程基础服务点提供服务，使众多的群众享受到了这些资源服务。同时，分中心本着培养人才队伍，打造有力团队的原则，建立了一支有实力能打硬仗的文化专题片建设队伍。协作、奋斗、创新是队伍成员坚持的一贯原则，分中心取得的一系列成果都离不开他们的精心耕耘，他们用实际行动为国家文化软实力贡献着一份力量。

一、情况背景

安徽的特色在于“徽风皖韵”，只有立足于特色，才能彰显地域文化的魅力，才有打造特色资源精品的可能。安徽历史悠久、文化底蕴深厚、历代名人辈出。境内皖江文化、淮河文化和新安文化三个文化圈特色明显，徽文化博大精深，内容丰富，影响广泛。“徽学”被誉为与敦煌学、藏学比肩而立的中国地域文化的三大显学之一，在社

图1　《徽州建筑》摄制组利用自制小摇臂进行拍摄

会、经济与文化发展史上有着独特和重要的地位。安徽自然资源丰富，名山大川风光优美。安徽在民族解放和中国革命、建设、改革开放中发挥了重要作用，红色资源富集。所有这些是安徽地方特色资源建设的重要保证。

二、创新举措

(一)完善组织机构，规范规章制度

完善的组织机构是资源建设顺利进行的保障。安徽省分中心在地方特色资源的建设过程中，建立了以“项目制”为抓手的资源建设模式，在资源建设主体部门——数字资源加工部的基础上，成立了领导组、专家组、摄制组、后期制作组和验收组，做到责任到人，职责明确。在这种项目管理模式下，各项目组团结协作，相互配合，保障资源建设有条不紊地按质按量按时完成。

安徽地方特色文化专题片项目是国家级的项目，必须树立精品意识，体现国家级项目水准。在资源建设过程中，安徽省分中心始终遵循文化部全国公共文化发展中心关于资源建设所制定的统一技术标准和规范，并结合安徽省分中心 ISO9001 质量管理体系的要求，采取多项措施，严格进行资源建设的质量控制，使安徽省分中心建设的地方特色文化专题片不仅达到了文化部要求的资源建设标准，而且达到了省级及省级以上电视台播放的质量标准。

(二)注重顶层设计，制定总体规划

安徽历史悠久、文化底蕴深厚、历代名人辈出。安徽省分中心根据安徽地方文化资源特色，制订了文化专题片建设的总体规划，分步实施，逐步构建“徽风皖韵看安徽”资源发布平台。在选题上坚持以文化遗存、历史文化和红色文化为主线，强调整体框架的系统性、连续性、综合性、权威性和完整性；在建设过程中，省分中心一方面做到古为今用，另一方面注重创新发展。既注重内涵的挖掘和再现，又注重项目成果的宣传、保存和传承。强化版权意识和品牌效应，建设真正意义上的特色资源，避免同质化，避免重复建设，避免资源浪费，真正做到“一家建设，全国共享”。

(三)引入社会力量，培养人才队伍

在建设人员组成方面，安徽省分中心立足实际，以分中心员工为主，聘请安徽电影制片厂、安徽省电视台、安徽省广播电台、安徽省黄梅戏剧院等单位专业技术人员参与到项目建设中来，通过以老带新、逐步培养的方式，加快人才队伍的成长。同时，通过政府对社会公开招聘的方法，引进专业技术人才，成为单位正式员工，加强资源建设的核心竞争力。目前，安徽省分中心拥有一批计算机、数字媒体、广播电视编导、摄制和制作等专业人才，具有对文献资源进行深加工的能力，具有独立完成视频资源库摄、录、编的技术力量和多媒体资源库、图文资源库加工制作的专业能力。而且，安徽省分中心先后选派多名有悟性、有潜力、能够吃苦耐劳的员工到中国传媒大学、

合肥新华电脑专修学院等院校学习摄像、剪辑、数字媒体等视频专业技术，为专业人才的储备和使用打下了良好的基础。

(四)自主建设资源，完善版权管理

现代社会对知识产权越来越重视。数字资源建设从采集、加工、存储到发布的每个环节都涉及知识产权问题，必须处理好版权问题才能进行资源的传播和利用。因此，安徽省在特色资源建设时，严格遵循“版权先行”的原则，将妥善解决版权问题作为特色资源建设的先决条件。按照《文化部财政部关于进一步加强全国文化信息资源共享工程建设的实施意见》和《信息网络传播权保护条例》等有关规定，立足自建为主、合作为辅的建设方式，既解决了数字资源建设的版权问题，又从根本上避免了版权问题所带来的一系列风险。

图 2 《安徽非遗》摄制组使用大摇臂拍摄岳西高腔

三、主要成效

截至 2016 年 10 月，安徽省分中心共制作完成 22 部安徽地方特色文化专题片。为了扩大这些资源的服务效能，加大安徽特色文化宣传，分中心利用多种渠道、多个平台，开展线上线下服务。一方面，分中心把这些文化专题片配送到市县支中心和部分乡镇文化站等文化共享工程基础服务点提供服务。另一方面，省分中心灵活运用互联网络，不断拓宽资源传输渠道。建立了视频点播站点，通过电子阅览室、公共文化数字体验区等场所提供服务，实现了在线点播。目前，正在开发微信、App 的服务平台，拓展移动互联网的服务手段。

另外，安徽省分中心还继续寻求对外合作，加大服务推广力度。首先，与安徽省委组织部远程办开展合作，为农村党员远程教育平台提供资源。该平台拥有 27 874 个农村党员远程教育站点，覆盖群体达 2.8 万户，使老百姓足不出户就能够欣赏到文化共享工程资源。其次，自 2013 年起，安徽省文化厅与安徽省教育厅建立资源共享合作关系，并与安徽高校共建资源共享服务平台，将省分中心建设的这些资源上传到该平台，使这些资源走入了安徽各大高校。省分中心还建立安徽建筑大学“徽派建筑”、中共安徽省委党校“安徽新四军研究文库”等分馆，在分馆提供了这些特色文化数字资源服务，加大了这些资源服务的覆盖面。

不懈的奋进带来优异的成绩。2015 年，安徽省分中心数字资源加工部荣获第三届省直机关“工人先锋号”荣誉称号，员工徐尧同志荣获“2013—2014 年度省直机关青年岗位能手”荣誉称号。2016 年，安徽省分中心提交的微视频《水墨宏村》被评为“文化中国”微视频最佳摄影作品。

【专家点评】

文化共享工程安徽省分中心自 2007 年以来，用近 10 年时间，精心打造了《安徽徽派数字资源建设》项目，成果丰硕，广受欢迎。该项目已成为享誉文化共享工程大舞台的名、优、特品牌资源。截至 2016 年 4 月，共制作完成了 19 部、234 集安徽地方特色文化专题片，“徽风皖韵”已成为这一特色地域文化的金招牌。

回顾十年资源建设历程，成绩源自他们的坚守：

一是坚持地方特色资源建设。以安徽省物质文化遗产、非物质文化遗产、历史文化和红色文化为主线，立足原创，打造精品，使一批具有正能量安徽题材、安徽元素的资源脱颖而出。

二是坚持“一家建设、全国共享”的理念。通过全国文化信息资源共享中心的传输渠道，在全国范围内广为播放，极大地丰富了基层群众的文化生活，使徽派资源建设项目成为全国文化共享工程百花园中的精品之作。

三是坚持服务方式的创新。安徽省分中心在信息技术设备的支撑基础上，利用多种渠道或平台，采取多种服务方式，将徽派特色资源配送到基层群众身边。安徽省分中心总结归纳出多种服务方式，一个现代公共文化服务传播体系基本形成。

四是坚持“版权先行”的原则。安徽省分中心将妥善解决版权问题作为特色资源建设的先决条件，加强知识产权审核和版权保护，从根本上避免了版权问题带来的一系列风险。

五是坚持“队伍是基础，人才是关键”的方针。安徽省分中心之所以在地方特色资源建设中取得长足进展，关键是因为有一支技术素质高、服务意识强、善于打硬仗的专业人才队伍作为开展工作的支撑和保证。一方面，从社会力量中吸引专业人才加盟；另一方面，选派优秀员工去高校学习进修，从而打造了一支高素质的专业队伍。

（点评人：张彦博，原文化部全国文化信息资源建设管理中心主任）

建立“分工—合作—统筹—制衡”的项目建设推广机制，精心选取典型的古村落，引入大量技术设备进行电视专题片的拍摄，举办展映活动，推广精彩片段，推动古村落的保护和传播。

44. 特色资源　大美山西：《山西村落》电视专题片拍摄与展映

电视专题片《山西村落》是文化共享工程山西省分中心（山西省图书馆）2011年“地方资源建设项目”的项目成果，共38集，每集30分钟，于当年年底建设完成，曾经获得“全国文化信息资源共享工程2011年度地方资源项目优秀项目”荣誉，并入选山西省优秀外宣品资料库，被称为音像类二类作品。

在电视专题片《山西村落》的前期论证、中期摄制和后期推广过程中，山西省图书馆顺应“互联网＋”浪潮，秉承“现代”“合作”理念，以观念创新引领组织创新、技术创新、管理创新，最大限度地保证了成片品质，最大限度地提升了推广效果。

一、情况背景

近年来，伴随着大数据、云计算等互联网技术的发展，伴随着智能手机、平板电脑等智能移动终端的普及，伴随着家庭和公共WiFi的覆盖，以传统行业与互联网的深度融合为标志的“互联网＋”浪潮已经初现成效。

互联网改变了人们的生活方式和消费习惯。越来越多的人开始使用智能移动终端检索信息、聊天交友、分享生活、休闲购物，在这样的宏观背景下，互联网就为公共数字文化服务的转型升级提供了新的可能、新的出路。

在进行项目申报前，山西省分中心邀请相关领域的专家、学者进行了深入的论证，最终得出结论：文化专题片具有信息含量较大、目标受众较广、受众体验较好、环境要求较少的特点，与“读屏”时代的受众需求相匹配，与“读屏”时代的受众习惯相适应。因此，山西省图书馆最终将资源建设形式确定为电视专题片。

二、创新举措

（一）观念创新

注重顶层设计，增强项目建设与推广的系统性，提升公共数字文化资源的体系性。在多年的项目建设与推广过程中，山西省分中心不断地探索和尝试项目建设与推广的创新理念。

为了增强项目建设与推广的系统性，为了提升地方特色资源的体系性，进而使项目建设与推广真正取得实效，使地方特色资源真正发挥作用，山西省分中心高度重视顶层设计，科学论证，精心筹划，确定了山西省地方特色资源建设整体框架，计划陆续建设山西省优秀传统文化资源项目16项，山西省当代先进文化项目7项。

其中，山西省优秀传统文化资源项目包括山西地方戏曲、山西民间曲艺、山西传统手工技艺、山西传统建筑、山西民俗文化、晋商文化、山西红色文化、山西根祖文化等。山西省当代先进文化项目包括山西创业文化、山西山水文化、山西当代名人、山西煤文化、山西现代工艺文化等。

电视专题片《山西村落》是山西省地方特色资源建设整体框架的有机组成部分，相信伴随着山西省地方特色资源建设整体框架的不断完善，伴随着其他地方特色资源的不断充实，山西省图书馆项目建设与推广的系统性将会得到进一步增强，山西省图书馆地方特色资源的体系性也将会得到进一步提升。

（二）组织创新

1. 组建山西省公共数字文化工程建设中心，统筹协调项目建设与推广，综合推进三大文化惠民工程

全国文化信息资源共享工程、数字图书馆推广工程、公共电子阅览室建设计划是文化部组织实施的三大文化惠民工程，涵盖公共数字文化资源的建设、推广、服务、共享。但是，由于历史和现实的因素，在绝大多数省级图书馆中，三大工程是分别由不同的部门负责推进的，这种“九龙治水”的管理体制事权不统一、事项不协调，不可避免地给项目建设与推广带来了诸多问题。

2013年，为了打通公共数字文化资源的建设、推广、服务、共享全流程，使三大文化惠民工程真正取得实效，山西省分中心组建了副处级机构山西省公共数字文化工程建设中心，负责统筹协调项目建设与推广，综合推进三大文化惠民工程。

山西省公共数字文化工程建设中心成立之后，对三大文化惠民工程的成果进行了梳理，对项目建设与推广的流程进行了优化，以文化共享工程为资源建设主体，以公共电子阅览室建设计划为资源推广硬件平台，以数字图书馆推广工程为资源推广软件平台，建立起了公共数字文化资源的建设、推广、服务、共享创新机制，为建设与推广奠定了坚实的组织基础。

2. 建立“分工—合作—统筹—制衡”的项目建设与推广机制

电视专题片的前期论证、中期摄制和后期推广是一个专业化、系统性的工程，既有项目可行性的论证，又有前期资料的挖掘与搜集，既有文学稿本、拍摄脚本的撰写，又有视频素材的实地拍摄，既有成片的包装、制作，又有项目成果的宣传推广。要想最大限度地保证成片品质，最大限度地提升推广效果，就必须确保这些工作的统筹协调、综合推进。

为此，山西省分中心建立了“分工—合作—统筹—制衡”的项目建设与推广机制：由专家团队负责项目可行性的论证和前期资料的挖掘与搜集，由撰稿团队负责文学稿本、拍摄脚本的撰写，由摄制团队负责视频素材的实地拍摄和成片的包装、制作，由

推广团队负责项目成果的宣传推广。四支团队各自分工、相互合作、彼此制衡，由山西省图书馆统筹协调、综合推进。

为了确保“分工—合作—统筹—制衡”的项目建设与推广机制充分发挥作用，确保山西省分中心对于项目建设与推广的整体把控和监督指导，山西省分中心每月定期召开联席会议，要求专家团队、撰稿团队、摄制团队、推广团队的相关工作人员在会上汇报前一阶段的工作成果，指出当前阶段的工作难点，提出下一阶段的工作计划。四支团队真诚沟通，群策群力，将电视专题片《山西村落》的项目建设与推广工作向前推进。

(三)技术创新

1. 精心选取拍摄对象

山西省共有古村落 3 500 个，目前保存完好的有 500 个，数量居全国之最。这些古村落的传统街巷和整体风貌保存较好，以明清建筑居多，部分古村落甚至还保留有唐、宋、金、元时期的建筑。

为了选取最具代表性、典型性、文献性、观赏性的古村落进行拍摄，山西省分中心邀请相关领域的专家、学者进行了深入的论证，以全国首批非物质文化遗产名录为基础，结合山西省首批非物质文化遗产名录，在全省范围内进行古村落的实地考察和反复筛查，最终选取了遍布于全省 11 个地市、32 个县的 50 余座具有代表性的古村落作为拍摄对象。

2. 大力引入技术设备

与此同时，在拍摄过程中，山西省分中心大力引入高清摄像机、航拍飞行器、轨道、摇臂等技术设备，全程采用高清拍摄，利用多种辅助设备，多角度、多机位拍摄，力求在全面展现、翔实记录的基础上，增添艺术美感、生活情趣，进而以唯美的画面、生动的场景、纪实的手法、优美的语言展现这些古村落所承载的历史记忆、民俗风情，从而反映山西的历史文化、地域文化。

(四)管理创新

1. 秉承“合作”理念，大胆引入社会力量，吸收社会资源，参与到项目建设与推广中

在多年的项目建设与推广过程中，山西省分中心不断地探索和尝试项目建设与推广的创新模式。

在进行项目申报前，山西省分中心邀请相关领域的专家、学者进行了深入的论证，最终得出结论：传统的“自主建设、自主运营”的项目建设与推广模式难以充分挖掘、利用社会各界协助资源建设的积极性、主动性，难以充分调动、激发社会各界参与资源推广的积极性、主动性。

有鉴于此，山西省分中心决定，秉承“合作”理念，大胆引入社会力量，吸收社会

资源，参与到项目建设与推广中。

在电视专题片《山西村落》的前期论证、中期摄制和后期推广过程中，山西省分中心先后与山西省旅游局、山西省文物局等政府机关，山西大学、山西师范大学等高等院校，山西广大视听传媒有限公司、山西光影文化传媒有限公司等专业机构建立合作关系，充分挖掘、利用他们的既有资源，充分调动、激发他们的参与热情，最大限度地保证了成片品质，最大限度地提升了推广效果。

2. 发起“共享工程·山西地方特色文化专题片展映活动”

文化共享工程的初衷就是对文化信息资源进行数字化加工与整合，进而实现文化信息资源在全国范围内的全天候、全领域的共有、共享。

然而，在实际的项目建设与推广过程中，由于推广思路局限、宣传方式单一、传播渠道有限、专项资金不足，“重建设、轻推广”的情况普遍存在，如何将“沉睡”的资源“唤醒”，使其真正发挥弘扬社会主义核心价值、传承中华优秀传统文化的作用，就成了资源推广的重中之重。

为此，山西省分中心于2016年发起了“共享工程·山西地方特色文化专题片展映活动”，一方面，每周五下午在报告厅播放电视专题片《山西村落》，供有条件来现场的观众观看，另一方面，将电视专题片《山西村落》中的精彩片段整理成文字形式，通过官方网站和山西省分中心“文源讲坛”、山西省图书馆少儿馆微信公众平台推送，供没有条件来现场的观众阅读。

如前所述，为了进一步扩大受众群体，提升社会影响，山西省分中心创造性地引入微信这一“移动互联网时代最大的流量入口”，建立官方微信群，定期发布展映预告、活动回顾、调查问卷、背景资料，在保持受众黏性的基础上，实现了受众群体的几何级数增长。

三、主要成效

“共享工程·山西地方特色文化专题片展映活动”一经推出，就收获了良好的社会效益。据统计数据显示，在参与“共享工程·山西地方特色文化专题片展映活动”的读者中，有87%的受访者表示，通过观看电视专题片《山西村落》，对山西古村落所承载的历史记忆、民俗风情有了更加深刻的认识。还有93%的受访者表示，通过观看电视专题片《山西村落》，对山西的历史文化、地域文化有了更加浓厚的兴趣。

【专家点评】

山西省《山西村落》，立足于山西省古村落的挖掘、整理、保护和合理利用，应用数字技术建立覆盖全面、记录真实、可展示、可传播的专题化数字文化资源，此举值得支持和提倡。近年来山西省为了提高全国文化信息资源共享、数字图书馆推广、公共电子阅览室建设三大文化惠民工程的运行效率，对三大文化惠民工程的成果进行了梳理，对项目建设与推广的流程进行了优化，建立以全国文化信息资源共享工程为资源建设主体，以公共电子阅览室建设计划为资源推广硬件平台，以数字图书馆推广工程为资源推广软件平台，实现公共数字文化资源建设、推广、服务、共享一体化。此次《山西村落》项目，客观上可有效支持省内古村落的保护和传播，并能丰富公共数字文化资源供给。

（点评人：巫志南，上海社会科学院文学研究所研究员）

针对不同层次、不同地区的受众，整合海量资源，提供定制服务，开设专栏、开通微信、开发客户端，提供线上线下服务，创新公共文化服务体系建设。

45. “三馆”服务　分众提供：发展中心定制品牌数字文化探索与实践

文化部全国公共文化发展中心(以下简称“发展中心”)“三馆”，即心声·音频馆、大众美育馆、社区文化生活馆(以下简称“三馆”)，是发展中心为解决资源基层投放量少、下载更新慢、使用情况不明等问题，于2013年开始启动，以文化共享工程数字资源为基础，针对特定人群的文化需求定制的，并按照专业化、品牌化、社会化的思路实施建成的品牌数字文化产品。

心声·音频馆以满足视障人群和普通大众的文化需求为主要定位，是专门为我国视障人群打造的公共文化服务网站；大众美育馆是发展中心面向大众推出的数字化美育公共服务平台，同时也是国内第一家以互联网方式向大众无偿提供美术欣赏、教育、展览和互动交流的数字展馆；“社区文化生活馆”是发展中心专门为社区居民推出的文化资源服务与共享平台。通过开发产品、定制资源、开展活动、运营推广等形式，边建边用，三馆服务现已显现应用的效果，有效地提升了文化共享工程资源服务的效能。

一、情况背景

一方面，要大力推进公共文化服务体系建设，加强公共文化产品和服务供给，促进共建共享，实现公共文化服务多元化、社会化；另一方面，要促进公共文化领域文化和科技融合发展，强化公共文化服务的技术支撑，大力推进数字文化建设。2015年1月，中共中央办公厅、国务院办公厅印发了《关于加快构建现代公共文化服务体系的意见》指出，统筹推进公共文化服务均衡发展，保障特殊群体基本文化权益，将老年人、未成年人、残疾人、农民工、农村留守妇女儿童、生活困难群众作为公共文化服务的重点对象，实施盲文出版项目，开发视听读物，建设有声图书馆等。在一系列国家惠民政策指导下，发展中心于2013年开始推出了心声·音频馆、大众美育馆、社区文化生活馆等项目，并在短短几年内取得了显著成效。

二、创新举措

(一)海量资源整合，满足多层次文化需求

“三馆”针对不同层次、不同地区的受众，整合了海量资源，建设已取得阶段性成果。其中，心声·音频馆自2013年上线以来，共整合音频资源40万集、5万余小时，并配置了为盲人和视力有障碍的人群设计的一键登录、指纹登录、无障碍操作等人性化功能；大众美育馆收录优质美术作品资源 21 681 幅、美术鉴赏精品资源 1 814 幅、精品图片语音解说 1 504 个约 22 小时、美术赏析精品课程 50 课、书法教育课程 150 课、美术技法课程 290 课时、美术教育视频 60 小时；社区文化生活馆收录戏曲、舞蹈、书画、棋牌、运动、养生、生活窍门、装修、美食、育儿和家庭教育等多种内容，目前视频资源总量 3 500 余部，总时长共计 3 300 余小时。“三馆”海量的数字文化资源为不同层次、不同群体的受众提供了相应的定制文化服务，满足了多层次的文化需求。

(二)创新技术，构建布局合理、使用便捷、信息丰富的资源服务平台

一是建立了三馆门户网站平台，方便大众进行相应的访问、浏览、欣赏、下载等服务；二是在国家数字文化网开设专栏，开通微信公众号等，为受众提供了较为完善的信息发布、信息交流、信息接收平台；三是创新技术，开发 iOS/Android 客户端、专属设备、一体机等，方便不同层次、不同地区的受众进行访问，其中，心声·音频馆完成无障碍版和大众版的建设，开发了专用辅助登录设备和听书设备，并在 3 000 个基层点安装部署，实现网站、移动应用(Android&iOS)、无障碍移动应用(Android)音频畅听体验；大众美育馆通过 3 年的建设，建成了 Web 客户端、移动客户端，在全国各基层网点布置 3 000 台；社区文化生活馆依托公共文化一体机，在全国 2 000 余个边疆基层中心部署安装。总之，通过网站平台、新媒体平台、移动端、专属设备、一体机等形式，三馆建设了一个布局合理、使用便捷、信息丰富的资源服务平台。

(三)创新服务模式，打造线上线下的互动循环服务体系

“三馆”立足于各自的资源优势，面向视障人群、老年人、青少年和社区居民等开展了多场线上线下互动活动，将“三馆”线上的特色资源以活动的形式介绍给广大受众，与此同时，线下活动产生的丰富资源又返还给“三馆”文化资源库，形成一个循环互动、文化共享、线上线下的服务体系。

图 1　心声·音频馆在北京师范大学、首都师范大学、四川大学锦城学院、西华大学等院校进行志愿者招募活动

图 2　社区文化生活馆“社区达人秀名师团”文化活动现场

图 3　“大众美育馆——小画笔，画世界”全国少年儿童图文创作征集活动作品展示

三、主要成效

(一)构建数字文化资源共享平台，保障人民基本文化权益

三馆项目采用现代通信技术和网络技术，将文化资源进行数字化加工整理并产品化，向大众免费提供在线内容服务，通过资源服务创新，激活数字内容资源在公共文化服务中的服务能力和效用，消除不同地区在获取文化信息资源上的不平等，使边远地区的群众也能享受到优秀文化精品，保障每一位公民的基本文化权益。截至目前，心声·音频馆已在全国 3 000 个区县级分支中心、中国残疾人联合会 500 个综合服务中心，中国盲人协会、全国各盲人学校、盲人图书馆等机构的服务终端安装部署，面向社会视障人群提供免费服务，各终端访问率达 5 200 多万人次，注册志愿者 5 000 余人，累计服务人次超过 2 000 万，访问 IP 数 120 多万，日均流量 4 万多；大众美育馆通过活动征集画作 12 000 余幅；社区文化生活馆在黑龙江省、甘肃省和海南省等全国多个省份共计 2 290 个有条件的基层服务点进行推广，并在 2016 年开展达人秀主题活

动等7场次，均取得了较好的效果。

(二)提升全民文化艺术素养，活跃社会文化氛围

三馆项目致力于数字文化类资源在公共文化服务中的高效利用并产生积极良好的社会效应，让国人从新的角度领略我国优秀文化艺术的魅力，培养具有审美鉴赏能力的社会大众，从而进一步激发民间创作热忱，活跃社会文化氛围。

(三)开辟数字资源展现新形式，传承和弘扬优秀文化

三馆将文化资源进行数字化深加工，整理成特色鲜明、形式新颖的数字内容。例如，心声·音频馆在2015年录制上线的30小时120集《微游·紫禁城——外朝三大殿》原创资源，为视障人群及普通大众演绎了一场神游故宫的声音之旅；大众美育馆通过富媒体技术手段，开辟了声画结合的名家名作鉴赏、专业系统的艺术技能课程、线上虚拟艺术展等展现形式等，这些举措均增强了文化艺术在社会大众中的吸引力，有利于我国优秀文化遗产、文艺作品在群众中的传播和弘扬。

(四)探索资源服务新方向，创新公共文化服务体系建设

三馆融合先进技术手段创新资源展示形式，除作品欣赏、在线教育、在线展览等网站在线服务外，同时积极拓展三馆在移动端布局，提升内容服务渠道的多样化和内容获取的便捷性，根据不同场景、不同用户实现多形式多渠道内容服务局面。这种创新的内容服务方式及场景化产品模式有助于创新型公共文化服务体系的建设。

【专家点评】

心声·音频馆、大众美育馆、社区文化生活馆项目取得阶段性成果，三个馆的资源内容丰富，创新了服务模式，通过针对性开发产品、定制资源、开展活动、运营推广等形式，满足了多层次的文化需求，促进了文化的传播交流，提升了文化共享工程资源服务的效能，体现了文化惠民的重要意义。建议进一步加强项目宣传推广和成果应用，增强互动性，提高社会影响力，将心声·音频馆正在开展的志愿者招募活动与文化部推广的“阳光工程”结合，加强志愿者体系管理；根据公共文化服务特点，对大众美育馆的建设准确定位，将服务广泛推广至中小学和少儿图书馆，推动线下的应用场景化；将社会文化生活馆的资源进行内容分类，注重增加资源量和丰富性，打造方便社区使用的一站式资源入口等。

(点评人：王胜清，北京大学现代教育技术中心教授)

以农业资源为主，辅之以百科类、科普类、法律类知识以及影视、综艺节目类内容，制定标准、规范流程，建设朝鲜语视频资源，采用传统媒介，深入基层服务，促进民族语言资源建设有效开展。

46. 抓住机遇　开拓创新：吉林全力推进朝鲜语视频资源建设

按照文化部全国公共文化发展中心（以下简称发展中心）的要求，文化共享工程吉林省分中心积极开展了中华优秀文化视频资源朝鲜语的译制工作，截至 2016 年 7 月，完成了 3 126 种，总时长 1 658 小时的朝鲜语视频资源的建设任务，并在“吉林网”朝鲜文版网站开设了“全国文化信息资源共享工程”朝鲜语专栏。

一、情况背景

吉林省是唯一一个下辖朝鲜族自治州和自治县的省份，延边朝鲜族自治州位于吉林省东部，地处中俄朝三国交界，东与俄罗斯滨海边疆区接壤，南与朝鲜咸镜北道、两江道隔图们江相望，总面积 4.27 万平方千米，约占吉林省面积的 1/4。总人口 218.6 万，其中朝鲜族人口 79.8 万，占总人口的 36.5%，是全国最大的朝鲜族聚居地。

由此可以看出朝鲜语视频资源在延边地区有广泛的需求。但为延边地区群众提供朝鲜语视频资源要多考虑与朝鲜族民众的关联性、有用性，为朝鲜族民众提供的朝鲜语视频资源必须要贴近群众，更好地服务于群众，这样才能提高其传播的效率。延边地处边疆，经济发展水平与内地发达地区相比还有一定的差距，网络、移动终端等新兴媒介还没有在延边大范围推广开来，受众获取信息的方式仍以传统媒体为主。利用朝鲜语视频时，光盘的形式仍受到广大群众的认可。延边属于农业地区，农业种植、养殖方面的视频资源在延边普遍受到欢迎，能够引领其劳动致富的农业科技视频资源，是广大朝鲜族民众的“抢手货”。当然，环境保护、社会保障、教育、医疗、就业等这些能够解决群众实际生活问题的视频资源也是必不可少的。以朝鲜族风俗民情为题材，以延边优美的自然景观为衬托，以民族团结、和谐、繁荣的民族地区新景象为主线的影视节目和具有鲜明地域特色的综艺节目都是朝鲜族民众所喜闻乐见的。

二、创新举措

吉林省在深入开展地方特色数字建设的同时，按照发展中心少数民族语言资源建设的总体框架，注重突出延边地方文化特色，注重朝鲜语视频资源建设的地域性、民族性和时效性，采取译制、征集双管齐下的方式，建设了一批优秀的朝鲜语视频资源，为延边地区广大人民群众提供了一道丰盛的文化大餐。加强朝鲜语视频资源的建设，吉林省分中心的做法如下。

(一)明确指导思想，确定建设原则

1. 指导思想

以邓小平理论、“三个代表”重要思想、科学发展观为指导，贯彻落实习近平同志有关文化工作的重要讲话精神，以及中央办公厅、国务院办公厅《关于加快构建现代公共文化服务体系的意见》文件要求，立足原创，突出特色，力求精品，积极创新，努力创作生产传播当代中国价值观念、体现中华文化精神、反映中国人审美追求，思想性、艺术性、观赏性有机统一，人民群众喜闻乐见的优秀数字资源，更好地满足延边朝鲜族民众日益增长的精神文化需要。

2. 建设原则

一是坚持正确导向。坚持以人民为中心，立足中华优秀传统文化，大力培育和弘扬社会主义核心价值观，牢牢把握社会主义先进文化的前进方向，努力为延边朝鲜族民众提供积极、健康、向上的公共数字文化产品，切实保障延边朝鲜族民众的基本文化权益。二是突出地方特色和文化特色。立足于吉林省的地域文化特点，深入挖掘充满浓郁吉林地方特色，群众认同度高，具有较强代表性和较高历史、人文、科学价值的资源内容，资源建设做到内容丰富，形式美观，脉络清晰，表现生动。三是努力满足延边朝鲜族民众需求。应以延边朝鲜族民众需求为导向，提高资源内容的丰富性、针对性、适用性，努力建设其喜闻乐见的各类资源。

(二)完善组织机构，划分工作职责

朝鲜语视频资源建设属于吉林省地方数字资源建设工作的一项重要内容，此项工作得到了各级领导的高度重视，吉林省文化厅作为主管部门把这项工作列入厅党组的重要议事日程，专门组建了以分管厅长为组长，以公共文化处处长为副组长的吉林省文化共享工程资源建设工作领导小组，负责吉林省地方资源建设工作的组织领导、统筹规划。吉林省分中心作为朝鲜语视频资源建设工作的具体实施单位，成立了领导组、专家组、制作组、征集组四个小组，明确划分了各组的工作职责，做到责任到人，职责明确。

(三)突出地方特色，合理选择主题

吉林省充分利用全省农业资源建设优势，辅之以与大众生活、学校基础教育密切相关的百科类、科普类、法律类知识以及影视、综艺节目等，迅速开展了朝鲜语视频资源建设。2011 年至 2015 年，朝鲜语视频资源建设任务由省分中心来完成，共完成朝鲜语视频资源 1 954 种，时长 933 小时 32 分 54 秒。吉林省分中心为合理地选择朝鲜语视频资源建设主题，做了深入的调研，了解到农业科技致富方面的资源在延边的广大农村有广泛的需求，因为之前提供的资源时效性不好，有的技术已经滞后。吉林省分中心根据广大村民提出的需求，聘请了吉林农业大学、吉林省农业委员会、吉林省农业科学院等单位的专家，针对村民需求，做农业技术知识专题讲座，省分中心现场录

制下来，并译制成朝鲜语，不仅解决了资源时效性问题，还降低了资源建设成本，同时又解决了资源的版权问题，一举数得。

(四)按照建设标准，规范译制流程

吉林省朝鲜语视频资源建设工作主要依据发展中心的《全国文化信息资源共享工程试点工作资源建设指南》《全国文化信息资源共享工程视频资源数字化加工格式规范V2.0》《全国文化信息资源共享工程视频资源编目规范》《少数民族语言资源译制标准》和《数字资源加工标准》等作为建设的标准规范。

按照发展中心的制作要求，聘请电视台专业播音员配音、电视节目专业制作团队进行编辑制作、添加字幕，专业技术人员进行音视频效果合成和数字化加工，制作成样片上交发展中心进行质量审定。

译制资源登记造册，聘请熟悉资源所属专业的翻译人员，翻译视频脚本，再由审核人员对译文进行审校。在朝鲜语译制工作中坚持“信、达、雅”翻译原则，因为翻译的难处体现在对原文的理解、表达，对文化和背景知识的了解和掌握等方面。吉林省分中心坚持翻译人员与审核人员共同查找资料、商讨，确认其正确的翻译方式，更好地有助于朝鲜族民众理解。翻译人员尽职尽责，监督人员严格检查，整个团队齐心协力解决翻译中出现的疑难问题，共同完成翻译工作。

(五)加强经费管理，规范资金使用

为了规范和加强吉林省地方特色资源建设专项经费的管理，提高资金使用效益，根据《国家社会科学基金项目经费管理办法》(财教〔2007〕30号)和有关财务管理制度，制订了《吉林省地方特色资源建设专项经费管理办法》，对项目专项经费的分配、使用和管理，提出了明确的要求。

(六)注重版权保护，妥善解决版权

吉林省在朝鲜语视频资源建设中，坚持“版权先行”的原则，省分中心与拥有资源的各单位或个人，在解决征集的资源版权或使用权年限时，均需征求专家组的意见，并与资源所有者签订了相关协议。吉林省在朝鲜语视频资源译制的同时，还建设了一批拥有独立版权的视频资源，无论是策划，还是拍摄、制作、编辑等一系列工作都自主完成，不但圆满地完成了朝鲜语视频资源建设任务，还培养了一批专业技术人员。

三、主要成效

吉林省分中心译制的视频资源在延边朝鲜族地区发挥了重要作用，从一定程度上活跃了延边地区民众的业余文化生活，满足了他们对优秀文化信息资源的社会需求。

(一)文化共享，丰富社区文化

社区文化建设与发展是构建社会和谐的一个重要载体。构建社会主义和谐社会是一项长期而艰巨的任务，社区文化建设是完成这一任务的重要手段之一。改革开放数十年来，人们的物质生活得到极大改善的同时，对于文化的内容和追求的品位也不断提高，如今，坐在家里看看电视，读读报纸，上网聊聊天，已不能满足社区群众对业余文化生活的需求。文化生活的单一和枯燥，间接影响了社会稳定、繁荣和发展。

为有效解决延边朝鲜族聚居区民众文化生活单一的实际问题，丰富和活跃群众文化生活，满足群众日益增长的精神文化需求，吉林省分中心积极创新社区文化活动，充分利用译制的优秀视频资源和先进设备，组织开展送文化进社区公益性放映活动，持续为社区居民提供科普、医疗保健等知识讲座，受到了社区群众的热烈欢迎。

例如，延边州支中心利用视频资源到北山街丹春社区为老人们播放《腰部以上的身体唤醒练习》视频光盘，通过视频资源教授老年人保健方法。老人们非常喜爱此类保健资源，不仅现场做笔记，还像模像样地学着一起做。老人们在感谢之余也希望支中心能经常来社区开展活动。

(二)文化共享，引导农民科技致富

延边朝鲜族有许多年长的农民不懂汉文，听不懂普通话。例如，汪清县东光镇庙沟村一直以农业种植业为主，农业产业化发展格局相对单一，农业经济发展相对落后。十几户村民想打破祖祖辈辈以耕田种地为生的生产模式，改种植经济作物黑木耳来改变农田耕种经济效益低的现状，以求走出一条致富之路。但由于信息资源匮乏，缺少科技人员和相关的科技资料，现成的汉语视频资源又听不懂，使这条致富之路无法实施。吉林省分中心了解到这种情况后，联合东光镇乡镇文化站开展了送科技下乡活动。将译制的农业资源和投影设备为庙沟村的种植户免费播放科技讲座，内容涉及《木耳催耳技术》《黑木耳高产栽培技术》《黑木耳高产代料地栽生产技术》《黑木耳——黄松甸农民致富的法宝》《该出耳时不出耳　专家冒雨解疑难》等，放映时间长达 2 个半小时，观看人数达 30 余人。农民们观看后不无感慨地说：“通过观看这些片子使我们耳目一新，它给人的视觉和感觉太直观、太真实了，今后我们搞种植就是不请专家和查找资料也可以大胆地种植了，真是太谢谢你们了。”一句朴实的话语，表达了现代农民对先进文化的信赖和渴望。

总之，吉林省分中心译制的视频资源丰富，使用前景广阔。文化共享工程多元化资源非常广，需要省分中心做出更大的努力，才能使资源“物尽其用”。要想搞好服务，关键是要找准切入点，贴近生活、贴近实际、贴近群众，充分发挥文化共享工程在提高青少年科学文化素质、推动农业产业化进程、增加农民收入、缩小城乡差别、发展社会主义市场经济、倡导先进文化和构建和谐社会中的基础作用。结合本地实际，加大实施力度，加强基层服务点建设，真正将文化共享工程变成惠民工程，为构建和谐社会做出更大的贡献。

【专家点评】

少数民族语言资源建设工作是文化共享工程资源建设和服务的重点之一。文化共享工程吉林省分中心在承担朝鲜语的译制工作中，坚持“认真”“规范”“平实”“有效”原则，真正将文化共享工程变成惠民工程，为构建民族团结、事业兴旺的和谐社会做出了贡献。

一是认真。吉林省分中心在开展朝鲜族语言资源建设中，首先明确了指导思想，确定了建设原则，坚持了正确导向，突出了民族文化特色。各级领导高度重视，建立了以省厅领导为组长的工作领导小组，成立了四个具体负责实施的小组，划定工作职责和分工。

二是规范。为提高资源建设经费的使用效益，制订了专项经费管理办法；在资源译制过程中，严格执行文化共享工程有关规定、标准和流程；高度重视版权保护。整个译制工作严谨有序。

三是平实。吉林省分中心在朝鲜语资源译制选材方面坚持突出地方特色，力求精品，精挑细选，针对性强。深受朝鲜族群众欢迎。在资源传播方面，立足延边地区实际，在网络、移动终端还未大范围推广开来时，实事求是地采用传统媒介来扩大服务与宣传。

四是有效。吉林省分中心利用朝鲜语资源在为79.8万朝鲜族群众服务中成效显著，无论是在城市社区还是在乡镇农村，他们找准“切入点”，让群众在丰富的信息资源中找到自己的需求，为朝鲜族群众奉献上丰盛的文化大餐。

（点评人：张彦博，原文化部全国文化信息资源建设管理中心主任）

编制五年规划，构筑项目实施的顶层设计；建设施、送资源、帮项目与育人才紧密结合；开发建设汉藏双语数字平台和适用数字资源，推动文化共享工程进寺庙，促进先进文化传播不留空白。

47. 长远规划　现代传播：四川探索汉藏文化交流新模式

汉藏文化交流项目是文化“一带一路”、边疆万里数字文化长廊的延伸，是文化共享工程在原有基础上的新发展。项目的主要任务是发挥文化共享工程在平台、资源、渠道、服务网络方面的优势，以现代公共数字文化服务促进汉藏文化之间的交往交流交融，发挥文化固边安民的作用，与藏区群众生活品质提升、生产效益提高紧密结合，让文化成为藏族地区群众生活、生产的发展动力。该项目由文化部全国公共文化发展中心(以下简称发展中心)联合西藏、四川、云南、甘肃、青海五省藏族地区统筹推进实施。文化共享工程四川省分中心实施的汉藏文化交流活动是四川省汉藏文化交流项目的重要组成部分。

一、情况背景

2012 年 10 月，作为“春雨工程”全国文化志愿者边疆行工作的重要组成部分，“四川省图书馆汉藏文化交流活动”正式启动。四川省分中心按照总体部署，立足自身特点和优势，积极探索“汉藏文化交流”的实现方式。“十二五”期间，四川省分中心共 24 次派工作组进入藏族地区，举办讲座、培训班、汉藏文化交流论坛，建立流动图书室，建设文化共享工程基层服务点，赠送各类图书资料以及文化共享工程设备和数字资源，建立汉藏文化交流基地。“十三五”期间，四川省分中心“汉藏文化交流”的主要目标是：通过实施“边疆万里数字文化长廊——藏区文化基础设施扶持计划”“民族文化互动交流计划”“格桑花人才培养计划”，建设以乡镇文化站为核心，村文化活动室为支撑、寺庙“藏汉双语经典国语讲堂”为辅助的基层文化网络；以数字文化资源推广为重点，实现了乡镇文化共享工程基层服务点覆盖率百分之百、寺庙文化共享工程基层服务点覆盖率百分之六十。

二、创新举措

(一)编制“汉藏文化交流”五年规划

2015 年 12 月，四川省分中心编制出台了《四川省汉藏文化交流项目五年规划(2016—2020)》，主要内容包括：

1. 改善阅读条件，实施“边疆万里数字文化长廊——藏区文化基础设施扶持计划”

(1)送图书，解决书少的问题。

(2)送设备，解决设备少的问题。包括送电脑、送报刊阅读机和图书借阅机、送自助借还机。

(3)送摩托车，解决送书下乡行路难的问题。

(4)组织志愿者文化援助，解决人员不足的问题。

(5)送创意，举办服务读者创意比赛和专题培训班，解决服务质量不高的问题。

(6)在试点寺庙公共文化驿站里设置“藏汉双语经典国学讲堂”。

2. 丰富阅读内容，实施民族文化互动交流计划

(1)讲座交流。创建“汉藏文化交流大讲堂”，每年举办讲座20场。

(2)展览交流。每年举办4场展览。

(3)多媒体交流。成立藏汉双语译制中心，每年选择2～3种汉语优秀作品翻译成藏文，选择同等数量的优秀藏文作品翻译成汉语。

(4)保护藏文古籍。开展藏文古籍普查，协助有关单位整理藏族古籍文献和汉藏交流史重要文献，对重要的藏文古籍进行甄别、抢救性修复、数字化、缩微拍摄。

(5)保护传统文化。与非遗工作相结合，每年保护1～2项藏族传统文化。

(6)建立交流基地。每年建立、命名一批藏汉文化交流基地，促进各方面力量参与此项活动。

3. 培养阅读习惯，实施“格桑花人才培养计划”

(1)加强婴幼儿培育，实施“格桑花阅读推广计划”。为每个藏族地区新生儿制作一个具有藏式风格的阅读推广大礼包。

(2)加强青少年培养，实施“格桑花幼苗扶持计划”。逐步在藏族地区小学一年级新生入学时，给藏族地区学生赠送一部“夜明珠智能阅读机”。其主要功能有八个：照明、通话、学习辅助、文化育人、收音机、定位、一键式报警、自动开通读者证。

(3)加强成人培训，实施“格桑花视野开阔计划”。重点培养藏族地区乡镇文化专干、寺庙开明人士、县州文化工作者。

(二)建设“汉藏文化交流流动图书室”

2013年7月，四川省分中心在道孚县惠远小学筹建了第一个汉藏文化交流流动图书室，现场赠送了300余册教辅教材。2013年7月至2015年7月，四川省分中心利用藏族地区寺庙、学校和藏族村寨的原有设施，建立流动图书室11个，赠送各类图书资料6 500册。

(三)建设汉藏双语数字平台和适用数字资源

四川省分中心为方便藏族地区群众和僧人查阅文化共享工程资源，针对汉藏文化交流活动，专门开发了一套文化共享工程四川省藏区基层服务点资源系统。汉藏双语数字平台开设了文化历史、民族瑰宝、影视文艺、实用技术、法律法规等栏目。汉藏双语数字平台采用藏汉双语界面，还预装了汉藏双语资源，针对四川地区藏语方言特色，加大了康巴藏语、安多藏语在资源库中的比例。平台资源由文化共享工程提供的资源以及四川省分中心译制的康巴藏语字幕的视频资源组成。

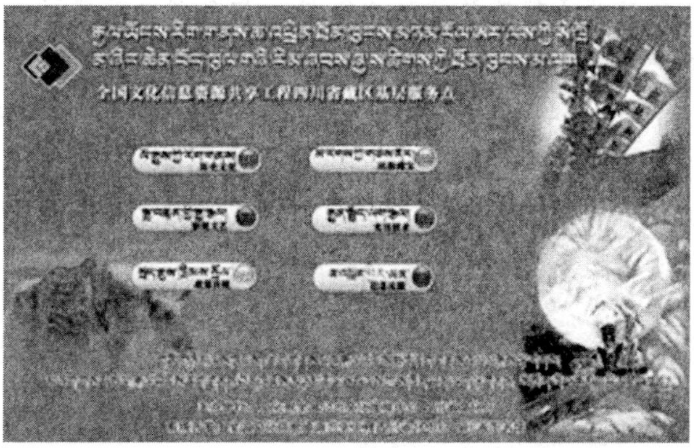

图 1　文化共享工程四川藏区基层服务点资源平台界面

(四)“文化共享工程”进寺庙

文化共享工程进寺庙活动是四川省分中心向藏族地区寺庙赠送电脑、投影机、DVD 碟机、音箱和文化资源。四川省分中心在藏族地区寺院试点建设基层服务点，结合藏族地区特点配备先进的文化共享工程设施设备，包括服务点资源系统工作站 1 台、服务点资源系统终端 3 台、交换机 1 台、投影仪 1 台、DVD 机 1 台、有源音箱 1 套、幕布 1 套、稳压器 1 台、插线板 3 套等，形成了拓扑结构方式。

三、主要成效

自汉藏文化交流项目实施以来，四川省分中心先后 24 次派工作组 270 人次，深入甘孜州、阿坝州、凉山州藏族地区 19 座寺庙、6 个藏族村寨开展了丰富多彩的文化交流活动。举办讲座 35 场，培训班 51 场次，培训各类人员 3 600 多人次，建立流动图书室 11 个，建设文化信息资源共享工程基层服务点 6 个，赠送各类图书资料 6 500 册，赠送文化共享工程设备和数字资源 45 万元，建立汉藏文化交流基地 6 个；帮助藏族地区 2 个古籍收藏机构申报成为省级重点古籍保护单位；编辑出版了《金川历史文化览略》并在四川省分中心举行了首发式；协助金川县苟尔光村编纂出版了四川藏族地区第一部村史—《苟尔光村村史》，主办了中国马尔康嘉绒唐卡学术研讨会，展示各时代精品唐卡 260 幅。举办了三次汉藏文化交流论坛以及业务知识培训班。

【专家点评】

“汉藏文化交流项目”是文化共享工程在西藏、四川、云南、甘肃、青海五省实施的民族文化建设和交流项目，四川省分中心是最早实施这一项目的单位之一。他们的项目实践具有鲜明的特色。第一，编制了五年规划，构筑了项目实施的顶层设计，目标明确，任务落实，特色突出。第二，建设施、送资源、帮项目与育人才紧密结合，如不仅有改善藏族地区基层阅读条件的“几送”和“汉藏文化交流流动图书室”援建，还有“格桑花人才培养计划”，输血与造血相辅相成，目的是让“送文化”尽快转变为“种文化”。第三，发挥文化共享工程的数字服务优势，开发建设汉藏双语数字平台和适用数字资源，推动文化共享工程进寺庙，促进先进文化传播不留空白，使优秀汉藏文化获取方便快捷。四川省图书馆的实践为汉藏文化交流项目的深入开展提供了可资借鉴的经验。

（点评人：李国新，北京大学教授，文化部国家公共文化服务体系建设专家委员会主任）

因地制宜，依托和利用村公共服务中心大力发展基层文化服务，整合公共服务资源，建立“乡镇服务点”和“数字文化驿站”，搭建数字文化“微聚”系统，繁荣边疆文化建设。

48. 盛开在中越边境的数字文化服务之花：广西边疆数字文化长廊建设

近年来，广西大力推进基层文化建设，更新完善文化基础设施，相继建成文化活动中心、高清影视吧、警史馆、综合休闲区、室内(外)运动场、警营网吧、文化长廊等一大批高品质文化场所，形成富有时代特征、边疆特点、民族特色的广西公共文化服务品牌。

一、情况背景

广西地处祖国南疆，是少数民族人口最多的省区，有壮、汉、瑶、苗、侗等12个世居民族，其中少数民族常住人口占38%。广西大陆海岸线长1 595千米，西起东兴市北仑河口(竹山村)，东至合浦县山口镇(英罗港)。广西是中国的边疆省区，截至2016年，国境线跨越6县2市，103个乡(镇)与越南4省18县接壤，陆地边境线长达1 020千米。广西面向东南亚，是中国与东盟十国之间唯一既有陆地接壤又有海上通道的省区，是我国唯一的既沿边、沿海又沿江的少数民族自治区。近几年，在各级部门的共同努力下，广西结合区情实际，打造了一系列具有中越边境特色的数字文化服务。

二、创新举措

(一)依托村级公共服务中心建设，夯实边疆地区文化服务之基

广西全力推出“因地制宜、舍大取小”的建设策略，统筹文化、财政、体育、卫生计生、新闻出版广电、党员远程教育等部门在农村的项目和资金，按照建设“一栋综合楼、一个戏台、一个篮球场、一支文艺队、一支体育队”的标准，实施“村级公共服务中心”建设，创造了后发展地区农村公共文化服务体系建设新模式，并将其列入全区各级政府“十二五”文化惠民工程，列入对各市、县人民政府的绩效考评指标。截至2015年年底，广西建成村级公共服务中心7 079个，覆盖近50%的行政村，其中边境地区共建设了1 611个村级公共服务中心，已成了边境线上一道亮丽的风景线。

随着广西村级公共服务中心项目的成功实施，村级公共服务中心已成为农民“充电”“取经”及娱乐的主阵地，成为公共文化服务“触角”延伸到最基层、有效打通公共数字文化服务“最后一公里”的最强助力。

(二)开展“广西边疆万里数字文化长廊工程”建设，打通边疆地区公共数字文化服务“最后一公里”

在文化部全国公共文化发展中心(以下简称发展中心)的统一部署下，广西于2015年全面展开“边疆万里数字文化长廊工程”项目建设。项目建设之初，广西壮族自治区文化厅组织相关人员深入边疆一线，对建设点距离边境线公里数、服务人口数、是否具备基础建设条件、建设点负责人等信息进行统一记录，并编制了广西边疆万里数字文化长廊建设方案，成立由自治区文化厅主要领导担任组长的广西边疆万里数字文化长廊建设领导小组，明确各相关部门在项目建设过程中所负职责，为顺利推进项目建设提供了组织保障。

2015年11月10日上午，广西壮族自治区文化厅在防城港东兴市原大清国一号界碑处的地标广场隆重举行“2015年‘春雨工程’——文化共享工程志愿者边疆万里数字文化长廊广西行启动仪式”。在启动仪式上，与会领导共同为建设点发放了公共文化一体机、平板电脑等服务设备，并为“边疆万里数字文化长廊”工程建设示范点东兴边防派出所揭牌，正式揭开“广西边疆万里数字文化长廊工程”建设序幕。目前，广西在边境一带的乡镇文化站、已建成村级公共服务中心的行政村以及边境口岸、边防派出所、边境检查站、警务室等地建设起了1 517个边疆万里数字文化长廊建设点，其中乡镇服务点123个、数字文化驿站1 394个。

为了加强项目设备的规范管理，广西在项目设备上统一喷印全国文化信息资源共享工程LOGO及“广西边疆万里数字文化长廊”标识，并在平板电脑中植入广西边疆万里数字文化长廊项目的LOGO开机画面。为了方便群众使用服务设备，在项目实施时将使用说明以及无线接入服务终端设备的用户名和密码等信息上墙。为了保证项目达到预期建设目标，广西壮族自治区文化厅还将为行政村配备公共数字文化设备纳入年度绩效考核工作。

为了满足基层群众的数字阅读需求，2015年12月至2016年10月间，项目上线发展中心视频、音频、文本资源共13 914部，并特别在“地方频道”开通“广西地方特色资源”栏目，精选广西特色资源节目236部上线服务，取得了较好的服务效果，资源播放总量达758 607次。

(三)推进警地合作，扩大边疆地区公共数字文化服务之域

公安边防部队作为维护边疆稳定的主要力量，同样也是边疆地区文化建设的依靠和传播者。为了全面推进部队边防辖区公共文化建设，为广大军民提供更加有效的文化服务，广西壮族自治区文化厅与广西公安边防总队在开展“广西边疆万里数字文化长廊工程”建设和深入开展惠民服务活动等方面进行深入合作。

2015年6月，广西防城港支队东兴边防派出所成为全国边防部队选取的5个基层试点单位之一。8月，广西文化厅与广西公安边防总队组成调研组，到边境一线的东兴市、凭祥市的边防检查站、边防派出所、警务室以及边境口岸等进行实地调研。9月，双方通过电视电话会议的形式，联合召开了“边疆万里数字文化长廊工程边防布点建设部署会”。会议在广西公安边防总队指挥中心设立主会场，广西边防总队政治部、自治区文化厅公共文化处以及广西壮族自治区图书馆相关领导参加主会场会议；驻防城港、百色、崇左、北海、钦州片公安边防支队单位、大队级单位设立分会场，防城港市等五市及相关各县边防支队和文化行政管理部门分管领导、业务科室负责人参加分会场会议。目前，广西已将边防部队具备建设条件的194个基层单位、口岸执勤现场及村屯警务室纳入项目建设范围，建设了乡镇服务点37个、数字文化驿站157个，在边疆地区牢牢地筑起了一道“文化长城”，标志着广西边疆文化建设迈入了一个新的历史起点。

图1 “边疆万里数字文化长廊”边防布点建设部署会

(四)搭建数字文化“微聚”系统，提升边疆公共数字文化服务水平

为充分发挥广西公共数字文化资源的传播和服务效能，广西积极创新边疆特色公共数字文化服务方式，逐步提升公共数字文化服务水平。

数字文化微聚系统采用基于OAI—PMH协议的数字资源元数据收割技术、网络资源抓取技术、标码Handle技术和资源传输技术，对各类型公共文化机构不同的信息发布系统、不同结构的数字资源进行元数据自动收割、资源关联整合，提供对象数据分布存贮与智能定位、资源就近选择、内容统一检索、资源使用实时统计管理等功能，实现了广西区域内公共数字文化资源的整合发布，方便最终用户更快、更准确发现和利用资源，提升了文化资源共建共享水平。目前，该系统已在广西壮族自治区图书馆、桂林图书馆、南宁市图书馆、柳州市图书馆、北海市图书馆、玉林市图书馆6家公共图书馆完成系统部署，上线服务数据8万余条，有效解决了信息互联下的资源分布和安全管理问题，大大提升了广西边疆特色数字文化服务的水平。

(五)发展文化志愿服务，绽放边疆公共文化服务之花

广西从2012年开始参与文化部、中央文明办共同主办的“春雨工程”全国文化志愿者边疆行活动，通过举办“大舞台”“大讲堂”“大展台”等形式的系列活动，组织招募兄弟省(区、市)和区内文化志愿者赴边疆地区和贫困地区开展文化志愿服务活动。截至2016年来，广西共邀请了来自天津市、湖南省、江西省、四川省、吉林省、海南省、山东省、陕西省、广东省等多个兄弟(区、市)的文化志愿者深入广西边疆地区，为广大群众带去了极具各地风情的文化展演和展览，广大边疆群众成为活动的最大受益者。

图2　大展台：边疆万里数字文化长廊建设板报展与知识有奖问答

三、主要成效

为了把“春雨工程”——全国文化志愿者广西行活动办出特色，同时为进一步促进广西公共文化与国际的交流接轨，提升活动品质，打造面向东盟的国际性公共文化品牌，2013年广西首次将“春雨工程”与“魅力北部湾”等群众文化活动结合起来举办，首次创新即取得极大成功，实现了文化、志愿者、边疆和少数民族四个元素的大融合。在2015年的活动中，广西不仅邀请了来自越南、泰国、印度尼西亚、新加坡、斯里兰卡、美国、南非、印度等国家及天津、吉林、海南、广东、内蒙古、西藏等地区的文化志愿者，为广西边疆群众带来了文化培训、专家讲座、书画展览、文化惠民演出等丰富多彩的文化志愿服务，还在中越边境公路0公里起点处举办了“春雨工程”文化共享工程志愿者边疆万里数字文化长廊广西行启动仪式和边疆万里数字文化长廊设备发放仪式，吸引了边疆群众、游客和越南边民的积极参与，进一步拓展了边疆特色数字文化服务的内容、方式和范围，使边疆特色数字文化服务之花盛开绽放。

【专家点评】

该案例紧扣广西边境线长、海岸线长、少数民族自治的特色，因地制宜，在实现数字公共文化服务普及化、均等化方面有较好的成果，其特点和创新点在于：一是自治区在统筹、策划、投入等方面起到主导作用，自治区本级财政对公共数字文化建设的投入带动了各市、县的文化建设，自治区的“十三五”脱贫攻坚部署有效推动贫困村的文化服务发展；二是较好地依托和利用村公共服务中心大力发展基层文化服务，“五个一”的村级公共服务中心较好地整合公共服务资源，有利于公共文化服务的持续发展；三是“广西边疆万里数字文化长廊”建设工程，建立了一批配置较好的“乡镇服务点”和“数字文化驿站”，警地合作创新了服务模式，丰富了服务资源；四是搭建数字文化“微聚”系统，利用现代技术更好地提升了公共数字文化服务。

（点评人：李东来，广东省东莞图书馆馆长）

充分利用网络平台、数字资源将服务延伸到社会各个角落，既有大众性服务，又有个性化服务。依托阅读资源，立足边境口岸的特色品牌，开展对外活动，实现文化交流交融。

49. 边境文化　交流交融：绥芬河公共数字阅读服务助力中俄文化交流

黑龙江省绥芬河市，是承接我国振兴东北和俄罗斯开发远东两大战略的重要节点城市，被誉为连接东北亚和走向亚太地区的“黄金通道”。作为祖国窗口，这里担负着文化交流、友谊加深的重任。绥芬河支中心积极发挥为当地经济社会发展提供资源保障和智力支持的职能，调整发展战略，创新观念，支中心的数字文化服务从无到有、从点到面，形式多样的服务大大提升了市民数字阅读的兴趣及层次，并通过积极开展国际间中俄文化交流，演绎了一部中俄友好的和谐交响曲。

图 1　俄罗斯文化代表团访问绥芬河支中心

一、情况背景

绥芬河支中心特色品牌活动“好妈妈俱乐部”迈出了公共数字文化服务跨越国界的第一步。2011 年，借助“省直管”的机制优势，得到省级分中心在资源、技术等各方面的大力支持，在绥芬河实现了全面推进公共数字文化服务网络的建设及覆盖工作。2014 年，省级分中心赠送绥芬河支中心 6 000 册俄文电子资源，倍受俄罗斯读者的喜爱和欢迎。丰富的数字资源，使公共数字阅读服务成为中俄文化交流的又一亮点，获得良好的社会反响。

二、创新举措

(一)多角度创新工作，全面构建本地公共数字文化服务体系

1. 管理创新——以图书馆公共数字文化服务网络为支撑，提升绥芬河数字化服务的层次

绥芬河支中心高度重视数字化、信息化、智能化建设，积极打造数字文化服务平台。一是支中心在服务网络建设方面实现了图书馆总分馆制的数字化服务；二是2014年，支中心成为全国边疆万里数字文化长廊建设示范点。2015年末，黑龙江省边疆万里数字文化长廊建设工程全面铺开，在绥芬河支中心新建了21个数字文化驿站，并配送了公共文化服务一体机等设备；三是支中心利用专项资金购入5台电子读报机、4台云屏数字借阅机、1台知阅电子期刊阅读机、2台RFID自助借还系统，安装在支中心、两镇、社区、市人民医院、学校等地，最大限度地满足了社会各界对数字化服务的需求，提高了资源的利用率，加大了数字服务的辐射面和社会的影响力。

2. 组织创新——充分利用省分中心提供的公共数字文化服务平台提供优质服务

利用省分中心的“VPN全省数字资源共享服务平台”，让全市广大读者免费共享数字资源；利用“龙江学习中心”的使用权限，让绥芬河的读者在家中随时可以利用各类数字资源；2014年，为全市两镇的11个行政村、18个社区全部安装SSLVPN客户端，为绥芬河政务城域网内的59家机关事业单位及高级中学开通了数字图书馆功能。通过政务城域网、SSLVPN客户端、龙江学习中心，绥芬河支中心现已全面实现公共数字文化服务在城乡的全覆盖。

3. 技术创新——带动公共数字文化服务网络的每个节点提升整体服务能力

支中心承办了两届全省数字资源服务推广培训班。每年派工作人员参加黑龙江省数字资源使用培训，提高支中心服务队伍的技术水平。支中心每年还积极开展全市乡镇、村、社区基层服务点的技术培训，保证基层服务点工作人员能够熟练指导读者检索与使用数字资源，促进绥芬河公共数字服务网络整体服务能力的提升。

4. 观念创新——使公共数字文化服务跨越国界，成为连接中俄友谊的纽带

绥芬河素有“俄语城”之称，许多俄罗斯人来到绥芬河工作、经商、定居。为使俄罗斯人更好地融入绥芬河生活，支中心整合适合俄罗斯读者阅读的俄文原版图书、数字资源，针对俄罗斯读者进行宣传，帮助他们了解中国国情和传统文化，使他们更加喜欢中国、热爱中国。

(二)立足口岸，突出特色，开展国际间中俄文化交流

1. 成立俄文阅览室

2014年，在绥芬河市图书馆俄文阅览室300多册俄文原版书基础上，省级分中心又赠送绥芬河支中心6 000册俄文电子资源，极大地丰富了本地特色馆藏。

2. 开展中俄文化交流互访活动

从2008年开始，支中心多次与俄罗斯文化部门及图书馆进行文化访问、交流与互赠图书。2013年4月，乌苏里斯克文化代表团到支中心进行文化参观访问。2014年，俄罗斯图书馆专程到支中心进行参观交流。

图2　支中心领导到乌苏里斯克访问并赠送图书

3. 公共数字文化服务助力“好妈妈俱乐部”

绥芬河支中心的“好妈妈俱乐部”成立于2009年5月，它已走过8年历程。丰富的数字资源、形式多样的服务，吸引了越来越多的成员加入俱乐部，从而提升了公共数字文化服务的能力。各类讲座、心灵交流、亲子、阅读等活动伴随着妈妈与孩子的共同成长。利用各类数字资源举办的专业化妆和个人形象课程、知识讲座、快乐厨艺、家庭沙龙等活动，促进了俱乐部的进一步发展。俱乐部已成为妈妈们提升自己、放松心情、减轻压力的心灵驿站。

一个偶然的机会，俄罗斯妈妈娜塔莎与俱乐部结缘了。娜塔莎多次前来参与俱乐

图3　俄罗斯妈妈观看共享工程数字资源视频

部活动，还通过数字资源全方位，立体地了解了中国的传统文化。从不知到了解，再到喜欢、宣传。通过娜塔莎的宣传，俄罗斯妈妈玛丽娅、柳芭等前后成为俱乐部的新成员与中国文化的粉丝。俱乐部不仅成为妈妈的学习港湾、心灵交流的平台，而且还成为联结友谊、宣传中国文化的跨国文化交流平台。

(三)提供深层次的公共数字文化服务，成果显著

1. 利用数字资源提供个性化服务

支中心的公共电子阅览室，向社会各界提供有针对性的数字资源服务，为高端用户建立网上机构、个人馆。为绥芬河全市数十名硕士研究生提供参考资料的查询、下载服务；为绥芬河市人大财经办提供对俄贸易发展研究的各类数据资料等。

2. 建立市民学习使用数字资源培训基地

从2012年开始，在绥芬河全市开展龙江学习中心资源检索使用培训。支中心还积极关注弱势群体，专门为残疾人、老年人、进城务工人员开展各类技能培训与电脑培训班。

3. 延伸公共数字阅读服务，让时尚阅读遍布山城的每个角落

公共服务一体机和支中心购入的电子读报机、云屏数字借阅机、电子期刊阅读机的应用，提高了资源的利用率，满足了广大读者的多元文化需求。支中心建立了社区及高级中学自助分馆，在党政机关、社区、学校及部队等基层共建立了40家分馆及流动站，为广大市民的阅读提供了便利。

三、主要成效

支中心通过公共数字文化服务网络、数字阅读设备，将公共数字文化服务延伸到农村、社区、机关、学校等山城的每个角落，并在基层建立40个分馆和流动站；常住人口10万人的绥芬河平均每年接待到馆读者超过8.5万人次；每年与社会各界共同举办30多场大型文化活动：公益讲座、学习培训、演讲比赛等多彩的活动让市民领略到数字阅读的魅力；中俄文化活动品牌——好妈妈俱乐部已走向全国；山城绥芬河的阅读氛围浓烈；支中心真正成为广大市民学习的加油站，让广大市民群众切实享受到文化惠民；支中心成绩斐然：荣获了全国巾帼文明岗、全民阅读示范基地、全国十佳“最美基层图书馆”等6项国家级荣誉及20多项省市级荣誉。

【专家点评】

绥芬河支中心的工作与时俱进、求真务实、勇于创新、富有成效：支中心能够充分利用网络平台、数字资源将服务延伸到社会各个角落，既有大众性服务，又有边境口岸的特色品牌，还有个性化服务，真正发挥了图书馆应该有的作用；在对外文化交流活动中，读者活动的内容新颖、充满创意，不断激发着读者的阅读兴趣和参与热情；支中心获得了图书馆界的最高荣誉，值得祝贺和珍惜；支中心确实能以服务读者为根本，在全市营造了浓厚的书香氛围，为城市的发展和边疆的和谐发挥了积极作用；在服务上多角度、全方位进行创新，通过公共数字文化服务进一步增强了绥芬河的文化影响力、竞争力和文化软实力。

（点评人：张彦博，原文化部全国文化信息资源建设管理中心主任）

后　记

为贯彻落实党中央及文化和旅游部的有关要求，深入总结并推广近年来公共数字文化服务中的宝贵经验，更加精准有效地开展面向基层的公共数字文化服务，在公共文化服务行业中搭建起相互学习交流的平台，我们集结各地同仁编写了《公共数字文化创新服务案例选编》，作为文化和旅游部第二批全国基层文化队伍培训用书内容之一。

按照文化和旅游部的统一安排，自 2016 年年初开始，发展中心面向全国文化信息资源共享工程各级分支中心、基层服务点及各地文化(群艺)馆，重点征集各地聚焦观念创新、组织创新、应用创新、管理创新等方面的基层公共数字文化服务成果。征集通知发出后，得到各地积极响应，先后报送了百余篇案例(简介)材料。提供文字材料的单位和个人有：首都图书馆王菲菲、付长志、王雪屏、刘雅婷，北京市延庆区文化委员会陈莉，天津空港经济区文化中心图书馆，河北文化信息资源共享中心裴旭、田磊，山西省图书馆，内蒙古图书馆，辽宁省文化资源建设服务中心，吉林省图书馆，黑龙江省图书馆，黑龙江省绥芬河市图书馆，上海图书馆，上海市群众艺术馆，上海东方社区信息苑，南京图书馆梁雯雯，江苏省苏州市公共文化中心，浙江图书馆詹利华、张玉书、沈丽丹、陈晔，浙江省嘉兴市文化广电新闻出版局，浙江省宁波市图书馆徐岚、陈莹、洪敏，安徽省图书馆胡敏、许俊松、程强，安徽省马鞍山市文化馆陈学明，福建省图书馆王其标、余锦秀、陈顺、朱芳，江西省图书馆，江西省安远县图书馆，山东省图书馆，山东东营市文化广电新闻出版局，河南省焦作市文化广电新闻出版局，湖南图书馆，广东省东莞图书馆，广东省深圳市福田区委宣传部(区文体局)简定雄、陈祖爱，海南省图书馆李彤，广西壮族自治区图书馆，重庆图书馆兰晶、谭苹、严轩，四川省图书馆，四川省绵阳市图书馆杨海滨，贵州省图书馆，贵州省正安县图书馆，云南省图书馆，西藏自治区图书馆，陕西省图书馆，青海省图书馆，宁夏图书馆张明乾，新疆克拉玛依市克拉玛依区文化体育局，新疆生产建设兵团第六师五家渠市文化馆，等等。

收到各地案例后，编者邀请国家公共文化服务体系建设专家委员会等专家对案例进行遴选推荐，从中选取了 49 篇典型案例，并对案例进行了点评。本书分为四个篇章，分别从基层数字文化服务实践、数字服务平台与新媒体渠道应用、实体空间数字文化拓展、数字文化资源建设与推广四个方面，分类汇总了各地为顺应群众需求应运而生的众多创新案例，基本可以反映各地开展公共数字文化服务的典型情况。

在本书编纂过程中，文化和旅游部全国公共文化发展中心的罗云川、刘刚、李亚男、张梦宇等人承担了初选、复选、编辑等工作，华东师范大学信息管理系教授金武刚为本书统稿给予了专业支持与指导。编者还就本书内容向文化和旅游部、中国文化馆协会、各地公共图书馆、文化(群艺)馆、文化站的基层文化工作者征求意见，获得了业内同仁的一致认可和大力支持。

在此，向所有为本书编纂工作付出辛勤劳动的有关部门、专家学者、各级公共文化机构、基层文化工作者致以衷心感谢!

由于成书时间仓促，编者水平有限，本书离预期目标及各界同仁给予的期待尚有一段距离。此外由于篇幅所限，征集到的一部分案例材料憾未入选。对于书中疏漏之处，敬请谅解，多加指正。

编　者

2018年12月

图书在版编目（CIP）数据

公共数字文化创新服务案例选编/文化和旅游部全国公共文化发展中心组编. —北京：北京师范大学出版社，2019. 1
（全国基层文化队伍培训用书）
ISBN 978-7-303-23548-3

Ⅰ. ①公…　Ⅱ. ①文…　Ⅲ. ①公共管理－文化工作－案例－中国－业务培训－教材　Ⅳ. ①G123

中国版本图书馆 CIP 数据核字（2018）第 041300 号

营销中心电话　010-58805072　58807651
北师大出版社高等教育与学术著作分社　http://xueda. bnup. com

GONGGONG SHUZI WENHUA CHUANGXIN FUWU ANLI XUANBIAN

出版发行：北京师范大学出版社　www. bnup. com
北京市海淀区新街口外大街 19 号
邮政编码：100875
印　　刷：北京京师印务有限公司
经　　销：全国新华书店
开　　本：787 mm×1092 mm　1/16
印　　张：16. 25
字　　数：350 千字
版　　次：2019 年 1 月第 1 版
印　　次：2019 年 1 月第 1 次印刷
定　　价：49. 80 元

策划编辑：周　粟　　　　责任编辑：马力敏
美术编辑：王齐云　　　　装帧设计：王齐云
责任校对：李云虎　　　　责任印制：马　洁